ETHICAL, LEGAL AND SOCIAL ISSUES

エルシー

ELSI入門

先端科学技術と社会の諸相

カテライ アメリア・鹿野祐介・標葉隆馬［編］

丸善出版

はじめに

科学技術の進展は，私たちの生活を豊かにする一方で，新たな倫理的・法的・社会的課題（Ethical, Legal, and Social Issues: ELSI）を産み出してきた．本書は，科学技術の進展に伴って見出されるさまざまなELSIを俯瞰し，その議論のポイントや実践に関する考察を深めるための入門書である．

ヒトゲノム計画を契機として「ELSI」という概念が広く認知されてから四半世紀余りが経過したが，その間，科学技術をとりまく環境も大きく変化し，研究者や政策立案者，市民が向き合うべき課題も複雑化してきた．特に近年では，科学技術を社会との関係のもとで捉え，責任ある研究・イノベーション（Responsible Research and Innovation: RRI）を実現することが国際的な課題として注目されている．このような中で，「ELSI」や「RRI」の理解を深めることはもちろん，科学技術をめぐる倫理や法制度，利害関係者間で生じる緊張関係や協働のあり方など，科学技術と社会のあいだの問題圏を俯瞰し，責任ある科学技術ガバナンスを展望する視座を養うことが不可欠となっている．

本書では，科学技術と社会のあいだに生じる問題圏へと俯瞰し〔諸問題を包括的に捉え〕，先端科学技術のさまざまな領域で見出されるELSIやRRIに関する議論へとアプローチできるよう，段階的に読み進められるような構成をとっている．そのため，「ELSI」や「RRI」といった用語を知らない方からすでに知っていたり，それらを踏まえて研究開発に携わっている方まで，幅広い読者に手にとってもらうことができる．なお，それぞれの章は互いに独立しているため，読者の興味に沿って読むこともできる．

本書の構成と概要は以下の通りである．

第I部「概要・視座」では，科学技術のELSIやRRIについての基盤的理解やそれらを考えるための視座を獲得できるよう，ELSIやRRIが語られてきた歴史的背景やそのもとで鍵となる概念や重要な考え方を概観する．

第1章「科学技術をめぐる視座：倫理的・法的・社会的課題（ELSI）から責任ある研究・イノベーション（RRI）まで」（標葉） では，本書の主題であるELSIの輪郭を，近年注目されている「責任ある研究・イノベーション（RRI）」という枠組みとの関係性の解説を含めて描かれている．ELSIという概念とその歴史的発展の概観を通じて，科学技術ガバナンスの展望におけるこれらの概念や枠組みの重要性がケーススタディや実践例を通して指摘される．

第2章「環境とELSI：広義なELSI概念の実現に向けて」（カテライ）では，最新の研究をもとに環境問題の緊急性が指摘され，本書の主題となる科学技術のELSIの背景に環境問題が避けがたく存在するという認識の構築が促される．従来のELSIの概念史をたどることで，人間にとっての利益や優先事項を中心とした「中心主義的」アプローチの思潮が問題含みであることが指摘される．そして，「倫理的・法的・社会的課題」の概念を環境問題まで含む，より包括的な概念へと拡張することの重要性が示される．

第3章「科学的知識と分配的正義：科学技術をめぐる社会的不平等を考えるということ」（標葉）では，科学技術をめぐる知識生産において人々が向き合うべき格差の存在とこのような不平等の解消の手がかりとなる分配的正義の概念が紹介される．これらの歴史的背景やケーススタディ，現代における科学技術政策の動向を通じて，科学技術の分配的正義がいかに体現しうるかが検討される．

第II部「省察的実践」では，ELSIを見据えたRRIの省察的実践に焦点が当てられ，社会における科学技術の意志決定のあり方やステークホルダー間での協働や市民参画の取り組みに関する議論を通覧することができる．

第4章「研究開発の倫理：倫理規範から実践へ」（鹿野）では，研究開発における倫理が扱われる．科学研究と技術開発にまつわる倫理が概観され，全体を俯瞰する視座が示された後，倫理規範を実践へと移行するための手続きとして，倫理審査やテクノロジーアセスメントの取り組みを統合する可能性が検討される．

第5章「ELSI/RRIをめぐる産学連携：大阪大学社会技術共創研究センターと株式会社メルカリ mercari R4Dの事例から」（肥後）では，ELSIやRRIをテーマとした産学連携について，先駆的な事例をケーススタディとして，ELSIやRRIをめぐる産学連携の可能性が探索される．RRIの枠組みにおける知識生産や研究開発における民間セクターの役割の重要性を背景として，企業研究開発においてELSI研究者が実践的な連携を行ったアクションリサーチの記録を伴う貴重な事例が報告される．

第6章「エシックス・ウォッシング：倫理が方便になるとき」（長門）

は，「倫理」を騙った偽善的態度としての「エシックス・ウォッシング（ethics washing）」が扱われる．先端科学技術のELSIの検討と対応が注目される中，必ずしも倫理的応答へと結びつかない「倫理的」な目標や取り組みに含まれる問題の所在が紹介され，これらの問題にどう応えるかが検討される．

第7章「デュアルユース：知識・技術の転用可能性をめぐるガバナンスと規範」（小林）では，科学技術のELSIと関わりの深い「デュアルユース（dual use）」という概念が扱われる．科学技術の利活用に二重性があるという意味でのデュアルユースについて，歴史的な事例や国際的な政策動向を取り上げつつ解説がなされるだけでなく，最先端技術の活用に伴う倫理的課題の議論も展開される．

第8章「患者・市民参画：「なぜ」「どのように」患者・市民とともに研究を進めるのか」（磯野・古結）では，科学技術ガバナンスの実現にとって重要な実践として位置づけられる患者・市民参画が扱われる．RRIの文脈において，先端科学技術のELSIの検討と対応では，多様なステークホルダーの参画による課題抽出と対応の推進が期待されている．患者・市民参画の実践例や導入，課題と対応などが国内外の動向の紹介を踏まえて検討される．

第Ⅲ部「事例」では，科学技術におけるELSIやRRIの実践の具体的な諸相を見通せるよう，八つの領域に渡る先端科学技術のもとでのELSIおよびRRIの最新の議論を紹介している．

第9章「トラッキング技術：信頼・監視・個人をめぐる連環と緊張」（工藤）では，人間の行動の追跡・収集・分析を目的としたトラッキング技術とそのELSIが概観される．人々にとって身近な技術でもあるパスポートや生体認証技術，動画配信サービスなど，多岐にわたるトラッキング技術を題材に，これら技術の歴史的背景をとともに，技術利用をめぐって生じるELSIとその論点が紹介される．

第10章「生成AI：それは誰のためのものか」（竹下）では，生成AIの仕組みや機能を紹介した上で，生成AIのライフサイクルの段階ごとで生じるELSIとその対応策が検討される．さらに，生成AIをめぐる法規制とガバナンスの動向を概観した上で，これらの議論で見過ごされがちな環境問題や人間以外の動物の位置づけについての議論が紹介される．

第11章「エドテック：教育データ利活用に特有のELSI」（若林）では，教育現場に導入された技術としての「エドテック（Educational Technology）」とそのELSIが概観される．教育現場におけるデータ収集・分析・利用をめぐって生じるELSIや技術そのものの妥当性や正確性の課題など，特殊な環境下でのELSIの所在とそれらへの対応の可能性について検討がなされる．

第12章「サイバネティック・アバターのELSI：技術哲学からの検討」（水上）では，身体性の限界を越えるための技術であるサイバネティック・アバター（cybernetic avatar）のELSIが概観される．サイバネティック・アバター技術の紹介に加えて，この技術の正負の側面や鍵となる概念が身近な事例とともに提示される．そのうえで，アバター技術と人々の共生社会を見通すべく，技術哲学の知見に基づいた検討が展開される．

第13章「ニューロバイオテクノロジー：研究開発，ELSI，ガバナンスの動向とこれから」（石田）では，バイオテクノロジーの中でも，脳や神経に関わる技術（neurobiotechnology）とそのELSIが概観される．国際的な科学技術ガバナンスの文脈のもとで，この技術がいかなる課題をもたらしうるかが解説されている．なかでも，脳神経関連権（neurorights）やヒト神経オルガノイド研究など先進的な事例のELSIの検討に加えて，それらへの過度な反応がもたらしうる倫理的ハイプへの対処についても検討される．

第14章「クライメイト・テック：気候変動とどう付き合うか」（ルプレヒト・岩堀・羽鳥・ばーてるせん・吉田）では，人為的な気候変動への技術的な解決策としての「クライメイト・テック（climate technology）」とそのELSIが概観されている．気候工学や気象改変に関わる技術の紹介や期待される効果について議論されるだけでなく，近年重要なキーワードとなっているカーボン・オフセット（carbon offset）や自然保全・再生の紹介，アートと思索的デザインに基づいたアプローチの検討などが展開される．

第15章「宇宙技術とELSI：宇宙の利活用をめぐる諸論点」（杉谷）では，宇宙の探査・開発・利用に関わる諸課題について，倫理・法・社会のそれぞれの観点から議論が展開される．宇宙ビジネスの倫理や環境倫理を背景として，電波やGPS捜査など情報通信技術との関係や軍事利用を含むデュアルユースとの関係など，宇宙技術の多様な展開が考察される．

第16章「量子技術のELSI：諸論点とケーススタディ」（榎本・森下）では，社会問題の解決への期待が高まる量子技術とそのELSIが概観されている．責任ある量子技術の推進に向けた取り組みや量子技術をめぐるELSIに関する諸論点，そしてELSIとの向き合い方が検討される．さらに，量子技術ガバナンスに関する先駆的な取り組みについてケーススタディとして紹介される．

本書はこれら全16章で構成されており，各章では科学技術をとりまく倫理的・法的・社会的課題（ELSI）の議論や各専門領域における科学技術ガバナンスのケーススタディを通じて，先端科学技術と社会の諸相の理解を深めるための視座を提供している．

各章の執筆者たちは科学技術のさまざまな領域においてELSIの検討や対応，科学技術ガバナンスの実践に関わるELSI研究に携わる研究者である．執筆者一同，本書の読者が各自の専門分野や問題関心に基づいて科学技術を社会との関係性のもとで捉え直し，科学技術ガバナンスに関する新たな視点を獲得する一助となることを願っている．

カテライ アメリア
鹿野 祐介
標葉 隆馬

目　　次

【第Ⅱ部　省察的実践】

第1章

科学技術をめぐる視座

倫理的・法的・社会的課題（ELSI）から責任ある研究・イノベーション（RRI）まで

本章では，近年話題となっている倫理的・法的・社会的課題（Ethical, Legal and Social Issues: ELSI）というキーワードに注目し，その言葉が登場してきた経緯と背景，またより最近の枠組みである責任ある研究・イノベーション（Responsible Research and Innovation: RRI）をめぐる議論の例について概観する．この作業を通じて，本書を読む上での基礎的な背景情報をまとめていく．

1　はじめに

現代社会は，科学技術がもたらしたさまざまな知識とベネフィットに依拠している．生命科学分野を例にあげるだけでも，遺伝子間ネットワークの複雑な作用機序や細胞の発生機構に関する知見，難病に関する病因やメカニズムの解明といった新しい科学的知識の獲得，創薬に代表されるような医療・産業応用，新規の治療法の開発など，その展開は数え切れず，枚挙にいとまがないほどである．このように先端的な知識に依拠した社会を指して，「知識基盤社会」という呼ばれ方がされるようになってもはや久しい．むろんここで急いで補足する必要があるが，ここで言われる「知識」は科学技術の知に限らない．人文・社会科学分野の知も当然含まれる．そのため最近の国内外の科学技術政策では，このような文理の壁を超えるような言葉遣いが摸索され，「先端的な知識」に対する投資が志向されている．

科学技術研究をはじめとする知識生産とその成果の活用に際して生じる課題について，社会的判断を行うための仕組みあるいは具体的な制度設計を行う営みは「科学技術ガバナンス」と呼ばれる（標葉 2020）．そして，より良

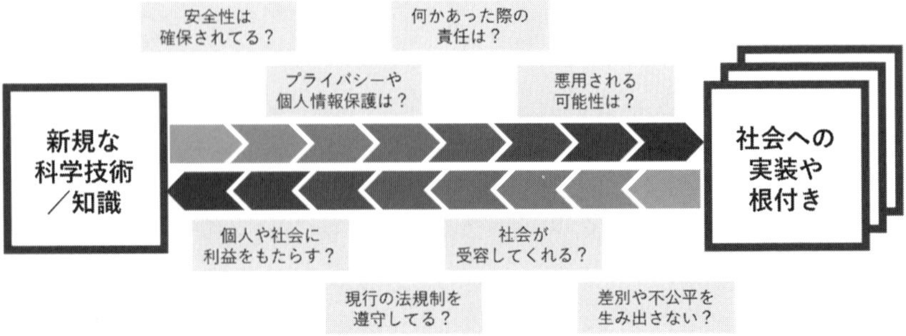

図 1-1：倫理的・法的・社会的課題（ELSI）の論点例

い科学技術ガバナンスの構築が世界的にも課題となっているが，そのためには，社会の中で営まれるより良い知識生産のあり方に対する深い洞察，知識生産を支える社会的基盤の更新に加えて，生み出された知をめぐってどのようなさまざまな関心がとりまいているのかを慎重に考える必要がある．そこでは，科学的な安全性や，現行法制における妥当性，個人情報保護，データやサンプルの提供をめぐる同意，デュアルユース，消費者直結型サービス（DTC），責任や補償ならびにより良い規制や政策のあり方などを含めたガバナンスなど，さまざまな課題が考慮される必要がある．さらには，その新しい科学技術は「誰に」「どのような」ベネフィットをもたらすのか，それは特定の層に差別や不公正あるいはリスクの不均衡な配分を生成・強化するようなことは無いかといったテーマも慎重に検討されることが必要不可欠となる（図 1-1）．

このような先端的な知識，とりわけ科学技術の発展が図らずも我々に見せてくれるさまざまな課題は，「倫理的・法的・社会的課題（ELSI）」と表現され，これまでにも多くの議論の蓄積が行われてきた．しかして，ここで一つの重要な側面を指摘しておく必要がある．現代社会における知識生産，とりわけ科学技術研究による知識生産の展開がきわめて速いという点である．そのため，ELSI という言葉を聞いたときにまず思い当たるであろう「法律」による規制の限界がそこには登場してくる（ただし，法的な側面の取り扱いが重要なテーマであることは変わらない）．すなわち，先端的な科学技術がもたらす含意に対して立法の速度が追い付かない事態が多々生じてくる．そのため，罰則を伴う法律「ハード・ロー」だけに頼るのではなく，学会指針や業界指針，行政によるガイドラインなど，法的罰則はないものの実質的なルールや規範として機能する「ソフト・ロー」の形成を，研究開発の状況と並走する形で行うことが世界的な課題となっている．

より良いソフト・ローの形成一つをとっても，先端的知識に関わる幅広い社会的議題のより早い段階からの可視化と洞察，そして知識生産が行われる研究開発の現場との協働とコミュニケーションが喫緊の課題となる．だからこそ，現在では，日本をはじめ，世界各国の科学技術政策がELSIへの対応に注目している，あるいは前提としているのである．このような議論は最近では，「責任ある研究・イノベーション（RRI）」という枠組みを援用して行われることも多い．

2　ELSIという言葉の登場

ELSIに関連する議論自体は，その言葉の登場以前から取り組まれてきた．例えば第二次世界大戦後に成立した医学的研究に関わるニュルンベルク綱領やヘルシンキ宣言などを挙げることができるだろう．また1960年代以降に米国における生命倫理分野の議論と専門職化の進展，生命倫理分野の研究所・調査機関であるヘイスティングスセンター（Hastings Center）が設立されるなどの展開もその例としてみることができよう．このような動きは，生命倫理学分野と現場の医療者・科学者との間にさまざまな関係性を構築しながら，今現在における米国の生命倫理研究やELSI研究の背景ともなってきた．日本においても，1980年代までに話題を呼んだ論文・論考をあつめた教科書として『バイオエシックスの基礎：欧米の「生命倫理」論』（1988年）が出版されるなど，海外における議論は順次紹介されてきたといえる．

また1970年代前半に確立された遺伝子組換え技術をめぐっては研究者コミュニティ自身が，遺伝子組換え技術の社会的影響を想像することで科学者の自主的規制（モラトリアム）を実施し，1975年のアシロマ会議に代表される指針形成のための議論を活発に行っていった．この議論では，科学的安全性の確保が中心的な論点であったが，科学技術と社会との関わりについて研究者コミュニティが関心をもつきっかけとなった出来事であり[1]，その経験とその議論から得られる含意は今でも多くのELSI的知見を提供してくれるものである．

1　もちろん，これ以前あるいは同時期に，科学技術と社会との関わりについて研究者コミュニティが関心をもつ出来事は散見される．原子力爆弾をめぐる科学者たちの議論や（パグウォッシュ会議），環境汚染や公害をめぐる議論などがその例として挙げられる．

ELSI という言葉が直接的に登場することとなった契機はヒトゲノム計画である．ヒトの全遺伝情報を解読しようとする国際的かつ大規模なプロジェクトであったが，同時に遺伝情報という領域への踏み込みがもつさまざまな懸念や課題を分析・洞察する必要性もまた考えられてきた．例えば，個人情報保護との関係性，インフォームド・コンセントやインフォームド・アセントのあり方[2]，医療機関を通さないような消費者直結型サービス（Direct to Consumer: DTC）の問題，保険における遺伝子差別の問題など，対応すべき ELSI は現在でもさまざまである（e.g. 神里・武藤 2015）．

ヒトゲノム計画では，Ethical, Legal and Social Implications の語がつかわれ，また同時期に欧州では Ethical, Legal and Social Aspect（ELSA）という表現も使われた．ヒトゲノム計画における ELSI の議論は，米国技術評価局（Office of Technology Assessment: OTA）や米国研究会議（National Research Council: NRC）を舞台とした議論などを軸線としながら展開され，最終的には以下のようなテーマが提示されていくことになる（標葉 2020; 見上 2020）．

・活動であるヒトゲノムの解読が個人や社会にとってどのような意味をもつのかを予測する
・ヒトゲノムの解読がもたらす倫理的・法的・社会的な影響を検討する
・これらの問題に関する社会的議論を促進する
・個人や社会のための情報発信の方策を検討する

いずれにせよ，科学技術の ELSI をめぐる研究が大きな研究プログラムとしてデザインされるようになり，その中でまとまった研究プロジェクトとして資金注入を受けるようになっていったのである．例えばヒトゲノム計画の中では，予算の 3～5% が ELSI の研究に充てられることとなった．

3　責任ある研究・イノベーション（RRI）

ELSI を含む科学技術あるいは先端的な知識がもたらす幅広い社会的・経

2　インフォームド・コンセントは，研究活動に関する十分な情報を共有された上での研究への参加や試料提供等に関わる同意のことを指す．また未成年者など研究協力者本人に同意能力がないと考えられる場合には親権者など代諾者による同意が行われるが，成長に伴い自身の意見・希望の表明や意思確認が可能になるなどが生じた場合，代諾者だけでなく本人からも改めて同意・賛意を得ることが求められ，この場合はインフォームド・アセントと呼ばれる．

済的な影響を視野に捉えた議論は，最近では「責任ある研究・イノベーション（RRI）」の枠組みの下で議論されることが多くなっている．「科学技術ガバナンス」の観点からは，科学技術をめぐる ELSI や構造的課題を可能な限り早い段階から分析しながら，社会との間で論点の共有と議論を行い，その幅広いインパクトを含めて社会の中に適切に位置づけていく道筋を洞察していくことが肝要となる（城山 2007, 2018）．このような視点から，RRI というキーワードが積極的に援用されるようになっていった．

科学技術政策の文脈においては，RRI は 2011 年以降注目を集めるようになり，2014 年 11 月 21 日に採択された『責任ある研究・イノベーションにおけるローマ宣言』[3] では，「責任ある研究イノベーションは，研究とイノベーションの価値・必要性・社会の期待を一致させる現在進行形のプロセスである」と表現されている（標葉 2022）．

そして欧州委員会の科学技術政策枠組みであった「ホライズン 2020」では，基幹プログラムの一つとして「社会とともにある／社会のための科学」プログラムが設定され，その中で RRI は中心的概念として位置づけられた．ホライズン 2020 では，この RRI の政策的な意味づけとして以下のものを例に挙げている[4]．

- 科学技術研究やイノベーションへのより幅広いアクターの参加
- 科学技術の成果（知識）へのアクセシビリティ向上
- さまざまな研究プロセスや活動におけるジェンダー平等の担保
- 倫理的課題の考慮
- さまざまな場面での科学教育の推進

RRI をめぐる議論では「先見性（Anticipation）」「省察性（Reflexivity）」「包摂（Inclusion）」「応答可能性（Responsiveness）」などの要素を軸として，理論的枠組みの検討が進みつつある（Stilgoe et al. 2013; Stilgoe & Guston 2017）．

RRI に関する基本的なアイデア・議論をおおまかにまとめるならば，RRI とは幅広いアクターの問題意識や価値観を包摂・相互応答しつつ，プロセス自体が省察を伴い，得られた課題や反省のフィードバックを踏まえてイノ

3　https://ec.europa.eu/newsroom/dae/document.cfm?doc_id=8196（アクセス日：2025 年 3 月 6 日）
4　https://ec.europa.eu/programmes/horizon2020/en/h2020-section/science-and-society（アクセス日：2025 年 3 月 6 日）

ベーションを進めることを志向するものと概括することができる．そのような相互作用的なプロセスの正統性・妥当性・透明性の向上により，応答責任の所在の明確化，倫理的な受容可能性，社会的要請への応答，潜在的危機への洞察深化などが進展することが目指される（標葉 2020）．

つまり，RRI の議論では，早期からの ELSI の対応は前提としつつ，さらにはどのような知識生産のあり方がより望ましいのか，それに資するより良い政策やスマートな規制とはどのようなものかといったテーマまで踏み込んで洞察することが期待される．科学技術ガバナンスのあり方も，必然的にイノベーション・エコシステムのあり方全体を考える視点へと発展的に拡大することになる．そのため RRI は社会的なイノベーションの一つであると考えられており，「RRI は，現在における科学とイノベーションの集合的な管理を通じた未来に対するケアを意味する」（Stilgoe et al. 2013: 1570）とも表現されている．

なお，欧州委員会のより最近の科学技術政策枠組みであるホライズン・ヨーロッパでは，RRI という言葉自体は以前よりも目立たない形となっている．しかしながら，その議論の内実をみていくと，オープンサイエンスやオープンイノベーションといった新しい中心軸につながる形で，RRI の議論蓄積とその含意が陰に陽に埋め込まれている．また，最近の動向として再びキーワードの強調・登場が見られる．加えてこの間に，他の事例を眺めてみても，例えば OECD が『ニューロテクノロジーにおける責任あるイノベーションに関する勧告（*OECD Recommendation of the Council on Responsible Innovation in Neurotechnology*）』を 2019 年に公表し[5]，現在では各国における関連取り組みのモニタリングがスタートするなど，先端科学技術をめぐる RRI への注目が展開されている[6]．

5　紙幅の関係からその詳細にはここでは立ち入らないが，脳神経科学やそれに関わる技術（ニューロテクノロジー）をめぐる責任あるイノベーションの推進，社会的熟議の振興，官民を超えた協働と信頼関係の構築や，非意図的利用や悪用に関する先見やモニタリング，個人の脳データの保護など九つの提言が行われている．

6　RRI の概念の前景には，「リアルタイムテクノロジーアセスメント（Real-Time Technology Assessment）」や「先見的ガバナンス（Anticipatory Governance）」といった視点に基づく議論蓄積がある．紙幅の限界からその詳細は省くものの，例えば標葉（2020）第 11 章や，OECD が編集した『先見的ガバナンスの政策学：未来洞察による公共政策イノベーション』（ピレト・アンジェラ 2023）などを参照されたい．

4　日本の科学技術政策：ELSI/RRI という表現の誕生

近年における日本の科学技術政策をみるならば，（広義のものも含む）ELSI への関心はこの 20 年ほどの間に次第に強化されてきたことがわかる．ここでその議論の変遷を簡単に概観しておくことにしたい[7]．

現在につながる議論の一つの転換点として，2001 年の『第 2 期科学技術基本計画』におけるアウトリーチ活動への関心が挙げられる．その後，2006 年の『第 3 期科学技術基本計画』では，より研究者と社会の間の双方向のコミュニケーション活動の推進という視点が強調されるようになっていった．ここで言う研究者によるコミュニケーション活動という言葉の意味は，「科学・技術に関わる専門家と一般の人々の間の対話」という意味から，サイエンスカフェのようなイベント，研究所の一般公開，メディア上での発信，「広場型」と呼ばれるような実物展示型イベント，サイエンスショップ，意思決定プロセスに資するような形で一般の人々の意見を抽出するコンセンサス会議のような試み，さらには，科学教育や理科教育，科学広報まで多岐にわたっている（標葉 2020：第 5 章）．

2006 年の『第 3 期科学技術基本計画』では，双方向のコミュニケーション活動への関心だけでなく，ELSI が言葉として登場し，その重要性が強調されている．そして東日本大震災を経た 2011 年の『第 4 期科学技術基本計画』においても ELSI の言葉がはっきりと登場し，またリスクコミュニケーションへの強い関心が表明されている．そして 2016 年の『第 5 期科学技術基本計画』では，再生医療や AI などの先端領域への関心に言及しつつ，ELSI が強調されることになった．その頃より，毎年公表される『統合イノベーション戦略』，あるいは『AI 戦略』や『バイオ戦略』などの分野別の政策文書においても ELSI 対応の重要性に関する言及を見出すことができる（標葉 2022）．

そして 2021 年，科学技術基本法が改訂され，科学技術・イノベーション基本法となり，また科学技術基本計画も『第 6 期科学技術・イノベーション

7　日本においてもゲノム研究の ELSI に注目する研究が加藤尚武や藤木典生，ダリル・メイサーといった生命倫理分野の研究者らを中心として 1990 年代に始まってくる．また 1996 年以降は「ゲノムサイエンス：ヒトゲノム解析に基づくバイオサイエンスの新展開（ゲノム特定領域研究）」において，科学コミュニケーションへの注目が強くなる形で関連する議論と活動が進むこととなる（見上 2020）．

計画』とその名前を変えることとなった．新しい基本計画では，第5期までほどELSIは強調されているようには一見のところみえない．しかしながら，『第6期科学技術・イノベーション計画』では，第5期までの基本計画とはその構成自体が異なる点に注意が必要である．つまり，個別領域の戦略等については統合イノベーション戦略や，AI戦略などの個別重点領域の戦略文書に沿って政策的展開を行うことが強調され，それらの各種戦略文書に内容を任せるような形での構成となっている．そして，前述のように，これらの戦略文書ではELSI対応が強調されている．すなわち，『第6期科学技術・イノベーション計画』においてもELSI対応の重要性は前提とされている状況にある．

このような中で，各種のファンディングにおいてもELSI対応が強調されつつある実情がある．ムーンショット型研究開発の各目標においてもELSI対応は強調される機会が増しており，分野横断のELSI分科会が設定されるなどの動きがみられる．他の大規模研究開発プログラムにおいても似たような状況を観察することができる．

またELSIに関わる研究活動そのものにおいては，JST社会技術開発センター（RISTEX）のこれまでの経緯を抑えておくことは重要であろう．2005年から2012年までに活動が行われた「科学技術と人間」領域（統括：村上陽一郎）をはじめ，「人と情報のエコシステム（HITE）」領域（統括：國領二郎），そして2020年からスタートした「科学技術の倫理的・法制度的・社会的課題（ELSI）への包括的実践研究開発プログラム（RInCA）」（統括：唐沢かおり）などは，ELSIとRRIに関連する研究に少なからずあるいは直接関わる研究開発プログラムとして展開されてきたものであり，日本におけるELSIとRRIに関連する研究の歴史を考える上で，その蓄積は見過ごすことはできない．

ここで興味深い点を指摘しておく必要がある．前述のRISTEXのRInCAプログラムの日本語名ではELSIが使われている．しかし，この英語名は，Responsible Innovation with Conscience and Agilityとなっており，日本語名と英語名で異なるキーワードが使われている．すでに紹介したRRIという視点は，ELSIへの対応は前提とした拡大的なコンセプトでありながら，まだまだ日本国内の科学技術政策においては現状RRIという言葉の登場は限定的であり，ELSIの方がより多く使われているのである．このような状況から，ELSI/RRIと連記する形での言葉の使用も多くみられる点は日本に特有の状況がある．

5　ELSI/RRI 前史：GMO 論争がもたらした教訓

現在における ELSI/RRI をめぐる議論は，1980 年代〜1990 年代後半に入り生じた BSE 問題や遺伝子組換え生物（GMO）をめぐる社会的論争の経験と知見が多く影響している．これらの議論を通じて，学技術をめぐる社会的認識，「問題の枠組み（フレーミング）」の多様性が認識されるようになっていった[8]．その中で，ELSI のより良い議論と解決のためには，「社会の中の科学技術」をめぐる幅広いアクターとの対話が重要であることが認識されるようになり，科学技術政策の中でもそのような視点が世界的に共有されるようになった．そのため，その経緯を概観しておくことは，今後の議論を理解するうえでも有効であると考えられる．ここでは GMO の議論に絞って，その含意を確認しておくことにしたい．

英国における事例をみておくことにしよう．英国では 2002 年から 2003 年にかけて GM ネイション（GM Nation? The Public Debate，以下 GM Nation）と呼ばれる GMO をめぐる大規模な市民対話・調査が行われており，多くの知見が蓄積されている．英国政府・農業環境バイオテクノロジー委員会（AEBC）の主催で行われた GM Nation は，全国 8 か所での市民参加型ワークショップ，9 つのフォーカスグループインタビュー，1 つの遺伝子組換え作物の利害関係者による会議を予備的な調査として議題設定と論点の絞りこみが行われ，その後 2003 年の 6 月から 7 月にかけて，全国 6 か所におけるメインの会議，40 か所での第 2 会議，そして合計 629 回の第 3 会議という，多段階の形式のオープンミーティングが実施された．その参加者は合計で延べおよそ 2 万人にも上る．また同時にウェブ上での議論，さらに 77 人の一般参加者を対象としたフォーカスグループセッションが行われた．

これらの取り組みの結果，GMO をめぐる多様なフレーミングが明らかとなった．例えば，参加者達はその技術的可能性を認めつつも，より開かれた議論と情報共有を歓迎していること，（科学的安全性に留まらない）社会的・政治的課題への関心，規制の枠組みの正統性や頑健性，ベネフィットの共有，食糧配分システムへの影響，意思決定プロセスの妥当性と正統性などが見出された（表 1-1）．科学的な可能性や安全性の担保といった事柄の重要性はもちろんのことであるが，このような多様なフレーミングを踏まえた

8　本節は標葉（2020）第 4 章をもとに執筆している．

表1-1：GM Nation で提示された主要な関心とフレーミングの例

主な関心事項概要	概要
人々のもつ多様な不安	食品や環境への安全性といった科学的・技術的な側面に限らず，社会的・政治的課題まで含めた懸念に目を向ける必要がある
リスク－ベネフィットの理解	ベネフィットを知ると同時に，リスクへの関心もまた高まる（特に長期的な観測が必要なリスクについての関心の高まり）
安易な商業化に対する反発	より多くのテスト，しっかりとした規制の枠組み，（生産者だけでなく）広く社会へのベネフィットの提示が要求されている
政府・多国籍企業への不信感	（多くの対話参加者は総論としてのGM作物の利点は認めている）アリバイ作りへの疑義（結果が結局は無視されてしまうのではないか），経済的利益優先への危惧
さらなる情報提供と試験研究	信頼できる情報源からのより多くの情報提供と，さらなる試験研究の必要性を認めている
発展途上国の事情に対する特別な関心	食糧増産などの貢献の理解．公平な貿易，より良い食料分配システムの構築，収入や当該国の地位向上といった開発全体の推進が重要であるという認識の提示
議論に対する歓迎と価値	対話・議論への参加は歓迎されている．また自身の意見表明のみならず，専門家も含めた他者の意見を聞き議論できる機会が尊重されている

（出典：標葉 2020: 83 をもとに作成）

上で，政策オプションや規制のあり方をオープンに議論していくことの重要性が発見されたといえる．

しかしながら，GM Nation の最も重要な経験と教訓は，「GM Nation は遅すぎた」ことであった．つまり，GM Nation の実施は，GM 作物をめぐる社会的対立の様相がすでにして固定化してしまった後であり，科学者・農業従事者・一般消費者・企業といった各種のステークホルダー間におけるコミュニケーションや，社会的議論への対応が後手に回ってしまったことで深い社会的対立を生んでしまったという反省がなされている．そのため，GM Nation の取り組みは，政府・企業等への不信感，GM Nation がアリバイ作りなのではないかという人々の危惧をぬぐうことはできなかったという評価は否定しがたいものであった．また，参加者におけるバイアスのコントロール（結果の偏り，低関心層の巻き込みの不足），GM Nation の政策に対する位置づけや影響力・反映のプロセスに関する透明性の問題，GM Nation をめぐる評価の問題など実践上の種々の課題も指摘されている．

日本の例に目を向けるならば，例えば農水省と北海道庁の主催で行われた二つのコンセンサス会議の事例がある．そこでは食料自給率が低い日本の農業の現状と将来，農業をめぐる「分配」や社会・経済・政治をめぐる側面などが関心として提示され英国同様多様なフレーミングの可視化を見て取ることができる．また農家にとってもGM技術の可能性は否定しない一方で，研究者の提示するGM作物のメリットやリスクよりも，より身近な文脈として，GM作物が「商品」として売れるかが関心事であった．つまり研究開発を進める際においても，デメリットやリスクも踏まえた上での取り組みを求める意見であった（小林 2004, 2007）．

特に北海道庁が主催した「北海道における遺伝子組換え作物の栽培について」をテーマとしたコンセンサス会議の事例では，北海道のGM条例見直しを視野に入れ，道民の意見・情報収集，市民提案を施策立案の参考とすること，「声のアセスメント」として，コンセンサス会議を位置づけることが可能かについて実験・検討することが企図された．またそこで得られた「北海道における遺伝子組換え作物の栽培についての道民の意見 ～コンセンサス会議からの市民提案～」[9]は，あくまで参考意見という位置づけであり，その反映のプロセスや度合いは不明瞭なものではあったものの，議会において回覧する形で政策決定プロセスにおいて検討・考慮された点が重要であった（小林 2007）[10]．

以上のように，GM Nationをはじめとする GMO をめぐる論争や対話の取り組みにおいて多くの課題が残された点は否定しがたい．しかし，その経験が提示する示唆と教訓から，ナノテクノロジーや合成生物学をめぐるより新しい事例では，一般の人々の間で広く認知される前からの対話，技術開発の初期段階からの参画を企図した「上流からの市民参加（Upstream engagement）」の施策が望まれ，実際に試みられてきた（Barben et al. 2008; 三上・高橋 2013; EU Commission 2016）．

6　RRIをめぐる議論と実践の例

前節でみたGMO，とりわけ遺伝子組換え食品（GM食品）をめぐる社会

9　http://www.pref.hokkaido.lg.jp/ns/shs/05/anzen/090131_siminteian.pdf.（アクセス日 2024年2月29日）

10　コンセンサス会議の一部については，「表示」や「交雑」についての項目は道レベルの問題を超えるものとして，国への要望を提出，また試験研究の拡充といった形で反映されたのではないかと考えられる（白田 2009）．

的議論の経験が，生命科学のみならずナノテクノロジー，人工知能，合成生物学などをはじめとした先端科学技術の各分野において研究開発の初期段階から ELSI について幅広く検討する機運を高めていくこととなった．これが RRI の登場をめぐる重要な背景の一つとなっており，ナノテクノロジーと合成生物学をめぐる社会的議題の探索には早くから関心が向けられてきた．

6.1　ナノテクノロジーをめぐる RRI

ナノテクノロジーをめぐる ELSI への関心をプログラムレベルで明示した早期の事例が米国ナノテクノロジーイニシアティブ（National Nanotechnology Initiative: NNI）である．この NNI プログラムでは「責任ある開発（Responsible Development）」が提唱され，以降に展開された RRI の議論でも一つの参照点となった．NNI における「責任ある開発」は以下のように表現されている．

> ナノテクノロジーの責任ある開発は，テクノロジーの持つポジティブな貢献を最大化し，ネガティブな影響を最小化するための努力のバランス確保として性格づけられる．それゆえ，責任ある開発は，技術の適用と潜在的含意の両方の検証を含むものである．それは，悪影響あるいは意図せぬ結果を予見あるいは緩和するための全ての責任ある努力をなす間に，人類と社会が必要とするものを最も推進することに適う技術の開発と使用への関与を示唆している．（出典：標葉 2020: 228）

このような視点の下で，ナノテクノロジーの社会的側面に関わる研究拠点としてアリゾナ州立大学とカリフォルニア州立大学サンタバーバラ校に「社会の中のナノテクノロジー研究センター」が，NSF のファンディングをもとに設置されるなどの積極的な動きが展開された．そしてナノテクノロジーをめぐる ELSI の把握，適切なリスクアセスメント，知識ギャップ・規制の必要性の検討，熟議，国際的・多様な関係者の参加，共同責任に関する倫理，テクノロジーデザインに関する規範的原理，人文・社会科学的知見の適切な反映といった論点が提起されていった（Barben et al. 2008）．このような NNI に代表される事例と平行して，2000 年代より，ナノテクノロジーのリスクアセスメントのベストプラクティスの推進や指針策定，産業界・市民との対話の場の設定などが提言されてきた経緯がある．

また欧州の議論に目を向けるならば，欧州委員会ではここまでに述べたような知見の蓄積をもとにして，『ナノテクノロジー研究情勢における近年のRRI議論』と題したレポートを発表している．そこでは，ナノテクノロジーを，生物医学，食品・農業，産業，電気電子，環境，再生エネルギー，繊維，物質・材料など多様な領域のイノベーションの鍵となるコア領域の一つとして位置づけた上で，ナノテクノロジーのRRIにおける基本的な論点の整理が行われている．その論点は多岐にわたるものの，研究公正や研究倫理，研究プロセスの透明性確保，多様なアクターの参加などのRRIでよくより挙げられる基本的な論点に留まらず，社会文脈に適した知識の共創のあり方や，技術文化の形成，企業におけるCSR取り組みとの関わり，また相反するモラルの問題なども提起されている（EU Commission 2016）．また，ナノテクノロジーの研究開発を止めずに，欧州域内のネガティブな効果を防ぐ方策を模索するような議論もみられる．すなわち，欧州域内においてもナノテクノロジー研究を進めやすい国・地域の偏りがあり，その状況の中で研究開発が進むことで欧州域内の経済格差拡大のリスクはないか，あるいはその是正のためのオプションはないかという視点が登場しつつある（Doris et al. 2016）[11]．

6.2　合成生物学をめぐるRRI

合成生物学（Synthetic Biology）の分野では，GMOの教訓を活かす形で研究領域の形成当初からELSIや政策に関わる議論に関心と注意が払われ，国内外の研究者コミュニティで積極的な議論が行われてきた．

そのため，研究開発のかなり早い段階からさまざまな課題が並行して指摘されてきたことがその特徴といえる．その論点としては，例えば，潜在的なリスクとベネフィット，コントロール下ではない条件での環境放出のリスク，バイオテロと安全保障問題，特許・知的財産権の扱いと技術貿易に関わる課題，倫理的課題，研究に関わる規制と予防原則の兼ね合い，研究インフラの整備，イノベーション政策のあり方などさまざまな論点への配慮が論じられ，ガバナンスとリスクマネジメントに関わる論点が幅広く議論されてきたといえる．また，人工的な生命へのアンビバレンツな態度，どのような将来的なシナリオがありうるのかについての知見や理解の不足や，技術の管理責任と情報公開の透明性を通じた社会との信頼関係，などの課題が合成生物学をめぐる重要なELSIとして指摘されている（Balmer & Martin 2008;

11　日本においてもナノテクノロジーをめぐる社会的議論の例として，ナノテクノロジーを利用した食品をテーマとした市民対話の試み（ナノトライ）の事例がある（三上・高橋 2013）．

BBSRC & EPSRC 2010; Marris et al. 2014).

また合成生物学分野ではELSIに関する教育的な取り組みも当初から行われていたことは強調に値する．合成生物学の国際学生コンペであるiGEM（international Genetically Engineered Machine）では，全員参加のELSIに関するセッションが行われるなど，積極的な教育と議論の場の構築が試みられてきたことは注目に値するだろう．日本国内においても，「細胞を創る」研究会においてELSIをめぐる議論やセッションが行われてきた経緯は，重要な先行事例として指摘しておく必要がある．

また英国では，英国ビジネスイノベーション技能省の要請により，独立専門家パネルによって作成された『英国における合成生物学ロードマップ』[12]がある．当該ロードマップでは，①傑出した英国の合成生物学研究資源の確立のための他分野越境型の研究センターネットワークへの投資，②英国全土における高度な専門性・エネルギー・投資がなされた合成生物学コミュニティの構築，③市場に対応したテクノロジーの加速への投資，④国際的役割を主導すること，⑤リーダーシップ会議の設置，以上五つが主要な提言としてまとめられている．

そして，その中で，英国における合成生物学研究やこれまでのファンディングスキームの経緯と強みの検討と平行しながら，合成生物学研究のRRI振興を一つの主要なビジョン・テーマとして位置づけるなどの議論が行われた経緯がある[13]．

このような動きの中で，英国では英国バイオテクノロジー・生物科学リサーチカウンシル（Biotechnology and Biological Sciences Research Council: BBSRC）が主催となって『合成生物学をめぐる対話』という大規模な対話取り組みもなされている（BBSRC 2010）．『英国合成生物学ロードマップ』でも，『合成生物学をめぐる対話』で得られた視点や知見を踏まえつつ，ベネフィットの明確化，幅広いステークホルダーの視点との共同と開かれた対話，（GMOの経験とカルタヘナ議定書などの規制枠組みを前提として踏ま

12　A Synthetic Biology Roadmap for the UK: https://openaccess.city.ac.uk/id/eprint/16096/1/Roadmap_SyntheticBiology_nrfinal2.pdf（アクセス日2024年2月29日）

13　ロードマップ作成の議論に関わった，科学技術社会論分野の研究者らは，その作成プロセス参加と議論内容の検討を行っている．その中で，技術発展の予測の難しさと不確実性からくる未来のガバナンスの難しさ，ロードマップ自体がもつパフォーマティビティや正統性をめぐる問い，そして未来と価値をめぐる規範性が科学的あるいは政策的言説の中で取りこぼされてしまうリスクを指摘しつつ，議論過程とその特徴を記録的かつ批判的に分析し，古典的な欠如モデル的視点を超えてRRIに関わる視座をどのように議論に打ち込んでいったかについて論じている（Marris & Calvert 2019）．

えた）効果的・適切・応答的な規制枠組みによる世界的な社会的・環境的課題などへの取り組みが強調されている．

このロードマップ作成におけるRRIの議論は，英国工学・物理科学リサーチカウンシル（Engineering and Physical Sciences Research Council: EPSRC）による『責任ある研究・イノベーションフレームワーク』[14]の議論へとつながっていった（Marris & Calvert 2019）．

6.3　分子ロボティクスをめぐるRRI

最後に日本のRRIをめぐる議論と実践の例をみておきたい．ここで紹介する例は，「分子ロボティクス」分野で進みつつあるRRI実践の事例である．分子ロボティクスは，ロボットを「『外部環境から情報を獲得し，コンピュータ（情報処理回路）によりその情報を処理し，その結果に応じて環境に対して働きかけるアクチュエータ』からなるシステム」と定義し，DNAやRNAなどの生体部品を素材としたものづくりとその機能解析，その過程を通じた生命現象の理解を行う分野である（村田 2019: 112）．

分子ロボティクス分野では，2010年代に入り大型の研究予算の下で大規模な研究プログラムがスタートしている．そのような中で，実際に科学研究を行う分子ロボティクス研究者の中で，当該領域がもつ可能性とその潜在的なELSIへの関心が生じてきた．そして2016年にJST-RISTEXのHITE領域のファンディングの下，分子ロボット倫理プロジェクトがスタートし[15]，ELSI/RRI研究のグループとの協働が始まった経緯がある．

この協働の中で，分子ロボティクス分野がもつ幅広いインパクトを洞察し，潜在的なELSIを検討するためにまず行われたことは，分子ロボティクス分野の目標と現状の理解と先行研究からの関連しうるELSI知見の共有であった（標葉ほか 2020）．そのような情報や価値観に関わる共有の上で，分子ロボティクス領域の将来を洞察するためのワークショップが繰り返し実施され，当該領域がもつ幅広いインパクトの言語化が行われ，論点マップの作製が行われた（図1-2参照）．

14　EPSRCの『責任ある研究・イノベーションフレームワーク』では，「先見性，省察，参加と行動」ならびにRRI枠組みに関する「支援」と「期待」が鍵概念として提示されている（e.g. Jack et al. 2013; Marris & Calvert 2019）．https://epsrc.ukri.org/research/framework/（アクセス日2024年2月29日）

15　JST-RISTEX・HITE領域において「分子ロボット技術に対する法律・倫理・経済・教育からの接近法に関する調査」（代表：小長谷明彦）が採択されたことが一つの契機となっている．その後，HITE領域ならびにRInCA領域において関連するプロジェクトが継続的に展開された．

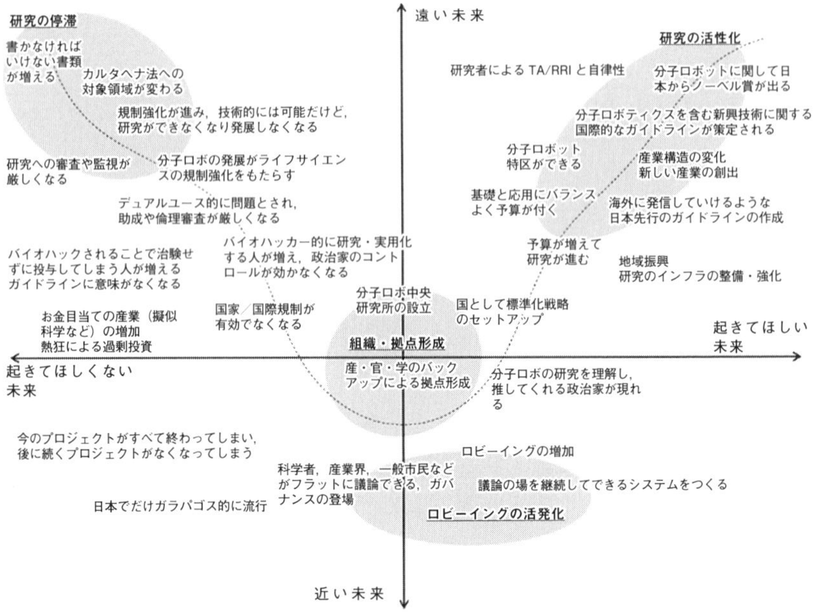

図 1-2：分子ロボティクスにおけるシナリオマップの例（出典：Komiya et al. 2022）

このマップ一つをみても，多くの興味深い論点を引き出すことができる．例えば，「起きてほしくない未来」の中には，デュアルユースに関わる懸念に加えて，「分子ロボの発展がライフサイエンスの規制強化をもたらす」や「カルタヘナ法への対象領域が変わる」といった論点が登場する．「遺伝子組換え生物等の使用等の規制による生物の多様性の確保に関する法律（カルタヘナ法）」は，日本国内での遺伝子組換え実験に関わる主たる法律であるが，その主な対象は GMO であり，DNA や RNA などを素材とするものの GMO そのものではない分子ロボット自体はカルタヘナ法の直接的な対象とはならない．しかしながら，例えば分子ロボットにゲノム編集機能などをもたせる応用ケースが出てきた場合には，分子ロボットそのものは対象とならなかったとしても，その影響を受けた周囲の生物はカルタヘナ法の対象になりうる可能性が考えられる．また分子ロボットが自己増殖できるようになった場合や，自己の素材となる DNA などに変化が生じうる場合のリスクや課題，またカルタヘナ法改正を含めた規制拡大の可能性までもが議論された．

同時に「起きてほしい未来」をめぐる議論においては，研究開発の順調な進展への期待が強調されると同時に，「分子ロボティクスを含む新興技術に関する国際的なガイドラインが作成されること」や「研究者によるTA/RRIと自律性」についての関心が表明され，前述のリスクや懸念をめぐる議論とあわせて，RRI実践に関わる視点（やや踏み込んだ言い方をするならば価値観）が言語化されていった．

このような議論が，研究開発を実際に行う科学者・技術者コミュニティを含む将来シナリオを考えていく過程で行われ，分子ロボティクスという先端領域をめぐるELSI/RRIの論点整理，そしてそれに基づいた倫理指針の作成へとつながっていった．2018年3月5日には，「分子ロボット技術倫理綱領」の素案が策定され[16]，①「リスク・ベネフィットの総合評価」，②「安全と環境への配慮」，③「セキュリティとデュアルユース問題への留意」，④「説明責任と透明性の担保」の四つの原則が提案された．この倫理綱領を策定する過程では，研究コミュニティ内での積極的かつ自律的な議論が必要とされ，素案が提示されたのちさらに1年の時間をかけて倫理綱領の内容や議論のプロセスのあり方などを含めた議論が行われ，最終的に2019年3月4日に改訂版が発行された[17]．

これらの議論の中で，研究開発を行う科学者・技術者自身が，分子ロボットの実際の応用・活用の際に関係する幅広いアクターとの早期からの対話の重要性を認識し，実際に対話実践の試みが行われていった点も重要である．2020年8月から2021年2月までに農業・環境分野での応用が想定しての農業関係者との対話を中心として，計7回の市民対話の試みが行われた（小長谷ほか 2022; 森下ほか 2022）．また同時により一般的な科学コミュニケーション実践なども行われた[18]．これらの対話の中では，期待や懸念を含めたさまざまな関心が登場した．それらの関心をこれまでにみられたELSIやRRIに関わる先行研究の含意と引き合わせて整理する分析も行われた（表1-2）．

その後，これらの論点を踏まえながら，さまざまな研究のためのガイドライン作り，教育プログラムへの反映の模索，このようなRRI実践活動の分子ロボティクス研究者コミュニティによる持続的な取り組みの模索が行わ

16　倫理綱領のドラフティングにおいては，生命倫理を専門とする河原直人が中心的な役割を担った（Komiya et al. 2022）．

17　https://molecular-robot-ethics.org/jp/wp-content/uploads/1424033dd58f3a4e6188e4e079ac0b70.pdf（アクセス日 2025年3月6日）

18　COVID-19の影響もありオンライン形式での実施となったが，市民対話の試みが分子ロボティクス研究者の主催により行われた．また同様に，日本科学未来館における科学コミュニケーション実践も計8日間にわたり行われるなど，積極的な試みがなされた．

表 1-2：市民対話から引き出された分子ロボティクスの ELSI 論点例（森下ほか 2022）

論点のフレーム	テーマ群
①科学一般に関する論点	責任ある研究・イノベーション，自然破壊への懸念，進歩主義，知的好奇心か社会貢献か
②生命・遺伝子・知性に関する論点	生命・理性の創造，エンハンスメント，遺伝子組換え技術・ゲノム編集技術
③分子ロボットに固有の論点	名称，発展シナリオ，材料，使用環境，ライフコース，多様な使途
④社会実装に関する論点	不確実性・信頼・予防原則，悪用の危険，食の安全，市場と公正

（出典：森下ほか 2022）

れ，より分子ロボティクス分野の自律的な実践となるための努力が日々行われているところである．

このボトムアップかつ自律的な実践は，先端領域における RRI はいかにして可能となるのかというテーマにおいて，世界的にみても先駆的な議論であるといえる（Komiya et al. 2022）．

7　おわりに

本章では，ELSI をめぐる背景から，より近年の議論枠組みである RRI をめぐる議論例まで，その一端を概観してきた．すでに多くの知見の蓄積があり，そのすべてを本章で網羅することはできないが，その要諦は，新規な科学技術がもつ正負両面にわたる潜在的なインパクトはいかにしてより早く言語化・可視化することが可能であるのか，そしてその知見をいかにしてより良い意思決定・政策形成に活かすことができるのかという問いにあるといえる．

各国の科学技術政策においても，どのような知識生産のあり方がより望ましいのか，それに資するより良い政策やスマートな規制とはどのようなものかといったテーマにまでを踏み込んで洞察が希求されていることはすでに述べたものであるが，その際に，早期からの ELSI の対応はすでに前提となっている．今後のイノベーション・エコシステムのあり方，そしてそのガバナンスを考える上でも，これまでの議論の含意と経緯の理解は重要な基盤となるものと考えられる．［標葉隆馬］

＊　　　　＊

【読書ガイド】

標葉隆馬『責任ある科学技術ガバナンス概論』ナカニシヤ出版，2020 年

科学技術政策，研究評価，ELSI/RRI，科学コミュニケーション，インパクト評価など，関連する話題を幅広く論じた専門課程向けの概論書である．

標葉隆馬・見上公一編『入門 科学技術と社会』ナカニシヤ出版，2024 年

科学技術社会論分野に関する入門書，キーワード集としても活用できる．

第2章

環境と ELSI

広義な ELSI 概念の実現に向けて

日々，新規科学技術の発達により，社会問題の解決や生活の質の向上の推進に対する期待が報道される．しかし，同時に，加速する環境破壊で新たな問題の発生を懸念し，警鐘を鳴らす報道もある．国際的な観点からも，この建設的プロセスと破壊的プロセスは，一見，異なるものに見えるが，実に深く関係し合っているものでもある．本章では，この二つのプロセスが密接に関係することを理解するにあたり，倫理的・法的・社会的課題（ELSI）という概念がどのように貢献するか，その可能性について論じる．

ELSI とは，新規科学技術がもたらしうる課題の多面的な検討に向けて活用される概念であるが，ELSI の一部である倫理や社会の捉え方では，人間が中心に位置づけられている．だが，人間社会が成り立ち，生活が営まれる際，自然環境への介入や改変も伴われている．新規科学技術の開発も同様であり，その背景には必然的に環境への影響が潜んでいる．科学技術の開発が前例のないスピードで進められていると同時に，自然環境の繊細なバランスが崩れかけており，環境破壊も加速している（見上 2024）．また，環境問題とその影響の中には，不可逆と思われるものもある．特定の自然環境の条件の中で進化してきた人間は，現在の劣化しつつある環境の中で果たして生存可能かどうかも問われているほどである（Carrington 2023; 見上 2024）．気候変動に関する政府間パネル（Intergovernmental Panel on Climate Change 2023）などは，社会のすべての領域において，急速および前例のないほどの変革が求められていることを示唆している．このような背景もあり，人間社会と技術開発，自然環境という三者の密接な関係性を再認識することが急務である．

また，ELSI 概念は人間の倫理・法律・社会を対象とする概念であり，このように人間中心的な概念として定義されることが多い．しかし，ELSI 概念をこのように人間を中心とした概念として狭く定義すると，環境に関わる課題を見逃すことになる．そこで，本章では，続く三つのセクションにおいて，ELSI 概念を広く定義し，倫理的や社会的課題の検討において，環境に関する課題までも包含することの重要性について議論する．まずは，環境問題への注目の必要性を取り上げる．環境破壊の把握に向けて，近年の研究を紹介し，プラネタリー・バウンダリーという概念を用いて，環境問題の緊急性を示す．続いて，Braun & Müller（2024）の ELSI 概念の歴史をたどり，ELSI 概念にまつわる三つの時代区分における研究への新たなアプローチを環境問題の観点から考察する．学問分野における人間中心主義の影響，ステークホルダー参画の限界および環境問題への対応に対抗する，イノベーションのインセンティブについて検討する．最後のセクションでは，ELSI 検討の最前線の一つである人工知能（AI）分野を事例として取り上げ，環境に関する課題を包含する ELSI 概念の重要性を主張する．

1　人間社会と自然環境：環境破壊の把握に向けて

環境破壊と関連する諸課題の複雑性は非常に高く，いわゆる「厄介な問題（wicked problem）」である．厄介な問題とは，その問題や解決策そのものが別の問題の引き金になることにより，複数の課題が結びついており，課題の解決がさらなる課題の発生を招く可能性のある，解決が非常に困難な問題を指す（Lönngren & Van Poeck 2021; 茅野 2023）．さらに，「その環境問題が誰にとって，どのような問題として現れているかさえ錯綜する」（茅野 2023）．その中で，気候変動[1] をはじめとする環境問題は「超厄介な問題（super wicked problem）」の四つの基準すべてを満たしているほどである（Levin et al. 2012）．すなわち，①対応可能な期間が限られており，その期限が迫っていること，②問題を引き起こすアクターは，その解決策を提供しようとしている同一アクターであること，③問題に対処できるような中央当局が弱いか，存在しないこと，④非合理的でありながらも，問題の存在自体が無視され，その対応が先送りされることという基準であり，私たちが現在直面している環境問題はいずれもの基準を満たしている．

環境問題としては，気候変動や地球温暖化が注目されがちであるが，「環境問題」のもとで検討すべき課題は多岐にわたる．国連が開催する気候変動

1　英語では，“climate change”（気候変動）の “change” は単なる変動を指し，「問題である」というニュアンスが含まれていないことや，“global warming”（地球温暖化）の “warming” という表現には「穏便」というニュアンスが含まれていることが問題視されている．

に関する締約国会議（Conference of the Parties: COP）は毎年開催されるのに対して，生物多様性に関するCOPは2年に1度のペースでしか開催されていない．生物多様性の減少は気候変動による側面もありながら，他の要因も背景にあるため，気候変動への対応だけでは解決されない問題である．例えば，飛翔昆虫を含む昆虫全般はエコシステムの健常な働きに不可欠な存在であるため，昆虫の総数の減少は人間の生存危機を招くと言われている（Milman 2022）．ドイツにおいて，27年間にわたって実施された研究によると，飛翔昆虫はその研究対象期間内では75%減少し，季節により最大82%減少していることが判明された（Hallmann et al. 2017）．しかし，その減少の主原因は気候変動や地球温暖化ではないことが明らかになった．一例にすぎないが，気候変動や地球温暖化以外の環境問題の深刻性も顕著である．

1.1　プラネタリー・バウンダリー

環境破壊の度合いを把握するために，「プラネタリー・バウンダリー（地球の限界；planetary boundaries）」という概念が提案されている（Richardson et al. 2023; Rockström et al. 2023）[2]．プラネタリー・バウンダリーという概念は，自然環境の存続に深く関わる9つの項目から成り立つ．それぞれの項目には，「安全領域」とされる，エコシステムの正常な機能を妨げない限度が決められており，地球のいわゆるバウンダリー（限界；boundary）として表現されている．このバウンダリーを超えてしまうと，「リスク上昇の領域」があり，その先に「高リスク領域」もある．各項目の現在の到達点が評価され，安全・リスク上昇・高リスクの領域が描写される円型グラフで表現される（図2-1）．9つのプラネタリー・バウンダリーは下記である．

気候変動（二酸化炭素の濃度・放射強制力）：温室効果ガスエアロゾルの増加による地球における熱の閉じ込めとそれに伴う地球エネルギーバランスの変化を二酸化炭素濃度やワットで表現される．

新規化学物質：十分な安全性試験を行わずに環境に放出される，マイクロプラスチック，内分泌撹乱物質，有機汚染物質など，合成化学物質の濃度が評価され，人為的な放射性物資や遺伝子組み換え技術による改変等も考慮される．

2　日本語解説はこちらからも：https://www.asahi.com/sdgs/article/15097659
ドキュメンタリー映画も「地球の限界：“私たちの地球”の科学」といったタイトルで公開されている．概念の提案者であるロクストロームが出演する．

成層圏オゾン層の破壊：人為的な新規化学物質の放出による地球のオゾン層の長期的な破壊を反映する基準.

大気エアロゾルによる負荷：人為エアロゾルと山火事の煤や砂漠の埃などの自然エアロゾルによる負荷.

生物地球化学的循環：農業と産業による地球の元素循環（生命の根本となる窒素とリン）の量が評価される（炭素については別項目にて評価される).

海洋酸性化：表層海水中の炭酸イオンの濃度を示す.

淡水利用（グリーンウォーター・ブルーウォーター)：グリーンウォーターは植物が利用する水，ブルーウォーターは表層水と地下水をさし，その利用量が評価される.

土地利用の変化：地球規模で生物物理学的プロセスの推進に最も大きな役割を果たす三つの主要なバイオーム（熱帯・温帯・亜寒帯）の変化が評価される.

生物圏の健全さ（遺伝的・機能的)：生物圏の生態学的複雑性の遺伝的基盤の保全と両立する最大絶滅率および地球システムの状態を調節する機能的役割で，絶滅率で表現される.

Richardson（2023）らの研究では，これらの9つの項目のうち，気候変動，新規化学物質，生物地球化学的循環，淡水利用，土地利用の変化，生物圏の健全さのいずれの項目についても安全領域のバウンダリーが突破されていると報告されている．その中の気候変動（放射強制力）や新規化学物質，生物地球化学的循環，土地利用の変化，生物圏の健全さに関しても，高リスクの水準に達している．さらに，海洋酸性化に関してもバウンダリーを突破する寸前にあると2023年には報告されたものの，その翌年には突破されてしまったと報告されている（Gayle 2024; Richardson et al. 2023).

バウンダリーの突破は必ずしも不可逆であるとは限らない．しかし，環境は一定度のダメージが与えられると，大規模な不可逆的な変化がもたらされ，その結果，予測不能な状況に陥ることもある．これは「転換点（tipping points)」と呼ばれているものであり，すでに直面しているものもあれば，未知のものもある（Ajit Niranjan 2023; Intergovernmental Panel on Climate Change 2018; Lenton et al. 2023)．そのため，環境破壊の程度の把握や今後の環境リスクを検討する中で，予測不能な側面もある．しかし，まだ安全領域に留まっている項目に関しても，社会的不正義や不平等が残る限り，「安

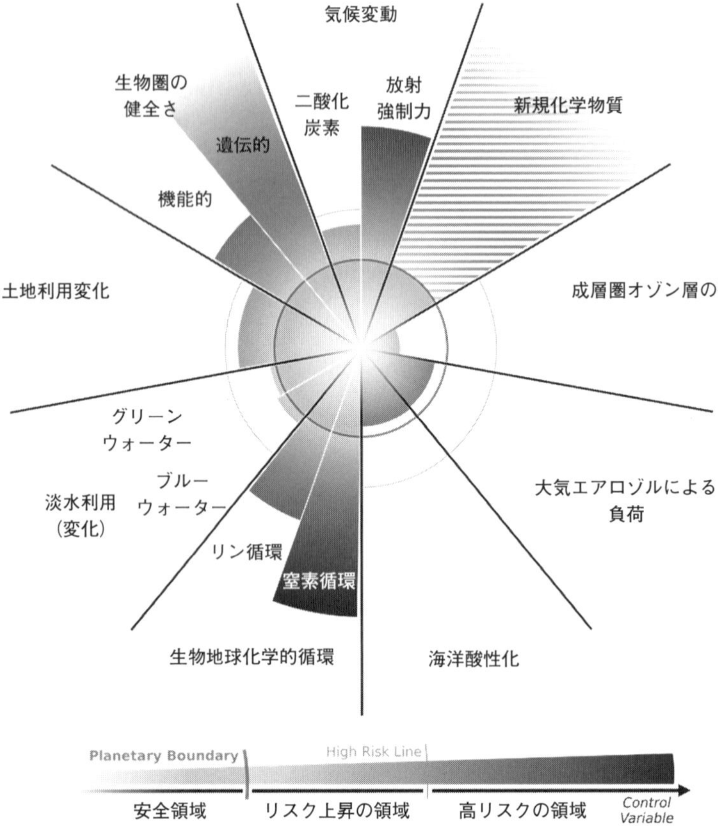

図 2-1：プラネタリー・バウンダリー（出典：Potsdam Institute for Climate Impact Research（PIK）- https://www.pik-potsdam.de/en/output/infodesk/planetary-boundaries/images, CC BY 4.0, https://commons.wikimedia.org/w/index.php?curid=145879239 をもとに作成）

全」とは呼べないという指摘もある（Rockström et al. 2023）.

このバウンダリーの突破に伴う環境破壊は，地球の歴史のごく一瞬で起きていることも留意すべき点である（McKibben 2019）. 過去 35 年間の人間によるエネルギーと資源の使用は，それまでの全人間史における使用量を超えている. 地球の現在に至る何十億年の歴史を 24 時間に換算すると，人間の定住文明は 0.2 秒前に起きた出来事と換算される. 長寿化している人間の一生では，このような変化は非常に遅く起きているように感じられるが，地理学の観点からは，瞬く間に人間史上前例のないほどの変化がもたらされている．人間の立場から，地球や自然環境は頑丈にみえるが，実は非常に繊細なバランスが保たれていたことが，そのバランスが崩れていることにより気づかされる（McKibben 2019; 見上 2024）．

また，人間による環境負荷は日々増えている．二酸化炭素排出を事例に挙げると，毎日，その排出により大気に閉じ込められる余分な熱は 40 万個の原子爆弾に相当すると言われている（Von Schuckmann et al. 2023）．これまでに排出された余分な炭素を 1 か所に集め，直径 25m の個体黒鉛柱を形成すれば，地球から月まで伸びるほどになる（McKibben 2019）．ほとんどの生命が劇的に絶滅したペルム紀末期でも，大気中の二酸化炭素はおそらく現在の 1 割のペースでしか増加していなかったと推測される（McKibben 2019）．人間が自然環境にあまりにも甚大な影響を及ぼすようになったため，「人類の時代」という意味を込め，現在の地質年代は「人新世（Anthropocene）」とも呼ばれている（Rockström et al. 2024）．

プラネタリー・バウンダリーを検討する中で，環境問題への対処の可能性を示す項目もある．1980 年代以降には，オゾン層破壊物質の生産と利用が増加したため，オゾンホールも拡大した（環境省 n.d.）．オゾンホールの拡大が社会問題として取り上げられ，問題解決に向けた国際的な合意が成り立った．その結果，1987 年に「オゾン層の保護のためのウィーン条約」が定められ，1989 年に「オゾン層を破壊する物質に関するモントリオール議定書」が定められた．ウィーン条約およびモントリオール議定書の結果，オゾン層は回復し始め，オゾン層の破壊につながる自然の利用や人為かく乱が減少した．現在では，南半球の春季 3 か月間を除き，プラネタリー・バウンダリーの安全領域内へと戻っている．この事例からは，プラネタリー・バウンダリーが突破されていても，忍耐強く国際的強調を重ねることにより，状況の改善が見込まれる項目も存在することがみえる．しかし，その決心と努力に向けて，現状と将来の課題の把握が不可欠であり，学問分野による貢献も重要である．そこで，科学技術の多様な課題の把握のための ELSI といった枠組みが大きな役割を果たすことが期待されている．続くセクションでは，ELSI 検討へのアプローチと環境に関する観点の関係性について検討する．まずは Braun & Müller（2024）が提案する ELSI 概念の歴史をたどる．

2　ELSI 概念の形成と環境問題

Braun & Müller（2024）によると，ELSI 概念は三つの時代にわたって形成されてきた．1990 年代の「ELS 時代」から始まり，2000 年代の「ナノ時代」へと続き，最終的には 2010 年代以降の「RRI 時代」で現在に至る．各時代には，その時代特有のアプローチが普及した．Braun & Müller は欧米の視点から ELSI 概念の形成について議論していることは特筆すべき点であるが，ここでは Braun & Müller が提案する各時代を紹介する．また，環境社会学をはじめとした環境問題を取り上げる社会科学的研究からの洞察を用いて，各時代で ELSI 検討に向けた革新的なアプローチが導入されながらも，それぞれのアプローチで環境問題に関する盲点や弱点が残った理由について議論する．

2.1　文理融合と人間中心主義

Braun & Müller（2024）によると，ELSI 概念の歴史は 1990 年代の ELS 時代から始まる．ヒトゲノム計画のインパクトをより多面的に把握するために用いられた ELSI 概念は，当初は Ethical, Legal and Social Implications（倫理的・法的・社会的含意）と解釈されていたことが多かった．しかし，研究開発プロセスの上流で起こり得る課題も視野に入れるべきという観点から，Implications は Issues（課題）や Aspects（観点）として解釈された．技術開発そのものの適切性が議論されるようになり，ELSI 検討には研究者が主体となった．人文社会科学の研究領域のいわゆる「文系」研究者と研究開発を担うことの多い，いわゆる「理系」の研究分野の間で溝があったが，理系の研究でも ELSI 検討の重要性が認識され，文系の研究者が理系の研究に直接関わるようになり，文理融合が進んだ．しかし，Zwart et al.（2014）の指摘によれば，人文社会科学者が ELSI 検討に携わっていても，環境問題が盲点となりやすい状況もあり，ELSI 概念が使われ始めた当初は，環境問題に対処する機能はなかった．

その背景を理解するには，人間中心主義（anthropocentrism）という概念が役立つ．Owe & Baum（2021）が説明するように，倫理的人間中心主義（ethical anthropocentrism）は，人間は人間であるがゆえに，本質的に価値がある，という考えに基づいている．もう一つの人間中心主義は存在論的人間中心主義と呼ばれており，人間は自然とは別物であるという考えに基づき，人間と自然の二元化の原因になり，人間社会と自然環境を切り離すことが可能であると思われている．資本主義と新自由主義によって形成された社会にも存在論的人間中心主義が深く根ざしている（Monbiot & Hutchison 2024）．この考え方のもとでは，自然環境は「資源」としてみられ，人間により価値づけられた上で搾取されることがその存在意義のようにみられる．

この二元化は学術分野の形成にも反映される傾向があり，人間や社会を研究対象とする文系の研究領域と自然環境を対象とする理系の学術分野の分離にも反映されている．この分離はさまざまな課題の原因にもなる．社会変革をもたらす可能性のある科学技術の開発と導入に際して，実際にどのような変革がもたらされる可能性があるのかを事前に検討することなく，開発が進められることがしばしば起きる．文系の研究分野では，この社会的インパクトを把握するための知見があるため，この知見を理系の研究者とも共有するために，ELSI研究も役立つ．

しかし，人間と自然の二元化により，文系研究から環境に関する要素が盲点となっていた傾向もみられた（Carolan 2020）．例えば，欧米の社会学では，環境問題は理系の研究分野が扱うテーマとしてみられることが一般的であった．深刻な差別と社会的危害をもたらした地理的および生物学的決定論から距離を置くことも一つの目的であった（Carolan 2020）．そのため，人間社会に関する研究を実施した際に，社会と環境の接続性と相互インパクトが不明瞭となった．

Owe & Baum（2021）やHagendorff et al.（2023）は，人間中心主義的なアプローチを拒否すべきであると主張する．例えば，Carolan（2020）では環境問題を生み出す破壊的要因は人間であるからこそ，人間社会と無関係な環境問題は存在しないと論じられている．さらに，人間社会と関係しているからこそ，人間による解決も求められている．人為的に人間社会と自然環境を分離すると，変化がもたらせる可能性も見逃される．人間社会も自然環境も複雑であり，繊細なバランスが保たれている．人間中心主義が優位になり，自然が搾取され危害が及ぼされると，最終的には人間も傷づけられる（Owe & Baum 2021）．また，人間による人間の搾取が続く限り，自然環境の搾取も続く（戸田 2023）．

近年では，環境社会学をはじめとした研究分野の開拓により，社会と環境の二元化を超えた社会科学的研究が推進されている．そのため，新規技術の課題の把握と解決に向けたELSI研究でも，人間中心主義的なアプローチを避け，ELSI概念の一部である倫理や社会と環境の関係性は重要である．

2.2 ステークホルダー参画とその限界

ELS時代に続いて，ナノテクノロジーが注目された「ナノ時代」が始まった．ELS時代では，研究者が中心となっていたが，ナノ時代ではELSI検討の民主化が目指され，ステークホルダー参画が重要視された．ナノテクノロジーを開発する研究者は，早期段階から市民などの非専門家を巻き込み，意見を収集することにより，研究開発の成果に対する社会的受容性の向上を図った．市民をはじめとする非専門家やステークホルダーを巻き込むプロセスは，研究開発そのものの適切性を議論するためのものでもあるはずだったが，全体的に新規技術に対して肯定的となる傾向がみられた．参画する非専門家は，社会の中で広く共有されている，未来社会のあるべき姿やその中の科学技術が果たせる役割に関する社会技術的想像（sociotechnical imaginaries）に深く影響される（Braun 2024; Jasanoff & Kim 2009）．しかし，この社会技術的想像は肯定的なものであることも多いため，その技術がもたらしうる課題や技術そのものに対する批判が不明瞭となる．そのため，本来は新規技術の開発や実装の適切性を議論するための場でありながらも，開発と実装を阻止することは実質的に不可能となる傾向があった（Braun & Müller 2024）．

社会的受容性を高めることを目指し，さらにステークホルダー参画を通じて収集された肯定的な意見をその受容性のある種の証拠として用いられることが現在でも問題視されている．「グリーン・ウォッシング（green-washing）」という概念から着想を得て，この傾向は「参画ウォッシング（participation-washing）」とも呼ばれている（Sloane et al. 2020）[3]．グリーン・ウォッシングは，実際に環境負荷をもたらす製品やサービスをより「エコ」で環境に配慮したものとしてアピールすることを指す（寺田 2023）．これと同様に，参画ウォッシングでは，参画する人数やその多様性が限られていても，参画プロセスで取り上げられた技術やサービスが市民やステークホルダーから広く支持されているように見せかけていると批判されている．

参画者の位置づけも課題となる．次のセクションで取り上げるRRI時代において，ELSI検討の一環として実施された参画の対象は，徐々に利用者に限られるようになった．しかし，科学技術の影響を受けるのは利用者とは限らず，それら科学技術が利用される地域やその近隣の市民ではない可能性もある[4]．特に，環境問題は国境を越えることも多く，開発や実装から離れ

3　関連概念である「エシックス・ウォッシング」に関しては第6章を参照のこと．

4　RRI時代においても，市民向け参加型取り組みも進められている．環境問題関連で日本国内の重

た場所でも危害が起こることもある．例えば，新規技術の開発や製造過程で生じる二酸化炭素の排出や公害・環境汚染の発生は特定の場所に留まるとは限らず，国境を越えて広がることがある．公害と環境汚染は世界的に非常に深刻な問題である．近年では，家庭内汚染や水質汚染による死亡者数が減少している一方で，大気汚染や有毒化学物質による死亡数が増加し，2000 年以来では 2022 年までに 66％増加しており 2015 年以降のわずか数年だけでも 7％増加している（Fuller et al. 2022）．他にも，ステークホルダーの設定に関する課題が指摘される．例えばステークホルダーを，直接携わるような利用者に限っても十分だろうか．間接的に，影響を受ける人々や自然環境そのものがステークホルダーとしてみなせるのではないか（Katirai 2024）．議論の場に招かれないステークホルダーに加えて，招くことさえできないステークホルダーの観点が，ステークホルダー参画が促されていても，見落とされるのではないか（Benjamin 2013; Katirai 2024）．

2.3　イノベーションと環境問題

第 3 の時代は，現在に至る責任ある研究とイノベーション（RRI）時代である．この時代では，科学的発展等を目的としたいわゆる「純粋」な研究開発に加えて，その成果がもたらしうる経済的利益が重要視されるようになった．また，ナノ時代の「参画」は「共創」という概念に置き換えられた．しかし，共創に関わるのは，ステークホルダー全般ではなく，イノベーションの成果物の利用者や消費者に留まるなど，限定的であった．さらに，これまでの専門家や市民などの非専門家の関わりに加えて，企業などの民間アクターの関わりが増加したため，研究開発とその ELSI 検討が，企業利益とより強く結びつくようになった．ここでは，企業による ELSI 検討への介入について，環境問題の観点から議論する．

民間企業は新規科学技術の研究開発および実装を通して，重要なアクターである．そのため，ELSI の研究領域でも，産学連携が促されているが，企業としてのインセンティブが環境への配慮と矛盾していることが，環境社会学をはじめとして，環境に関わる人文社会科学的分野で指摘されている．企業の社会的責任（Corporate Social Responsibility）や環境・社会ガバナンス（Environmental and Social Governance）の一環として，環境影響評価が実施されることもあるが，既存の企業と経済のあり方を支持するために導入さ

要な事例の一つとして，三上直之らが先駆的に推進している気候市民会議が挙げられる．

れ，環境問題の根本的な解決に向けて必要とされている政策実践などから注目を逸らすという批判もある（Braun 2024）．

さらに，新規科学技術に関しては，中長期的影響よりも，短期的影響が重要視されることが一般的である（Ryan et al. 2021）．長期的な影響を検討するには，多様な要因を考慮しなければならないだけでなく，さらには複雑性と不確実も伴う．特に環境問題に関しては場合によっては原因が複雑で，ある問題を特定の原因まで追究することも困難であるため，説明責任を追究することも困難である．企業利益や株主への説明責任が最優先されることもしばしばあり，環境問題が顕在化しやすい中長期スパンにおいて生じる可能性のある課題よりも，目先の利益が重要視される．

企業利益や成長と環境保護の両立の可能性は，経済成長と環境負荷を切り離すプロセスを指すデカップリング（decoupling）などの概念で議論されることも多いが，限界もある．例えば，経済の非物質化（dematerializing）を通して，現在の多様な製品の流通を保ちながら，もしくはさらに多く製造し流通させながら，製造過程で使用される資源の削減が目的とされる[5]．このプロセスを経て，経済成長と環境保護の両立が実現されることが期待される．環境社会学では，このアプローチ全般は「エコロジカルな近代化」と呼ばれている（寺田 2023）．しかし，このエコロジカルな近代化を阻止する現象が「生産の踏み車」である（寺田 2023）．すなわち，「生産効率をめぐり競争を余儀なくされる資本主義経済においては，失業や貧困が必然的に問題化するので，政治的正当性の維持のために社会福祉等への多額の予算を確保しなくてはならず，そのためには不断に生産を拡大させ続けなければならない」（寺田 2023）．そのため，各企業に対しては，製品のさらなる生産と企業の成長が常に求められる．

ここでは，このことを理解するために，Myers（2021）の議論をもとに，事例としてApple社のスマートフォンiPhoneを取り上げ，その限界について議論する．Apple社は環境負荷を削減するために，資源のリサイクルを推進しており，持続可能性を実現しうる望ましい事例として注目されることが多い．iPhone一つひとつをより環境に配慮したプロセスや資源で製造していても，企業利益と成長に向けて，毎年iPhoneの製造と販売の総数の上昇が求められる．製造による環境負荷が必然的に起きるため，最終的には環境

5　さらに，製品の開発・製造・破棄を含めた，ライフサイクル全般を見据えた，包括的な製品デザイン（ゆりかごからゆりかごまで；cradle-to-cradle design）や自然環境に着想を得たバイオミミクリー（biomimicry）といったデザイン手法なども採用される．

負荷も増す．さらに，ジェボンズのパラドックス（Jevons Paradox）も影響を及ぼす（Myers 2021）．すなわち，資源の使用の効率が上昇した場合，その資源に対する需要が減少するのではなく，増加する．自動車によるガソリン使用を事例として挙げると，1970 年代と比較したところ，エネルギー効率が向上している．この効率自体が自動車のさらなる普及を後押し，現在のガソリンの使用は 1970 年代と比較しても大幅に増量している（Myers 2021）．したがって，環境保護と経済的成長の両立が非常に困難であり，根本的な社会経済的改革により，脱成長が唯一の解決策ともみられている（Hickel 2021; 浜本 2023）．

そのため，環境インパクトを包含する ELSI 検討を実施する場合，環境負荷を原因に研究開発や製品・サービスの実装の中止や大幅な改変を視野に入れる必要もある．だが，現在の社会経済的構造の中で営まれる企業にとって，経済的利益や成長の追求が優先され，そのためのインセンティブが優位になる．しかし，このような状況において，環境に配慮した ELSI 検討の実現はきわめて困難である．そのため，RRI 時代では，企業を巻き込むことにより，責任あるイノベーションが促されても，環境に関する課題はそっくりそのまま残ってしまうのである．上記のセクションで紹介した，環境破壊やプラネタリー・バウンダリーの突破とその不可逆性が課題として残り続ける限り，環境の観点を重要視すべきである．下記では，AI を事例として取り上げ，ELSI 検討に際して環境に関する要素の重要性を議論する．

3　事例：AI の ELSI と環境問題

AI 時代とも呼ばれている現代では，AI 活用はソーシャル・メディアにおける投稿や動画の推薦から医療分野での新薬開発まで，多岐にわたる．また，OpenAI 社の ChatGPT が一般公開されてから，生成 AI が広く活用されるようになっている．多様な場面で活用される技術であるからこそ，社会的インパクトも大きく，ELSI 研究分野の最前線の一つとしても考えられる[6]．

最近までは，AI の諸問題が検討されていても，環境に関する課題が見落とされがちとなっていた．Van Wynsberghe（2021）が議論するように，AI 倫理は 2 波にわたって形成されてきた．第 1 波では，AI のコントロール問題が注目され，高機能な AI の開発に成功した場合，制御可能であるかとい

6　生成 AI の ELSI に関しては第 10 章を参照のこと．

う課題が浮上した．第2波では，AIのバイアスと公平性の課題が中心となった．人工知能と呼ばれながらも，AIは知能をもたないため，データ分析をもとに機能する（Crawford 2021）．そのため，基盤となるデータの質や量が機能を大きく左右させている．さらに，データに偏りがあった場合，AIによる分析結果にもその偏りが反映されてしまう（これが「バイアス」と呼ばれる）．バイアスのある分析結果が実際に利用されると，差別につながるリスクもある．第1波と第2波の課題はある程度技術的に解決可能な課題とも考えられる（Benjamin 2019; Joyce et al. 2021）．しかし，第3波の課題であるAIの持続可能性は技術的な手法だけでは対処しきれないため，さらなる検討が期待されている（van Wynsberghe 2021）．これまでは，AIは持続可能性の実現に貢献できるものとして注目されてきたが，AIそのものの持続可能性が検討されないまま，開発と実装が進められてきた．また，AI開発そのものの適切性に関しても議論が必要とされている．

しかし，先に示したように，科学技術の開発と導入には環境負荷が伴う．生成AIをはじめとするAI全般は広く導入されながらも，その環境コストは重大な盲点となってきた（Rillig et al. 2023）．第1波と第2波とも異なり，AIの環境コストは単に技術的に解決できるような課題とは限らず，その解決が新たな課題を招く可能性もあり，厄介な問題でもある．AIによる環境負荷はそのライフサイクルにわたって生じるものであり，AI活用から利益を得る可能性が最も低く，害を受ける可能性が最も高い，疎外されたグループに影響を及ぼす（Bender et al. 2021）．AIを活用するために不可欠な機器の製造には，発掘が非常に困難なレアメタルなどの希土類金属が利用され，その発掘の際に甚大な人的コストが伴われる（Kara 2023）．使用後のこれらの機器は使用後のリサイクルが困難であるため，電子廃棄物として放置されたり，危険な手法で処理されたり，自然環境と人間を含む多様な生物に直接的・間接的に害を及ぼす（Parvez et al. 2021）．また，二酸化炭素排出や淡水の使用を削減すると宣言したテック企業でも，AIの普及によりその排出や使用が大幅に増加したために，その宣言を見直すということがある（Li et al. 2023）．Crawford（2021）が指摘するように，「ネットワークルーターから電池，データセンターに至るまで，AIシステムのネットワーク内の各要素は，地球内部で形成されるまでに数十億年を要した元素を使用して構築される．……私たちは現代の技術時間のほんの一瞬のために地球の地質学的歴史を抽出している」．

ELSI検討は新規技術にまつわるハイプ（誇大宣伝）に対抗するために有

用でもある（Milne 2022）．さまざまな分野において，AI が革新的な存在となるため，規制など導入の妨げとなりうるものを取り除くべきであるという言説はしばしばみられる（e.g. Andreesen 2023）．このような，地に足がついていないハイプに対抗するためにも ELSI 検討の一環として，環境負荷を考慮することは重要である．AI が広く導入されると，その分，AI の環境コストも増幅される．また，たとえエネルギー効率が改善されても，環境への負荷の状況は改善されないままである．科学技術の適切性の検討には，科学技術の想定されるメリットがそのリスクや課題に見合っているのかを問う，つまり比例性（proportionality）を問うことも重要である．AI の環境コストを考慮することで，活用のメリットやデメリットを評価する際に，デメリットが多いと判断される AI の導入場面も把握できるようになる．

4　おわりに

本章では，人間中心的な概念として捉えられがちな ELSI 概念のスコープを拡大し，環境問題まで包含することの重要性について議論してきた．ELSI は倫理・法・社会といった多様な領域で生じる課題を対象とし，これらの課題が多面的に検討されることを可能にする概念であるからこそ，自然環境と人間社会の分離を超えた ELSI 概念が必要である．前例のない環境破壊が進み，地球が耐えられる限界に近づきながらも，環境負荷が日々増加している．そのような中，ELSI 概念は重要な役割を果たせる．続く章では，ELSI 検討に対するアプローチや事例が多数取り上げられるが，その背景には環境問題が依然としてあることも留意されなければならない．

［カテライ　アメリア］

＊　＊

【読書ガイド】

ウォレス・ウェルズ，D.『地球に住めなくなる日：「気候崩壊」の避けられない真実』藤井留美訳，NHK 出版，2020 年

近年の研究をもとに，環境破壊の緊急性を議論し，将来の地球のあり方について警鐘をならす．

吉永明宏・寺本剛編『環境倫理学』昭和堂，2020 年

環境と倫理，社会に関わる多様なテーマがケーススタディなどと共に分かりやすく，簡潔に紹介されている一冊．

ヒッケル，J.『資本主義の次に来る世界』野中香方子訳，東洋経済新報社，2023 年

現在の社会経済的構造の限界や根本的な課題について議論し，先行研究やデータをもとに，「脱成長」の可能性を示す．

第3章

科学的知識と分配的正義

科学技術をめぐる社会的不平等を考えるということ

科学技術が生み出す知識の分配をめぐる視座は，昨今の先端科学技術をめぐる各種の指針や国際的議論において重要な地位をしめるようになってきている．本章ではこのような状況を踏まえて，科学技術をめぐる分配的正義（distributive justice）に関わるこれまでの議論を概観するとともに，知識生産をめぐるさまざまな格差についての基礎的情報を整理していく．この作業を通じて，科学技術をめぐる知識生産とその分配をめぐる格差がきわめて社会構造的な課題であることを理解する．

1　はじめに

科学技術をめぐる知識生産では，動員可能な資金や人的資源の量が生産される知識の量と質につながっていく．さらには，その生産された知識の差異が次なる資源動員の格差の拡大と固定を生み出すことも多い．いわゆるスター研究者が，そのようなサイクルに乗りやすいことも多くの読者に納得をいただけることだろう．

科学社会学者であるロバート・K・マートンは，このような状況を，聖書の一節「おおよそ，持っている人は与えられて，いよいよ豊かになるが，持っていない人は，持っているものまでも取り上げられるであろう」（マタイ福音書第13章12節）になぞらえて「マタイ効果」と表現した（Merton 1968）．

このマタイ効果をめぐる議論は，もともとは科学者共同体内部における競争と資源格差に注目したものであったが，現実の科学研究においては，より多くの次元においてマタイ効果が生じていることを指摘しなければならない．資金や人的資源の獲得と動員，知識の生産と消費，科学技術がもたらす成果へのアクセシビリティ，そしてリスクの分配をめぐる不均衡，いずれにおいても格差がある．しかもその格差は，グローバル（例：南北問題），リージョナル（例：欧州域内の格差），ナショナル（国内の大学間格差や地域差），ローカル（ラボ間のレベルでの格差）と各レベルにおいて存在し，さらにそれらが構造的かつ複層的に交絡して影響しあっている．

このような状況において，いかにして科学技術がもたらす成果の分配格差を是正するための努力が，これまでにも行われてきた．その中で，近年「分配的正義」という視座が大きな位置を締めつつある．本章ではこの「分配的正義」に注目し，科学技術をめぐる知識の生産と消費をめぐる格差の問題とそれを乗り越えようとする試行錯誤の様相を概観していくことにしたい．

2　科学技術と分配的正義

科学技術をめぐる分配の問題は，近年注目をますます集めているテーマである．まずは一つ具体的な言及例をみておくことにしたい．幹細胞と再生医療の研究に関する国際的な学会組織である国際幹細胞学会（International Society for Stem Cell Research: ISSCR）が 2020 年に公開した『国際幹細胞学会幹細胞研究・臨床応用に関するガイドライン』では，冒頭に五つの基本的な倫理原則が提示されている．その第五の原理が，「社会的・分配的正義（Social and Distributive Justice）」となっている．その記述は，やや長いものの特徴的なメッセージとなっているので，ここで引用しておくことにしたい（ISSCR 2020=2021: 4-5）．

社会的・分配的正義

公平性を保つためには，臨床応用から得られたベネフィットを公正かつグローバルに分配することが必要であり，医療・公衆衛生上の未充足ニーズには特に重点的に対応すべきである．そのために，科学者コミュニティには民間および公的研究助成機関と協働し，研究，開発，技術の適用に有望な分野を特定し，重点的に未充足ニーズに対応することが求められる．

社会正義を考慮することには，社会経済的不平等，既存の差別的慣行，排除や社会的疎外の歴史など，構造的な不正義に起因する課題に取り組むことが含まれる．社会経済的に有利な立場にある人々は，研究から得られるあらゆるベネフィットを不利な立場にある人々と共有するよう努めるべきである．これには教育機会の提供と設備の設置の双方によって成り立ち，より長期的なベネフィットをもたらす「能力開発」が含まれる．また，不利な立場にある人々と負担を適切に共有することも必要である．年齢，性別，性自認，民族などの多様性を反映した集団からの研究対象者登録に努め，臨床試験を実施すべきである．臨床応用に伴うリスクと負担は，研究成果によってベネフィットがもたらされる可能性の低い人々が負うべきではない．科学者コミュニティには，政府や産業界と協力して，臨床応用のコストを削減するメカニズムを開発することが求められる．

一般的に，幹細胞を用いた実験的介入法の安全性と有効性を証明するための経済的コストは，ヘルスケア供給システム，政府，保険会社，患者が負担すべきではない．しかし，未充足の医療ニーズがあり，産業界からの投資が十分でない場合などには，これらの関係者が臨床開発に資金を提供することもありうる．製品化の可能性が明確で実質的である場合には，安全性と有効性を検証するための費用は投資家が負担すべきである．開発者はできるだけ多くの患者が利用できるように，新製品のコスト削減に努めるべきである．

ここでの一つのポイントは，幹細胞・再生医療という先端科学技術の代表例のような領域に関わる学会であるISSCRにおいて，このように社会的正義・分配的正義に関わる議論が正面から提示されている点である．加えて，このISSCRにおける「社会的・分配的正義」の議論が，きわめてロールズをはじめとする正義論をベースとした分配的正義の議論となっていることにすぐ気が付く人もいるだろう．知識の分配という問題が，人文学分野における古典的な正義の議論と地続きであることを示す好例でもあるといえよう．

例えばジョン・ロールズは，その主著である『正義論』の中で，正義に関わる二つの原理を以下のように記述している（ロールズ 2010: 402-403）．

第一原理

各人は，平等の基本的諸自由の最も広範な全体システムに対する対等な権利を保持すべきである．ただし最も広範な全体システムといっても（無制限なものではなく）すべての人の自由の同様（に広範）な体系と両立可能なものでなければならない．

第二原理

社会的・経済的不平等は，次の二条件を充たすように編成されなければならない．

(a) そうした不平等が，正義にかなった貯蓄原理と首尾一貫しつつ，最も不遇な人々の最大の便益に資するように．

(b) 公正な機会均等の諸条件のもとで，全員に開かれている職務と地位に付帯する（ものだけに不平等がとどまる）ように．

ロールズによるこれらの正義に関わる議論は，分配的正義をめぐる，権利の公平性，そして機会の公平性に関わる議論として理解される[1]．ISSCR が示している視座はこの中でも特に後者の機会の公平性を強調しながら，再生医療をめぐる新しい知識・医療への公平なアクセシビリティの担保を目指すことを謳うものであるといえる．またベネフィットやリスクの不平等分配を乗り越えるために，後段において「能力開発」をめぐる議論を提示している点は，アマルティア・センのケイパビリティをめぐる議論を彷彿とさせるものである（e.g. セン 1999）[2]．人文・社会科学的な基盤的な議論が，このような先端科学技術をめぐる社会的側面の議論に実際に埋め込まれていることは重要な点であろう．

このようなリスクとベネフィットの分配をめぐる議論が行われているのは，再生医療の分野に限らない．先端生命科学分野に絞ったとしても，例えば脳神経科学の領域をみるならば，近年のニューロテクノロジーに関わる国際的な指針や議論では，その倫理的・法的・社会的課題（ELSI）をめぐる議論を考慮することはすでに前提となっており，その中でもリスクとベネフィットの分配をめぐる論点は当然のように含まれてきている[3]．

米国と欧州は，2013 年からそれぞれ大規模な脳神経科学研究振興のプログラムである，BRAIN イニシアチブとヒューマン・ブレイン・プロジェクトをそれぞれ走らせてきた．米国では，BRAIN イニシアチブをスタートした後，米国大統領生命倫理委員会が *Gray Matters* と題した二つの報告書を公表している（Presidential Commission for the Study of Bioethical Issues

---

1　なお，ロールズをはじめとする正義や公平に関する議論について，近年刊行された日本語での読みやすい入門的な本としては，朱喜哲『〈公正〉を乗りこなす：正義の反対は別の正義か』（太郎次郎社エディタス 2023）がある．

2　ISSCR のガイドラインでは，ロールズやセンは直接的に引用されているわけではない．しかしながら，知識に限らず「分配的正義」をめぐる議論においてこれらの議論が与えた影響は大きく，ISSCR の言説はかなり王道を行く内容であるといえる．

3　本章では脳神経科学をめぐる ELSI はスコープ外となるため，その詳細は割愛している．興味のある方は石田（2024）や Ishida et al.（2023）をご覧いただきたい．

2014, 2015)．そこで提示されるELSI論点は幅広いものであり，その詳細は本章では割愛するが，精神的プライバシー，認知エンハンスメント，ニューロテクノロジーをめぐる消費者直結型サービス（Direct to Consumer: DTC）の問題，脳をめぐるスティグマの課題，法制度への影響の問題などにならんで，ニューロテクノロジーへのアクセシビリティと公平な利益配分が重要な問題として提起されている．欧州においても，欧州委員会が2013年から開始したヒューマン・ブレイン・プロジェクトにおいて，米国で議論されてきたような論点と並行しながら，脳情報のデータ保護にまつわる論点やデュアルユースに関わる議論など多岐にわたるELSI議論がなされ，その中で公平なアクセシビリティをめぐる論点は重要視されてきた（Ishida et al. 2023）．

脳神経科学の事例では，さらに踏み込んだ議論が行われてきたこともここで書いておく必要があるだろう．「脳神経関連権（neurorights）」と呼ばれる権利群に関わる一連の活動であろう．脳神経関連権は，認知的自由，精神的プライバシー，心理的連続性などに関わる権利を守られながら脳神経科学のもたらすベネフィットを公正に受ける権利が考えられており，「新しい人権」の一つであるとする議論もある[4]（Council of Europe 2021: 62）．安全で有用なニューロテクノロジー技術によるサービスが実用化されたとしても，それが高価だとすれば，恩恵を先に享受できるのは富裕層に限られ，場合によっては既存の不平等が悪化することになる．そのため分配的正義の観点から，脳神経科学の成果への平等なアクセスが求められているのである（石田・標葉 2024）．

同様の方向性の議論は，経済開発協力機構（OECD）においても，先端科学技術に関する政策的テーマを中心に取り扱うBNCTワーキンググループ（The Working Party on Biotechnology, Nanotechnology and Converging Technology）を中心として行われてきたと行って良い（OECD 2019）．そこでは，脳神経科学やそれに関わる技術（ニューロテクノロジー）をめぐる責任あるイノベーションの視点からの推進が謳われているが，技術アクセシビリティや，より広い意味での研究活動とその成果へのアクセス平等の担保は，

4　チリなど南米を中心にその権利化運動が目立っている．チリでは，2021年に，「脳の活動と情報を保護する憲法改正案」が成立し，チリ憲法第19条に「科学技術の開発は，人々に奉仕するものであり，生命，および身体と精神の不可侵を尊重して実施される．法律は，人々によるその使用の要件，条件，制限を規定し，特に脳の活動，およびそこから得られる情報を保護しなければならない」との旨が追記されるという動きにつながっていった．最終的に，国民投票によって憲法改正自体が見送られたものの，脳神経関連権がハードローに踏み込みつつある事例として高い注目がなされた事例である．

RRI における重要な目標の一つともなっている[5].

3　遺伝資源の分配をめぐる議論

科学技術の分配をめぐる問題が論点になったのは，再生医療や脳神経科学が初めてではない．その最初の例までさかのぼることは難しいが，少しだけ時間をさかのぼり，遺伝子組換えをめぐる議論を一つみておくことにしたい．

1980 年代以降，国連環境計画（United Nations Environment Programme: UNEP）により「生物多様性の保護」の観点が登場してくる．この生物多様性保護の重要性は，1992 年にブラジルのリオデジャネイロで行われた国連環境開発会議（地球サミット）で「生物多様性条約（The Convention on Biodiversity: CBD）」[6] が締結されたことにより，広く認識されることとなった．

生物多様性条約では，その第 1 条から公平な分配に関わる視点が強調されている[7].

> 生物の多様性の保全，その構成要素の持続可能な利用及び遺伝資源の利用から生ずる利益の公正かつ衡平な配分をこの条約の関係規定に従って実現することを目的とする．この目的は，特に，遺伝資源の取得の適当な機会の提供及び関連のある技術の適当な移転（これらの提供及び移転は，当該遺伝資源及び当該関連のある技術についてのすべての権利を考慮して行う）並びに適当な資金供与の方法により達成する．

これは研究や産業活動に活用するために生物・遺伝資源にアクセスしたい先進国と，その生物・遺伝資源を供給することになる発展途上国の間のコンフリクトが認識されたためであり，その背景には過去におけるバイオパイラシー（生物資源収奪）などの問題なども意識された経緯がある．そして，生物多様性第 14 条において「影響の評価及び悪影響の最小化」が，第 15 条に

5　RRI においてオープンアクセスやオープンサイエンスが重要視されていったこともこの点と大きく関わっている．また実際に欧州委員会の科学技術政策枠組みであるホライズン・ヨーロッパでは，オープンサイエンスが非常に重視されている．

6　条約の準備は 1987 年から UNEP が開始している．

7　訳文は環境省自然環境局生物多様性センターのものを引用している．https://www.biodic.go.jp/biolaw/jo_hon.html（アクセス日 2024 年 12 月 3 日）

おいて「遺伝資源の取得の機会」の項目が設けられ，遺伝資源収集・活用の影響評価を行いつつ，「遺伝資源の利用から生ずる利益の公正かつ衡平な配分（Access and Benefit - Sharing: ABS）」を行うための基盤的方向性が提示されている．しかしながら，生物多様性条約の中では，このABSについて詳細を定めていなかったなどの課題が残っていた．そのため途上国からはより強い効果をもつ国際条約の制定が求められるなどの状況が生じることとなった（小檜山 2017）[8]．

この生物多様性条約の締結を受けて，さらに遺伝子組換え生物（GMO）[9]を屋外で使用する際の環境への影響・生物多様性に影響を与えない使用とルール作りなどについてさらに議論が行われることとなる．詳細はここでは割愛するものの，UNEPでの議論は続き，最終的に2000年にバイオセーフティに「バイオセーフティに関するカルタヘナ議定書（Cartagena Protocol on Biosafety）」（以下，カルタヘナ議定書）[10]がカナダのモントリオールで採択されている[11]．

その後，2010年に名古屋において開催されたCOP10において最終的に「生物の多様性に関する条約の遺伝資源の取得の機会及びその利用から生ずる利益の公正かつ衡平な配分に関する名古屋議定書」（以下，名古屋議定書）が採択された[12]．

名古屋議定書の第五条は，まさしく「公正かつ衡平な利益の配分」であり，相互の合意に基づく形で遺伝資源の利活用から生じる利益は資源提供国

8　生物多様性条約から名古屋・クアラルンプール付属議定書に至る経緯については，いくつかの資料や報告がある．例えば小檜山（2017）などを参照のこと．

9　カルタヘナ議定書の中では，遺伝子組換え生物はLiving Modified Organism（LMO）と記述される．

10　カルタヘナはコロンビアの地名である．カルタヘナ議定書は1999年のカルタヘナで行われた生物多様性条約締結国会合で提出され，採択される予定であった．しかし，提出後にも議論が行われ，結局翌年のモントリオールでの会合まで採択が延期された経緯がある．

11　カルタヘナ議定書の成立過程の議論においては，それぞれの国家の視点や問題関心の枠組み（フレーミング）の違いが観察されている．例えば米国を中心としたグループは，GM作物の輸出推進のためにWTO協定とカルタヘナ議定書の整合性を最重要課題とした一方で，予防原則の導入や社会経済的影響に関する議論には消極的であった．反対に，EUや発展途上国グループでは，予防原則や社会経済的影響に関する議論が優先度の高い論点となっていた．EUが予防原則において米国等のグループと対立した背景には，貿易上の問題に加えて，1990年代に体験したBSE騒動などの背景があった．ただし，EUの政策形成においてもフレーミングの対立は存在しており，欧州委員会内部においても，予防原則とプロダクトベースでの規制をめぐる立場が環境総局と農業総局・産業総局等の間で異なっていたことが指摘されている．また発展途上国のグループからは，GM作物による被害が生じた場合の責任と保障の取扱も重要課題として提起されている（標葉 2020）．

12　https://www.mofa.go.jp/mofaj/files/000236481.pdf（アクセス日2024年12月3日）

と公正かつ衡平に配分することと規定されている[13].

またカルタヘナ議定書をめぐる議論の過程では，GMO の国境を超える移動により，生物多様性の保全と持続可能な利用に損害が生じる場合の責任と補償が問題となった．この「責任と保障」に関する新たな方針が，2010 年 10 月に名古屋で行われたカルタヘナ議定書第 5 回締約国会合（COP/MOP5）において「バイオセーフティに関するカルタヘナ議定書の責任及び救済に関する名古屋・クアラルンプール補足議定書」（以下，名古屋・クアラルンプール付属議定書）が並行して採択された．これにより，何らかの損害が生じた場合に，締約国が GMO（LMO）の管理者を特定し，原状回復等の対応措置を命じることが可能となった（小檜山 2017）.

生物多様性条約，カルタヘナ議定書，そして 2010 年の名古屋議定書と名古屋・クアラルンプール付属議定書に至る約 20 年間の流れは，さまざまな経済的思惑が伴う国際政治の複雑性の中で，先進国（グローバルノース：Global North）と途上国（グローバルサウス：Global South）の間における生物・遺伝資源をめぐる収集・活用をめぐる不均衡に対してどのように対応していくのかという歴史でもあったといえる．その中で，ベネフィットとリスクの分配をめぐる格差を是正するための施策が一定程度採択され，またそのための試行錯誤がなされつつあるといえる事例として注目できると同時に，このような議論の歴史があったということ自体を知ることがまず重要であろう.

4　知識生産をめぐる不平等を可視化するということ

前節までに，科学技術をめぐる資源と得られた成果をめぐる不平等を是正しようとする試みや議論を概観してきた．しかし，科学技術をめぐる不平等はここに留まらない．研究資金や人的資源をめぐる不均衡を背景として，知識生産の量そのものの差異がそこには広がっている.

このような視点に基づく研究も複数行われている．近年刊行された論文から，知識生産の格差に関わるデータを紹介しておくことにしたい．2023 年に米国科学アカデミー紀要（Proceeding of National Academy of Science：PNAS）に掲載されたマークスらの論文では，植物科学分野を対象として，

13　その他にも各締約国に対する遺伝資源へのアクセスの明確化と透明化，各締約国に一つ以上のチェックポイントの指定を義務づけ（指定すべき具体的機関は明示されていない）などの条項が盛り込まれた.

論文生産をめぐる地域格差，どのような植物種が研究されいものとして扱われてきたのか，論文著者におけるジェンダーギャップと地域格差の交差性（インターセクショナリティ）の可視化を行っている（Marks et al. 2023）.

その結果，植物科学分野における論文著者はいわゆる北半球を中心としたグローバルノースに偏ること，論文生産がGDPなどの経済指標と相関があることが明らかになっている（図3-1）.

また興味深い点として，一部のグローバルサウス諸国においても，南米や南アフリカなどの国は論文生産や著者ネットワーク分析における中心性においても一定の存在感を示していることが明らかになっている．これはこれらの国の昨今の急速な経済成長とも合わせて考えるべき点である．しかしながら，もう一つの視点として，植物サンプルの収集と配分を担う場所としての側面も考慮する必要があるだろう.

この研究をめぐる「中心」と「周辺」，そして（研究においては相対的に周辺であったとしても）サンプル収集における「中心」をめぐる議論は，科学史の分野において長らく議論されてきたものであるが，その特徴をこの植物科学の事例に見出すことは容易である[14].

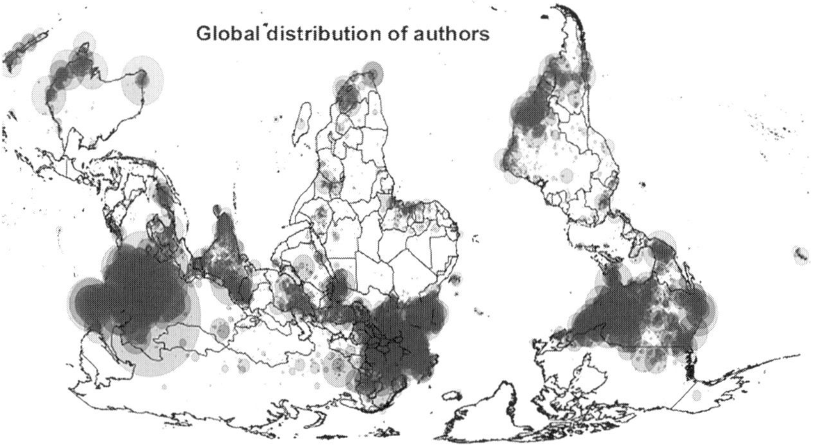

図3-1：植物科学論文における著者所在地の偏りの可視化（出典：Marks et al. 2023）．筆者が多い地域ほど濃い色で表現されている．またこの図では南半球が上部，北半球が下部になっている.

14 「中心」と「周辺」をめぐる複雑な関係性を分析した日本語で読める文献例として，例えば日本の地震学に注目した金凡性の『明治・大正の日本の地震学―「ローカル・サイエンス」を超えて』（東京大学出版会 2007）がある.

加えてこの論文の著者たちは，地域毎における論文責任著者（コレスポンディングオーサー）の女性比率も名前から判別するアルゴリズムを用いて推計している．その結果からは，やはり論文責任著者においてジェンダー格差が存在すること[15]，そのジェンダー格差はグローバルサウスにおいてより顕著であること，また欧州域内などグローバルノース内においてもジェンダー格差の地域差があることが示唆されている．

このジェンダー格差と地域格差の交絡によるより強い影響は，近年では「交差性（インターセクショナリティ）」という視点から注目されている事象である（パトリシア・スルマ 2020=2021）．格差は単一の要因によるものだけでなく，複数の要因が重なり合って生じる複層的な現象である．このような視点から，グローバル，リージョナル，ナショナル，ローカルと各レベルの科学技術をめぐる格差をみていくことが今後課題になる．

ここではあえて基礎科学的なものに注目する意味も込めて，植物科学の事例を取り上げたが，実際には新型コロナウイルス（COVID-19）とそのワクチンの生産・配分に関しても同様の問題が生じていることが指摘されつつある（e.g. Bayati et al. 2022）[16]．科学技術をめぐる知識生産と配分，そしてその背景に潜むインターセクショナリティ的な課題は，普遍的な現象となっている．

また，研究ネットワークをめぐるグローバルノースとグローバルサウスの格差に関わるデータをみたところで，もう一つ興味深いキーワードをここで提示しておこうと思う．それは，「科学ディアスポラ（Science Diaspora）」である（Béatrice 2006; Echeverría-King et al. 2022）．ディアスポラとは，「故郷喪失者」と訳されることが多く，故郷や祖先の地から離れて暮らす人々や移民コミュニティのことを示す．なぜこのディアスポラという言葉が「科学」と結びつくのだろうか．

グローバルサウスがその歴史的・経済的背景から，科学技術をめぐる知識生産において背景化しやすいこと，あるいは後発的な立場に置かれやすいことはここまでに種々の知見をみてきた．このことはとりもなおさず，現状においてグローバルサウスにおいて「科学者を目指す者」にとってより良い研究環境が，故郷の外にあることを意味している．

15　理工系分野における女性研究者の少なさに関する研究例としては，河野・小川（2021），横山（2022）を参照のこと．

16　なお，新型コロナウイルス（COVID-19）をめぐる倫理的・法的・社会的課題（ELSI）について日本語で読める総説としては，標葉（2021）などがある．併せて参考にされたい．

そのため最先端の科学技術研究をしたいのであれば，またあるいは博士号の取得を目指すのであれば，彼ら／彼女らは外へと出ていくことを余儀なくされる．さらには学位取得後においても，最先端の研究を続けようとするのであれば，その研究資金・設備・人的ネットワークは依然としてグローバルノースに偏るため，そこから離脱することは研究者キャリアにおいて不利に働くことになる．

それゆえに，グローバルサウス出身の研究者は，しばしばディアスポラにならざるを得ない．また仮に帰国したとしても，受けてきた教育の違いから祖国においてもやや異邦人めいた性格を帯びることもありうる．

さらには国際学会に参加すること一つとってもビザの取得が必要になるなど，国際共同研究や留学などにおけるハードルは，やはりグローバルサウスにおいてより顕在化しやすいなどの問題も現実に生じている．かように科学技術をめぐる分配的正義の問題は，実際の研究者個人の人生にも関わる問題である．

このようなことが生じる背景を考える上では，歴史的な経緯を考慮する必要がある．先進諸国における植民地支配の歴史，そのような社会構造の中でロックインされていった格差などを考えていく必要がある．このような課題は，従来ポストコロニアル論をはじめとする領域で多くの蓄積がある．それこそディアスポラに関わる議論は，ポストコロニアル論において数多く研究されてきた．それゆえ，ポストコロニアル論の知見をうまく活用することは，実は科学技術をめぐるグローバルノースとグローバルサウスの相克を乗り越える視座としても機能しうると考えられが，そのような視点からの研究は依然として足りていない現状がある[17]．

5　おわりに

世界科学会議（World Science Forum: WSF）という国際会議がある．1999 年に採択された「科学と科学的知識の利用に関する世界宣言」（ブダペスト宣言）の発行元として有名な国際会議である．この WSF の会合が 2022 年に南アフリカ・ケープタウンにおいて行われた．この 2022 年南アフリカにおける WSF の主題は，そのものずばり「社会的正義のための科学（Science for Social Justice）」であり，その視点に沿って，科学技術をめぐる国際

17　ポストコロニアル科学論というアプローチも模索されている（e.g. Harding 2008; ハーディング 2006=2009）．

的な格差，ジェンダー格差，今後の人材育成，国際的な科学技術外交のあり方などを包括的に議論する場であった．これまでに世界が経験してきた，さまざまな科学技術をめぐる格差の問題を乗り越えていこうとする議論が正面からなされていたことが印象に残っている．また前節において検討した科学ディアスポラ（Science Diaspora）の議論に注目したセッションも実施されていた．

筆者は幸運にも日本学術会議若手アカデミーのメンバーとして，総合地球環境学研究所の近藤康久とともに派遣される形でこの会合に参加する機会を得た．そして科学技術振興機構（JST）と協働で，「科学と共にグローバルな公共善を強化するためのエコシステム：キーコンセプトとしての分配的正義とウェルビーイング（Ecosystem to Enhance Global Public Good with Science: Distributive Justice and Well-being as Key Concept）」と題したテーマセッションを実施した．このセッションでは，分配的正義の視点からスタートし，ジェンダー平等／公平，科学技術交流をめぐる南北問題（特に渡航ビザをめぐるハードルの高さに代表される南北間の構造的格差）などを論じた．そしてこの機会を通じて，少しずつであるがこのような議論に関心をもつ国際的なネットワークの構築につながりつつある．また，このセッションに限らず，この WSF では，ジェンダー・人種・性自認（例えば LGBTQ）などにおける理工系分野におけるマイノリティの機会均等（minority in stem）をめぐる議論や，気候正義（climate justice）をめぐる議論，そしてそれらを推進するための科学・研究活動の価値が，会議におけるコンセンサスとして繰り返し強調されていた点が印象的であった．特に理工系分野におけるマイノリティの機会均等（minority in stem）は，現在の科学技術政策の重要課題となっていることは強調に値するだろう．

2022 年の世界科学会議では，その全体を通して，不平等（inequality）や不公平（inequity）を解消するように制度や施策を改善することの正義，すなわち分配的正義の視点が参加者間で共有され，全体セッションの成果として取りまとめられた「ケープタウン宣言」にも，この共通認識が通底しているといえる．そして，このような議論が南アフリカにおいて積極的に行われたことに象徴的な印象を受けると同時に，特にアフリカ諸国をはじめとする新興国において，これまでの格差を解消したその先へと科学技術を振興していくという決意を読み取ることができるものでもあった．

このような議論が，今後日本においても積極的に行われ，グローバルからローカルまでの各層に潜むさまざまな格差やインターセクショナリティ的課題が寛解されていくことを，筆者は望んでやまない．

［謝辞］

本章における議論は，科学研究費助成基盤研究 B「インパクト評価再考－責任ある研究・イノベーションの視点から」（代表：標葉隆馬），国際高等研究所公募研究「グローバルな分配的正義を促進する科学システムと科学者の役割に関する研究」（代表：新福洋子）の助成を受けた．

［標葉隆馬］

＊　　＊

【読書ガイド】

朱喜哲『〈公正〉を乗りこなす：正義の反対は別の正義か』太郎次郎社エディタス，2023 年

正義論や公正性に関わる議論において，近年刊行された日本語での読みやすい入門的な本として最適なものの一つ．

セン，A.『不平等の再検討：潜在能力と自由』池本幸生・野上裕生・佐藤仁訳，岩波書店，1999 年（Sen, A. *Inequality Reexamined*, Oxford University Press, 1992）

アジア人で初めてノーベル経済学賞を受章した著者による，不平等をめぐる課題を考える上で重要な視座を与えてくれる良書．読みやすいため，センの議論の入門書としても良い．

第4章

研究開発の倫理

倫理規範から実践へ

本章は研究開発とその倫理について扱う．本章では，研究開発に関わる既存のさまざまな倫理的枠組みや倫理規範を概観することで，いまだ確立されていない「研究開発の倫理」の輪郭を見定めることを目指す．また，研究開発の倫理を実現する手がかりとして，研究倫理審査とテクノロジーアセスメントという実践の間の共通点とギャップを確認し，両者の統合可能性を検討する．

1　導入：研究開発とは何のことか

20 世紀以降，科学研究と技術開発の結びつきが強くなるにつれて，「科学」と「技術」の区別はあいまいになり，「科学技術」というひとまとまりの連続的な営みとして理解されるようになってきた．科学研究と技術開発を連続的なものとしてみると，そこには，基礎研究，応用研究，（試験的）開発という発展段階が見出される．これらのプロセス全体を包括する傘概念こそ「研究開発（Research & Development: R&D）」[1] である（OECD 2015; 伊地知 2016）．本章の主題である「研究開発の倫理」とは，これら科学研究と技術開発のライフサイクル，つまり，科学技術がたどる知識産生から社会実装までの一連のプロセス全体において問われる倫理のことである．

なお，本章では「科学」や「技術」を対象，「研究」や「開発」を取り組みとして整理して用いる（図 4-1）．また，科学研究の主体を「科学者・研究者」，技術開発の主体を「技術者・開発者」と呼ぶ．ただし，ここでの概念区分は便宜上のものであることに注意されたい．実際は，研究開発の主体が科学研究の主体でも技術開発の主体でもあるということが往々にしてある．

1　「研究開発」は企業活動の文脈では企業主体の営みとして位置づけられることもあるが，ここではその限りではない．

対象
取り組み
研究開発の倫理
フェーズ
基礎 ～ 応用
科学
研究
科学研究の倫理
フェーズ
開発 ～ 実装
技術
開発
技術開発の倫理

図 4-1：研究開発の倫理の位置づけと用語の対応

2　背景：研究開発の倫理を問う

研究開発の倫理がなぜ 21 世紀において改めて問われるのか．このことは科学技術と社会の関係の変遷，そして，研究開発が社会にもたらす潜在的影響への対応に対する認識の変化が大きく関係している．

20 世紀以降，科学研究は科学者個人の知的探究を中心として営まれる「アカデミズム科学」から，政府や産業界が主導して大規模な人員を動員して社会的・国家的要請に応答しようとする「産業化科学」へと転換した（野家 2008）．第二次世界大戦時の原子力爆弾の開発を目的とするマンハッタン計画や，戦後冷戦期の宇宙開発競争などが良い例であるが，科学研究は技術開発に直結するものとして，大規模な予算と人員に支えられた巨大科学として発展していったのである．

研究開発による社会への潜在的影響に関して，1990 年代に米国で開始されたヒトゲノム計画を振り返ることは重要である．ヒトのすべての遺伝情報であるヒトゲノムが解析されることで，遺伝性疾患の予防や治療などポジティブな影響が期待される一方，遺伝情報に基づく差別や優生思想の助長など，「倫理的・法的・社会的影響／課題（Ethical, Legal, and Social Implications/Issues: ELSI）」と呼ばれるネガティブな影響や懸念も想定された．そのため，ヒトゲノム計画のもとではこれら ELSI への対応の取り組みとして，ELSI への対応を検討する研究プロジェクト（通称「ELSI 研究プロジェクト」）にプロジェクト全体予算の 3% が割り当てられた（Kathi 1995; 神里 2021）．ヒトゲノム計画が画期的であるのは，科学技術のプロジェクトにおいて，それら研究開発による社会への潜在的影響に関する対応・検討が体制として組み込まれたことにある．

また，1999 年の世界科学会議（通称「ブダペスト会議」）で採択された「科学と科学的知識の利用に関する世界宣言」では「社会における科学と社会のための科学」という科学観が打ち出された（世界科学会議 1999）．これにより，科学の営みは社会と切り離すことができないものであるという認識が確立され，それゆえに科学研究が負うべき責任や科学者への倫理的要請が再確認されたことも，研究開発がもたらすELSIの対応・検討の意義を確固とする重要な転機となった．

21世紀以降，ELSIへの対応・検討は，科学技術政策の文脈においてきわめて重要な位置を占めており，科学技術の研究開発がもたらすリスクやベネフィット（利益）を社会全体でマネジメントしようとする「科学技術ガバナンス」の構築・強化（小林 2007; 城山 2007; 標葉 2020），多様なステークホルダーの参加と熟議に基づいて，科学技術の研究開発を責任ある仕方で進めようとする「責任ある研究・イノベーション（Responsible Research and Innovation: RRI）」などの理念に包摂されて発展してきている（Owen 2012; Stilgoe et al. 2013; Owen et al. 2021）．

AIやナノテクノロジー，量子技術など先端科学技術とされる領域での技術発展が著しく，これら先端科学技術の研究開発が国際社会にもたらしうる恩恵とELSIはいずれもきわめて甚大かつ大規模であることが予見される．科学研究と技術開発の境界があいまいになり，科学技術と社会の関係がきわめて複雑に絡み合うようになったこのような時代において，科学技術の研究開発による潜在的な影響や課題に照らして，研究開発はいかにあるべきか，その倫理が改めて問われるのである．

3　研究開発にまつわる「倫理」の概観

3.1　科学研究の倫理：研究倫理，研究公正，科学者の責任

科学研究の倫理とは，ひろく研究に関わる倫理のことであり，一般に「研究倫理（Research Ethics）」と呼ばれるものに等しい．しかし，「研究倫理」という用語は研究活動の遂行一般に関わる規範という広い意味で用いられることもあれば，医学・臨床研究など，主に人を対象とする研究実践に関わる規範という限定的な意味で用いられることもある（田代 2011）．ここでは混乱を避けるため，便宜上，研究一般に関わる広義の研究倫理を「研究倫理（RE）」，研究対象者の保護に関する狭義の研究倫理を「研究倫理（re）」として区別する．

科学研究の実践に向けられる倫理は，科学研究という研究行為やその過程（プロセス），研究主体のあり方に焦点が当てられ，どのような科学研究を遂

行すべきか，科学者・研究者はどうあるべきかが中心的な話題となる．これら研究実践に焦点を当てる倫理のうち，研究倫理（re）では，人を対象とする研究における研究対象者（被験者）の尊厳に焦点が当てられ，研究対象者が被りうるさまざまな不利益やリスクの除去ないし最小化のための規範が設定されている．例えば，研究対象者のプライバシーや個人情報の保護，研究参加によるリスク・ベネフィットに関する十分な説明の実施やそれに基づく同意取得などが挙げられるが，いずれも研究対象者の保護が主眼となっている（文科省・厚労省・経産省 2021）．

また，人を対象とする研究に関しては，研究実践の科学的・倫理的妥当性をグローバルなレベルで確保するために，国際的な法規制やガイドラインに沿った研究倫理審査プロセスが確立されている．その規範に則ったものであるか，研究計画や実施方法が研究対象者への倫理的配慮を満足するものであるか，など研究実践の倫理的妥当性を確保するプロセスとして，研究倫理審査委員会制度が確立されている．

研究倫理審査委員会（Research Ethics Committee: REC）[2] では，研究計画や研究提案が国内および国際的な法律やガイドライン，倫理原則に準拠しているかどうかが評価される．審査のプロセスでは，研究に関わる研究対象者の尊厳や権利，福祉の尊重に重きが置かれ，研究の計画段階および研究実施期間を通じて，適切なインフォームド・コンセントの取得，リスクとベネフィットの均衡，研究対象者のプライバシー保護および秘密保持といった側面が審査される．

なお，人を対象として行われる研究は必ずしも医学・臨床研究に限られず，心理学や社会学分野での非侵襲的な実験やアンケート・インタビュー調査，文化人類学や行動生態学分野でのフィールドワーク調査など，非医学系研究もその範疇に含まれる．しかし，非医学系分野においては，医学研究や生命科学系研究と異なり，研究倫理（re）に関する国際的な法規制やガイドラインなどが十分に整備されておらず，研究倫理審査委員会の制度設計や体制の拡充が喫緊の課題となっている（渡邉 2022）．

研究実践に焦点を当てる倫理では，ひろく科学研究一般に関わる倫理として，科学研究にたずさわる者の研究姿勢や研究活動について，いかに研究に向き合うべきかということも問われる．例えば，科学者・研究者がありもし

2　同様の委員会として施設内審査委員会（Institutional Review Board: IRB）があるが，その位置づけは国内外で異なる．日本において IRB は医薬品や医療機器に関する「治験審査委員会」とみなされており，REC とは分業体制となっている（田代 2018）．

表 4-1：日本および国外における研究公正に関する指針・ガイドラインの目次

日本学術会議 「科学者の行動規範 —改訂版—」 (2013)	米国科学アカデミー 「科学者としてのあり方 —責任ある研究行動のため のガイド」(2009)	欧州科学財団 全欧州アカデミー連合 「公正な研究のための欧州行動 規範」(2011)[3]
Ⅰ. 科学者の責務 ・科学者の基本的責任 ・科学者の姿勢 ・社会の中の科学者 ・社会的期待に応える研究 ・説明と公開 ・科学研究の利用の両義性 Ⅱ. 公正な研究 ・研究活動 ・研究環境の整備及び教育啓発の徹底 ・研究対象などへの配慮 ・他者との関係 Ⅲ. 社会の中の科学 ・社会との対話 ・科学的助言 ・政策立案・決定者に対する科学的助言 Ⅳ. 法令遵守 ・法令の遵守 ・差別の排除 ・利益相反	1. 責任ある研究行動への導入 2. よき助言とよき指導 3. データの取り扱い 4. 科学上の間違いと手抜き行為 5. 研究上の不正行為 6. 職業基準違反への対応 7. 研究へのヒト参加者と実験対象動物 8. 研究室・実験室の安全性 9. 研究成果の共有 10. オーサーシップとクレジットの配分 11. 知的財産 12. 利害，コミットメント，価値観の競合 13. 社会のなかの研究者	1. 要旨 1. 規範 2. 公正な研究の諸原則 3. 不正行為 4. すぐれた研究実践 2. 公正な研究のための欧州行動規範 2.1　行動規範 2.1.1　前文 2.1.2　行動規範 2.2　背景と説明 2.2.1　科学・学問の性質 2.2.2　科学と倫理 2.2.3　科学・学問における公正性：諸原則 2.2.4　科学・学問における公正性：不正行為 2.2.5　すぐれた実践 2.3　すぐれた実践に関する規則のための指針 2.4　国際共同研究 2.5　付録

ないデータを捏造したり，取得したデータを都合のよいように改竄したり，他者のアイデアや研究成果を自らのものと偽って盗用・剽窃したりするようになれば，科学研究に対する社会からの信頼は失墜し，科学的知識の産生という営みそのものの存在意義が疑われる．そのため，研究活動を営む主体である科学者・研究者は，科学者・研究者としての行動規範を遵守し，科学者・研究者のコミュニティに対して責任ある研究行動の遂行が求められる．このような科学者・研究者による研究に対する誠実な向き合い方に関する規

3　同ガイドラインは 2017 年以降記載内容を大幅な変更および簡略化がなされている（原 2017）．ここでは研究公正に関する規範を見比べるのに適したものとして 2011 年版の目次を採用した．

範は，「研究公正（ないし公正な研究活動）（Research Integrity）」と呼ばれており，国内外において行動指針やガイドラインの整備が行われている（表4-1）．

研究公正のもとでは，科学者・研究者として遵守すべき規範や職業倫理が提示され，そのもとで公正な研究活動の遂行と不正行為（Misconduct）や疑わしい行為への対応，研究成果の誠実な公開が求められる．また，研究成果の発表・公開に関わる倫理は「発表倫理（Publication Ethics）」とも呼ばれる（山崎 2021）．

科学研究に関わる倫理には，研究実践だけでなく，科学研究の結果，すなわち，研究成果の応用のあり方や研究成果に科学者・研究者はどのように関わるべきかを問う倫理も存在する．科学研究の結果に向けられる倫理は，科学研究の主体としての科学者・研究者やその共同体に焦点が当てられ，より広く科学研究という営みの社会的意義やその中での科学者・研究者としての応答責任が中心的な話題となる．このような倫理の領域は「科学者の社会的責任」と呼ばれる．

科学者・研究者に問われる責任は，責任の方向性に応じて大きく二つに整理される．一方は科学者・研究者が自らの共同体に対して負う責任であり，相互に公正な科学研究を遂行することを要請する．この意味での責任は，科学研究という営みの内部に向けられているため「内部規範」と呼ばれる．このような内部規範は先述の研究公正とおおむね重複している．

他方で，科学者・研究者が自らの共同体の外，つまり社会に向けて負う責任があり，科学者・研究者には科学の社会的影響の甚大さを鑑みて科学研究とその成果，そして社会と向き合うことが要請される．こちらは科学研究の営みの外に向けられるため「外部規範」と呼ばれ，狭義の「科学者の社会的責任」としても整理される（野家 2008）．ここでは，便宜上，内部規範を含む科学者・研究者の責任を「科学者の責任」，外部規範に限定したものを「科学者の社会的責任」として区別する．

科学者の社会的責任の中でも，研究の結果への向き合い方に関わるものとして，科学研究から産生されたものに対する責任（製造物責任）および市民からの呼びかけに応答する責任（呼応責任）の重要性が指摘されている（藤垣 2018）．科学者・研究者は，科学研究による知識産生とそれに基づく技術開発によって社会にもたらされるさまざまな影響に対して製造物責任の観点からの責任を負う．科学者・研究者は，人や社会に有害な影響を及ぼす可能性のある技術開発につながりうる科学的知識の産生に対して無頓着でいることは許されないのである．また，社会における科学・社会のための科学という現代的な科学観のもと，科学者・研究者は市民に対する透明性の確保と説明責任（アカウンタビリティ）の履行，市民の理解につながるわかりやすい説明の責務を果たすことが求められるのである．

以上のように，科学研究の倫理には，「研究倫理」や「研究公正」，「科学者の責任」が含まれるが，それらは研究実践や研究成果にそれぞれ焦点を当てることで互いの関係性を見通すことができるようになる（図 4-2）．

<table>
<tr><th>科学研究の倫理</th><th>研究実践
に焦点を当てる</th><th>研究成果
に焦点を当てる</th></tr>
<tr><td>研究倫理（RE）</td><td>研究倫理（re）
研究公正</td><td rowspan="2">科学者の
社会的責任
（外部規範）</td></tr>
<tr><td>科学者の責任</td><td>科学者の責任
（内部規範）</td></tr>
</table>

図 4-2：科学研究の倫理に関する区分

3.2　技術開発の倫理：技術者倫理，技術の倫理，設計の倫理

技術開発の倫理は，技術開発という営みに関連して問われる倫理であり，「技術（の）倫理／技術者倫理（Engineering Ethics）」と呼ばれるものに相当する．技術開発の倫理の場合，技術開発をどのような規模で捉えるかによってそこで問われる倫理がおおまかに異なってくる（札野 2002）．技術開発をミクロな視点で捉える場合，技術開発の主体である技術者・開発者が焦点化され，その主体にとっての規範や責任が問われる（「技術者倫理」）．他方，技術開発をマクロな視点で捉える場合，技術開発は社会における営みとして俯瞰され，技術の設計や開発およびその利用がもたらすさまざまな影響との関係で倫理や責任が問われる（「技術（の）倫理」や「設計の倫理」）．とはいえ，これらの視点や規模感は明確に区切れるものではないため，「技術（の）倫理」と「技術者倫理」は互いに交換可能なもの（技術（の）倫理／技術者倫理）として扱われることが多い（直江 2005; 金光 2023）．以下では，個々の技術者・開発者というミクロレベルならびに技術者集団というメゾ（中間）レベルでの技術開発の倫理，技術開発と社会というマクロレベルでの技術開発の倫理を順に確認する．

本題に入る前に，技術開発の倫理を考えるうえで，技術の利用者という存在について触れておきたい．技術開発には技術者・開発者（技術の製作者）

だけでなく，開発された技術を利用するユーザー（技術の利用者）も技術利用を通じて密接に関わっている．すなわち，技術開発という営みにおいて，技術の製作者は技術の潜在的な利用者による期待やニーズに対して技術開発を通じて応答し，技術の利用者は開発された技術の提供を受けて，技術の製作者の期待に応じた／背いた利用を行うことで応答する．このように，技術開発は，技術を中心として，技術の製作者と技術の利用者からなる循環構造のもとで成り立つ営みであり，技術開発を通じて開発された技術は，技術の製作者としての技術者・開発者と技術の利用者としてのユーザーとの双方向的な「相互行為」を媒介する役割を担っている．技術開発の倫理が往々にして利用者や社会への倫理的要請を伴うのは，技術開発が本来的に開発と利用という相互行為の営みであるということに由来するのである（図4-3; 村田 2006）．

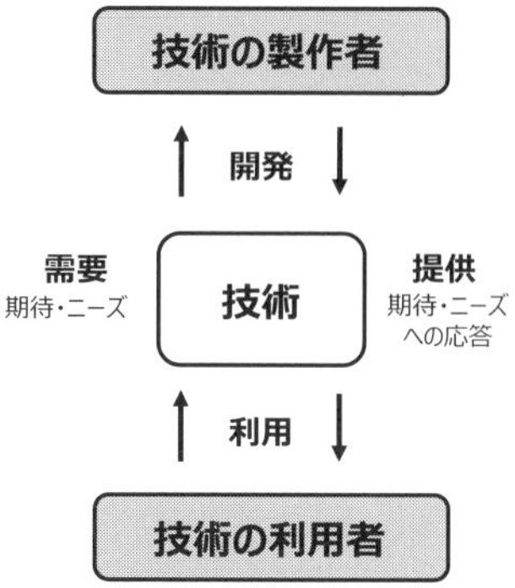

図4-3：技術の製作者と技術の利用者の相互行為（村田（2006）をもとに作成・一部改変）

さて，規模に応じた技術開発の倫理について見ていくことにしよう．ミクロレベルならびにメゾレベルでの技術開発の倫理では，技術者・開発者という技術開発の主体がいかにあるべきか，また技術開発にどのように向き合うべきかという規範やその責任が問われる．ただし，技術者倫理において，「技術者」は単に技術開発に関わる者という意味だけではなく，高度な知識と技能をもつ者としての専門職としての意味も込められている．医師や弁護士など，一般に「専門職／プロフェッション（Profession）」と呼ばれる職業では，自らの職業理念や倫理規範を公言することで専門家としての社会的位置づけを明らかにする．これと同じように，20世紀以降，技術者共同体もまた専門家集団としての地位を確立すべく，技術者としての規範を示す倫理綱領（Code of Ethics）を立てて，専門職としての自律を目指した（金光 2023）．

技術者の倫理綱領では多くの場合「公衆の安全，健康（ないし衛生），福利」が最優先事項として規定される（表4-2）．これが示しているのは，技術開発が個人の利益のためではなく，公衆や社会を志向するものであり，技術開発に携わる技術者・開発者は，技術開発による危険性やリスクを最小化し，社会における安全性に対して責任を負うということである（鬼頭

表 4-2：日本および米国における技術者倫理に関する倫理綱領・規定

全米プロフェッショナル・エンジニア協会（NSPE）「技術者のための倫理規定」（2019）	日本技術士会「技術士倫理綱領」（2023）
I　根源的規範 1. 公共の安全，衛生，及び福利を最優先とする． 2. 自身の専門能力の範囲内でのみ役務を遂行する． 3. 公式声明は，客観的かつ誠実な態度でのみ行う． 4. 自身の雇用主あるいは顧客のために，誠実な代理人または受託者として行動する． 5. 欺瞞的な行動を回避する． 6. この専門職の名誉，評判，及び有用性を高めるため，自身の誇りと責任を持ち，倫理的かつ法を遵守した振舞いを示す．	1. 技術士は，公衆の安全，健康及び福利を最優先する． 2. 技術士は，地球環境の保全等，将来世代にわたって持続可能な社会の実現に貢献する． 3. 技術士は，品位の向上，信用の保持に努め，専門職にふさわしく行動する． 4. 技術士は，自分や協業者の力量が及ぶ範囲で確信の持てる業務に携わる． 5. 技術士は，報告，説明又は発表を，客観的で事実に基づいた情報を用いて行う． 6. 技術士は，公正な分析と判断に基づき，託された業務を誠実に履行する． 7. 技術士は，業務上知り得た秘密情報を適切に管理し，定められた範囲でのみ使用する． 8. 技術士は，業務に関わる国・地域の法令等を遵守し，文化を尊重する． 9. 技術士は，業務上の関係者と相互に信頼し，相手の立場を尊重して協力する． 10. 技術士は，専門分野の力量及び技術と社会が接する領域の知識を常に高めるとともに，人材育成に努める．

2018）．

技術（の）倫理／技術者倫理においてよく話題になる事例の一つとして，1986年のチャレンジャー号爆発事故がある．この事故の因果はさまざまなレベルで語られるが，事故を引き起こしたきっかけの一つとして，関係していた技術者が爆発の原因となったゴム製Oリングの密閉不全リスクを事前に認知していたにもかかわらず，打ち上げを中止にできなかったことが指摘されている．実際はさまざまな要因が絡み合って起こった事故であるが，この事例は，技術開発につきまとうジレンマに直面した際に技術者・開発者が専門家としていかに振る舞うべき（だった）かという，技術者としての行動規範を再考する手がかりを提供してくれている（Whitbeck 1998）．

ミクロ・メゾレベルでの技術開発の倫理では，チャレンジャー号の事故やフォード社の自動車ピントの設計など，個別事例に基づくケーススタディから見出される技術者・開発者としての職業倫理が中心的な話題となる．一方，マクロレベルでの技術開発の倫理では，技術開発と社会実装というより大きな射程のもと，技術開発がもたらす費用便益分析や企業倫理とのトレードオフ，技術の社会実装に伴うリスクアセスメントやインパクトアセスメント（影響評価），技術開発のデュアルユース（軍民両用性）[4] に関する倫理など，技術開発と社会のあいだで生じる問題への応答可能性が問われる．また，開発された技術（「技術的人工物」）に含まれる倫理性や政治性も問題とされる（村田 2005; 直江・盛永 2015; 鬼頭 2018）．典型的な例として，ユニバーサルデザインや敵対的建築（hostile architecture）などが語られるが，これらはできる限り多くの人々による利用を想定した設計であったり，目的外での利用をあらかじめ防ぎ，排除するような「排除アート」としての設計が施されたりする（五十嵐 2022）．最近では，ウェブサイト経由で利用者を騙したり，誘導・操作しようとする設計としてのダークパターンも問題視されている．このように，開発される技術の設計には設計者の倫理的含意や政治的意図が必然的に含まれるため，既存の技術開発における不当なバイアスへの問題提起，設計・開発の段階から倫理を取り入れる技術開発（エシックスバイデザイン）の重要性が指摘されている（WEF 2020）．

また，技術開発が社会や経済，環境にもたらすさまざまな影響およびリスクを体系的に評価し，技術開発をコントロールしようとするアプローチとして，「テクノロジーアセスメント（Technology Assessment）」と呼ばれる取り組みが進められている．テクノロジーアセスメントは新たな技術が社会や環境に及ぼす広範な影響を評価する枠組みないしプロセスである．このプロセスでは，さまざまな分野の専門家が参加し，技術開発の主なステークホルダーと影響関係を分析し，技術の安全性やリスク評価に加えて，プライバシーや公平性といった技術利用にまつわる倫理的懸念や，地球環境への中長期的な影響や持続可能性などさまざまな影響の評価が行われる．そして，これら評価の結果が政策立案者や産業界へとフィードバックされることにより，技術開発が社会的，倫理的価値に見合ったものとなるようにマネジメント・コントロールされていく．このような研究開発エコシステムのコントロールが「科学技術ガバナンス」と呼ばれる（城山 2007）．

以上のように，技術開発の倫理には，「技術（の）倫理」と「技術者倫理」という互いに密接に関わる倫理が含まれているが，この中には，ミクロからマクロまで異なるレベルの視点をとることで，技術開発に関わる個人規模での規範から集団，社会規模での規範までが包含されている（図 4-4）．

4　詳細については本書の第 7 章「デュアルユース」を参照．

技術開発の倫理	ミクロ・メゾレベル（個人・集団）	マクロレベル（社会）
技術（の）倫理 技術者倫理	倫理綱領の遵守 専門職倫理	社会影響への応答 設計の倫理

図 4-4：技術開発の倫理に関する区分

最後に，ここまでで概観した科学研究の倫理，技術開発の倫理について，「研究開発の倫理」を俯瞰するための全体像のうちに位置づける（図 4-5）.

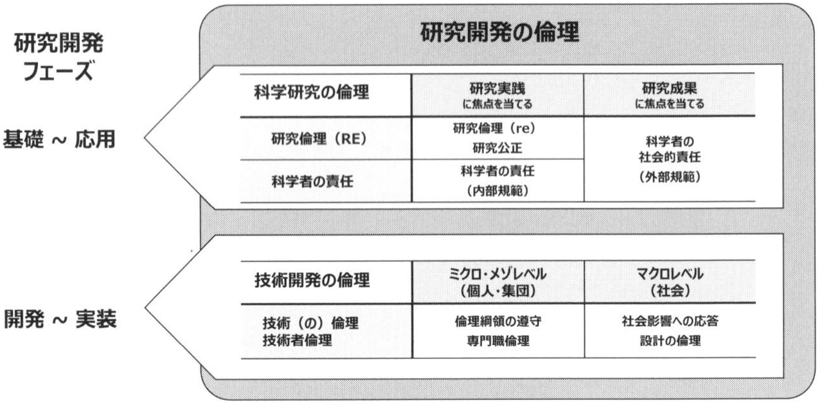

図 4-5：研究開発の倫理の俯瞰図

4　責任ある研究開発のための倫理的実践：研究倫理審査とテクノロジーアセスメント

前節では科学研究の倫理，技術開発の倫理を概観し，研究開発に関わる倫理を俯瞰する視座を確認した．その中で，責任ある研究開発に関わる実践的取り組みや体制・制度設計として，研究倫理（re）における研究倫理審査，技術（の）倫理におけるテクノロジーアセスメントに触れた．これらの倫理的実践はいずれも研究開発の倫理を実現する上で重要な取り組みであるが，それぞれ異なる歴史的背景のもとで発展した経緯もあり，重なりをもちつつ独立に営まれている．ここでは，これらの統合可能性を検討する前提として，それぞれの倫理的実践の発展過程を歴史的視点を交えて確認する．

4.1　研究倫理審査の歴史的発展と設計

研究倫理審査は，人を対象とする研究における倫理的な妥当性を評価するプロセスであり，その設計思想と体制は研究倫理（re）の発展とともに形成されてきた．研究倫理（re）では，先述のとおり，研究対象者の保護を主な目的として，人を対象とする研究における研究対象者の尊厳や権利を守ることが重視される．しかし，このような倫理的基盤が確立され，研究倫理審査という制度が構築されたのは，第二次世界大戦以降である．

第二次世界大戦以前は，人を対象とする研究における研究対象者への倫理的配慮はおおむね欠如しており，研究対象者の同意を軽視した非人道的な研究が数多く行われていた．例えば，1900 年にウォルター・リードが主導した黄熱病実験では，研究対象者に研究参加のリスクについて十分な説明が行われないまま人体実験が実施された．また，1932 年から 1972 年に渡って行われたタスキーギ梅毒実験では，アフリカ系アメリカ人の研究対象者に梅毒の自然経過を観察する目的で人体実験が行われたが，当時，すでに治療法が確立されていたにもかかわらず意図的に治療を施さず，研究対象者を搾取するという構造的な不正が含まれていた．これらの事例は，当時の人を対象とする研究における倫理の不在を浮き彫りにしている．

こうした実態を踏まえ，戦後，研究倫理（re）を確立するための国際的な取り組みが進められた．1947 年にはニュルンベルク綱領が制定され，人を対象とする研究においてインフォームド・コンセントの概念が初めて明確に示された．この綱領は，研究参加の自発性や，研究対象者が十分な説明を受けた上で同意する権利を規定し，研究倫理（re）の基礎を築いた．さらに，1964 年に採択されたヘルシンキ宣言では，ニュルンベルク綱領で示された倫理基準が拡張され，すべての臨床研究に適用可能な倫理原則が確立された．この宣言では，治療を伴う研究とそうでない研究の区別がなされ，研究手順に対する独立した審査の必要性が明記されるなど，研究倫理審査の枠組みの原型が整えられた．

現代の研究倫理審査体制の構築において重要な役割を果たしたのは，1979 年に発表されたベルモント・レポートである．このレポートでは，人格の尊重，善行，正義という三つの倫理原則が提示され，これらが研究倫理審査の設計思想の核心となった．人格の尊重の原則は，研究対象者の自律性を認めるとともに，その自律性が損なわれている場合には保護を提供する必要があるとする．善行の原則は，研究対象者の安全を確保し，リスクを最小化しつつ研究の利益を追求することを求めるものである．正義の原則は，研究の利益と負担を公平に分配することを強調し，特に社会的弱者への不当な負担の排除を述べている．

このように，研究倫理（re）が人を対象とする研究の倫理規範として確立されるにつれ，研究実践においてこれらの規範を遵守することを保証する仕組みとしての研究倫理審査システムも発展してきた．現在では，倫理審査委員会は，各国の法規制や国際的なガイドラインによって設置が義務づけられており，倫理指針やガイドラインの徹底化とそれらに違反する可能性のある研究計画の棄却といった役割を担うべく，臨床研究の計画段階で評価するゲートとして設置される．

倫理審査委員会は，人を対象とする研究の計画・提案が倫理的に妥当であるかを多角的視点から評価するために，医学に限らず，倫理や法律の専門家，市民代表など多様なメンバーで構成されることを要件とする．このような審査体制のもと，研究対象者のリスクとベネフィットのバランス，インフォームド・コンセントのための適正な手続き，社会的弱者の保護などが検討される．このように，倫理審査委員会という制度は，人を対象とする研究において重要視される倫理的配慮を研究計画段階で審査することを通じて，研究実践における倫理規範，すなわち，研究倫理（re）の実現を担保する機能を担うのである．

4.2　テクノロジーアセスメントの歴史的発展と設計

テクノロジーアセスメントは，研究開発が社会や環境，経済に与える影響を予測・評価することで，研究開発をより良い方向へとコントロールする取り組みである．このような取り組みの必要性は，技術開発の進展とその負の影響が顕在化したいくつかの歴史的な事例に基づいている．

18 世紀から始まった産業革命では，技術的進歩と経済的利益が重視される一方，環境破壊や公衆衛生の悪化，労働搾取といった負の側面はほとんど顧みられなかった．その後，20 世紀初頭には，化学兵器の非人道性が第一次世界大戦を通じて認識され，1925 年には化学兵器の使用を禁止するジュネーヴ議定書が定められたが，技術開発自体を規制するには至らなかった．

このような文脈において，研究開発に関する倫理的ジレンマが生じた最も顕著な事例こそ，原子力爆弾の開発である．第二次世界大戦中，マンハッタン計画により原子力爆弾が開発され，結果として，広島と長崎への爆弾投下によりきわめて甚大な被害が生じた．この経験を通じて，大量破壊のための科学的知識の利用とそれに加担する科学者の社会的責任，科学的知識のデュアルユースの問題が国際社会で注目されるようになった．戦後，ラッセル・アインシュタイン宣言（1955年）やパグウォッシュ会議（1957年）で核兵器廃絶と平和利用が訴えられるなど，研究開発の倫理的転換が求められた．

さらに，1960年代以降，環境問題への関心が高まり，科学技術の影響評価が本格化した．レイチェル・カーソンの『沈黙の春』(1962年）は農薬の大量散布による環境汚染や健康被害を訴え，技術進歩がもたらす予期せぬ悪影響を浮き彫りにした．同じ頃，日本でも公害病や環境破壊が社会問題となり，国際的には1969年の米国国家環境政策法（NEPA）により環境影響評価が義務化された．

研究開発の社会的影響や倫理的検討を重要視する情勢のもと，テクノロジーアセスメントが制度として確立されたのは1970年代である．1972年，米国では議会技術評価局（OTA）が設置され，科学技術が社会や環境，経済に与える影響を分析し，議会や政策立案者に情報を提供した．OTAは科学技術の影響予測やモニタリング，規制提言を行うことで，科学技術の持続可能な利用を目指した．

その後，テクノロジーアセスメントの取り組みは欧州各国にも広がり，1990年には欧州議会テクノロジーアセスメント（EPTA）が設立され，国際的な連携が強化された（遠藤 2017)．なかでもEPTAのメンバーであるデンマーク技術委員会（DBT）は，新規科学技術の倫理的および社会的影響についての市民参加型のテクノロジーアセスメントの手法を構築し，その取り組みを国際的に先導してきた（三上 2012)．

テクノロジーアセスメントには影響の予測，影響のモニタリング，科学技術のコントロールという大きく三つの役割が求められている（Kranakis 1988; 吉澤 2009)．科学技術には効率性の向上や生活の質の改善，経済成長などのベネフィットが想定される一方で，同時に環境や公衆衛生への悪影響，社会的不平等の助長，プライバシーの侵害などさまざまなリスクも想定される．そこで，技術開発の段階から，潜在的なベネフィットやリスクなど社会へのさまざまな影響を想定し，それが享受するに見合うかどうかを事前に評価することが求められる．また，影響予測が妥当であったかどうかについて実際の状況に照らして事後的ないしリアルタイムに確認するモニタリングも求められる．モニタリングを通じて科学技術の影響評価の妥当性とその予測についてのフィードバックや知見が得られるため，他の科学技術の影響評価に際しての手がかりにもなる．さらに，以上のような影響予測とモニタリングに基づき，さらなる研究の提案や規制措置の提案，科学技術の採用に際した安全対策の推奨や政策提言への貢献など，科学技術の研究開発をコントロールする役割も期待されている．

5　倫理的実践間のギャップとその克服

研究倫理審査とテクノロジーアセスメントは，いずれも研究開発に関わる倫理的実践であるが，それぞれ異なる文脈で発展・整備されてきた取り組みであり，共通点もあれば違いもある．最後に，これらの倫理的実践を比較し，両者の共通点と相違点を確認した上で，それらのギャップを克服する可能性について検討する．

5.1　研究倫理審査とテクノロジーアセスメントの共通点と相違点

共通の倫理原則：被害の最小化とベネフィットの最大化

研究倫理審査とテクノロジーアセスメントは，いずれも被害を最小化し，ベネフィットを最大化するという基本的価値観を共有している．研究倫理審査では，研究対象者が研究参加に伴うリスクについて十分な説明を受けていることや不必要な被害にさらされないなどが重要視され，研究対象者の尊厳や被害の最小化，プライバシーの保護の観点から科学研究の適切性が評価される．一方の，テクノロジーアセスメントでも，技術開発が社会や環境，経済に及ぼすリスクやインパクトを事前に評価することで，潜在的リスクがベネフィットに見合わない場合の社会実装を防ぐことが目指される．

共通の評価視点：多様な視点からの多角的評価への志向

もう一つの共通点は，多様な視点を取り入れる仕組みが制度的に担保されている点である．研究倫理審査では，研究対象者と研究者間の不均衡を是正するため，医学や法律，生命倫理の専門家に加え，一般市民の意見も取り入れる仕組みが整えられている．テクノロジーアセスメントでも，技術開発の影響を多角的に評価するため，工学や社会学，環境科学や経済学，倫理学など，幅広い専門家の関与を重要視している．また，市民参加型テクノロジーアセスメントのように，意思決定プロセスに一般市民を含めることで，科学技術のガバナンスをより包摂的なものにしようとする動きもある．このように，研究倫理審査とテクノロジーアセスメントはいずれも多角的な評価を志向するものである．

異なる関心の向きと影響の範囲：個人か社会か

研究倫理審査とテクノロジーアセスメントの間での最も顕著な相違点は，関心の向きと影響の範囲である．研究倫理審査は個人の保護，特に研究対象者の権利や福祉が焦点となり，主に短期的で直接的な個人への影響が重視される．他方，テクノロジーアセスメントは，科学技術が社会全体や環境に与える広範な影響を評価対象とするため，長期的かつ体系的な社会的影響が重視される．テクノロジーアセスメントでは，個々人への影響が無視されるわけではないものの，主として社会や環境，経済といったより大規模な対象への影響が考慮される．

異なる評価タイミング：研究開始前かライフサイクルか

もう一つの重要な違いは，倫理的評価がなされるタイミングである．研究倫理審査は通常，研究の開始前に一度実施され，計画が承認された後は，計画変更がない限り再評価は行われない．一方，テクノロジーアセスメントは，科学技術のライフサイクル全体を通じて評価を行うことが前提となっている．テクノロジーアセスメントは，原理的には，開発初期段階から社会実装後のどの段階においても影響評価を実施することができ，その途上で見出されたリスクへの対応が可能となる（ただし，実際にテクノロジーアセスメントが定期的に実施されているか，リスクへの対応ができているかは別問題である）．

5.2　研究倫理審査とテクノロジーアセスメントのギャップとその克服

研究倫理審査とテクノロジーアセスメントの間での関心の向きと影響の範囲の違いは，二つの倫理的実践の間にギャップを生み出す．研究倫理審査では，個人に対する短期的かつ直接的なリスクを扱うのに対し，テクノロジーアセスメントでは，人間社会や生態系などより大規模な対象への潜在的影響や長期的なリスクを扱おうとする．そのため，ある研究が，研究対象者に対するリスクをもたず研究倫理上は問題視されないとしても，その研究を通じて開発された技術が社会や環境，将来世代に重大な課題を引き起こす場合に，研究開発全体としては問題となるのである．

また，研究倫理審査とテクノロジーアセスメントの評価スコープないし守備範囲の違いも両者の間にギャップを生み出す．研究倫理審査の評価は研究実践やそのプロセスの倫理的妥当性に向けられているが，テクノロジーアセスメントの評価は技術開発により生み出された製品や技術，そしてそれらによる影響がもたらすリスクの受け入れ可能性に向けられる．テクノロジーアセスメントでは，環境悪影響や社会的不平等の増大，デュアルユースや技術の悪用による被害など，科学技術がもたらしうるグローバルな社会的影響が評価・検討されることになるが，評価の焦点が研究プロセスに絞られた研究倫理審査では，基本的にこういった影響を評価・検討することができない．

しかし，これら研究倫理審査とテクノロジーアセスメントの間に見出されたギャップは決して乗り越えられないものではない．ここで指摘されたギャップはあくまで既存の倫理的実践の射程範囲から生じる隙間にすぎない．この隙間を埋めて，研究開発の倫理を体系的に実現するためには，研究倫理審査とテクノロジーアセスメントにそれぞれ欠けている部分を埋め，相補的となる統合的な倫理的枠組みを構想することが肝要である．ただし，そのような統合的な倫理評価システムの実現には，科学技術の倫理的評価とモニタリングを継続的に，かつ低コストで実施できる体制の構想と整備が必要不可欠である．また，時代とともに変化する科学技術の価値に適応できる柔軟かつ拡張性のある倫理評価フレームワークを新たに創出することも求められる．「責任ある研究とイノベーションの創出」の実現は，このような研究開発の倫理の体制構築という課題を乗り越えた先にのみ見出される．

［鹿野祐介］

*　　　*

【読書ガイド】

新田孝彦・蔵田伸雄・石原孝二編『科学技術倫理を学ぶ人のために』世界思想社，2005年

技術（の）倫理や技術者倫理だけでなく，技術評価や研究開発への市民参加など幅広く「科学技術と社会」に関わる議論を隅々まで紹介する入門書である．

加藤尚武編集代表『応用倫理学事典』丸善出版，2008 年

科学の倫理や技術の倫理だけでなく，生命倫理や環境倫理，情報倫理や教育倫理，企業倫理など人間社会におけるさまざまな場面における重要キーワードや倫理的話題を通覧できる．

科学・技術・倫理百科事典翻訳編集委員会監訳『科学・技術・倫理百科事典』丸善出版，2012 年

科学技術の倫理に関連する事項を最も網羅的に収録した事典／翻訳書である．

第5章

ELSI/RRI をめぐる産学連携

大阪大学社会技術共創研究センターと株式会社メルカリ mercari R4D の事例から

本章では，ELSI/RRI をテーマとした産学連携について，具体的な共同研究の事例を概観し，産学連携による知識生産を円滑に推進するための三つの観点について検討する．さらに，企業，大学それぞれにとって，産学連携による ELSI/RRI を主題とした知識生産がどのような意義をもたらすものであったのか検証する．

1　ELSI/RRI を取り巻く産学連携

現代社会における知識生産において，企業が行う研究開発や社会実装が果たす役割は大きい．そのため企業には，自らの製品・サービスが社会にもたらす正負の影響を予測しつつ，社会実装前の早い段階から多様なステークホルダーとともに活動を推進することが期待されている．企業が自ら推進する研究開発ガバナンスについて検討すること，望ましい科学技術のあり方，社会実装の方法について検討することは，責任ある研究・イノベーション（Responsible Research and Innovation: RRI）を推進することとも軌を一つにすることであり，企業には他のセクターとの共創プロセスに主体的に取り組むことが求められている（CRDS 2019）．

企業の連携先として考えられる主な組織として，大学等のアカデミアがある．2021 年の科学技術基本法改正により，従来記載されていた「人文系を除く」という規定が削除され，人文社会科学が科学技術イノベーション政策の中に明確に位置づけられることになった．その背景には，人間や社会の多様な側面を総合的に理解するために人文科学の知見が不可欠であること，社会課題の認知，解くべき課題の設定・提示，価値観の創造，そして倫理的・

法的・社会的課題（ELSI）への対応に人文科学が重要な役割を担うことが期待されていることがある(中村 2021)[1]．こうした流れと連動するように，2020年頃よりELSI/RRIに関する研究・人材育成拠点が相次いで設立された．これらの機関においては，人文社会科学系の研究者が参画したELSI/RRIをテーマとする産学連携の取り組みが開始されている[2]．

しかし，そもそも日本における産学連携は理工系・生物系分野の研究者と企業との連携がその大半を占めており，人文社会科学系分野の産学連携事例はわずかな数にとどまってきた（南 2023)[3]．そのため，共同研究推進のプロセス自体も含めた，人文社会科学分野における産学連携のグッドプラクティスの創出および知見の公知化が求められている．

そこで本章では，ELSI/RRIをテーマとした産学連携による知識生産について検討する．具体的な事例として，大阪大学社会技術共創研究センター（阪大ELSIセンター）と株式会社メルカリの研究開発組織mercari R4D（R4D）との約5年間にわたる共同研究の事例を取り上げる．両者の共同研究によるELSI/RRIに関する知識生産は，研究開発倫理審査などELSI研究実践の王道ともいえる領域から，AI・量子技術など先端科学技術に関する領域，そしてInclusion & Diversity（I&D）やCtoC[4]マーケットプレイスの倫理など企業活動に即した領域に至るまで幅広く展開されている点に大きな特徴があり，その多彩さは他に類をみない．

なお，筆者は2023年8月よりクロスアポイントメント制度により，阪大ELSIセンター・R4Dの両組織に同時に所属しながら共同研究に関わってきた．本章では，大学と企業という二つの組織をつなぎながら研究を推進してきた立場から，共同研究において生じた研究テーマの拡大，学術知・人の交流の加速を振り返り，産学連携による知識生産を円滑に推進するために何が重要となるのか，三つの観点を提示する．さらに，企業，大学それぞれに

1　科学技術イノベーション政策における人文社会科学系分野の取り扱いの変遷については，第1章を参照されたい．

2　例として明治大学先端科学ELSI研究所における自動運転技術を中心とした先端科学技術のELSIに関する研究活動，新潟大学研究統括機構ELSIセンターと日本総合研究所未来デザイン・ラボによる組織インテリジェンス機能強化に関する共同研究が挙げられる．また，大阪大学社会技術共創研究センターでは，受託研究を含めると約10件の企業との共同プロジェクトが行われてきた．

3　南（2023）によれば，2002年近畿経済産業局が行った調査において，2001年当時の国立大学における産官学連携の実施件数のうち理工系分野は55.3%，人文社会系分野は0.6%であり，理工系分野が主体となっていることが報告されている．

4　Consumer to Consumerの略称で，個人間取引を指す．一般消費者同士がサービスやものを販売すること．

とって産学連携による ELSI/RRI を主題とした知識生産がどのような意義をもたらすものであったのか検討する．

2　阪大 ELSI センターと mercari R4D による共同研究の概要

株式会社メルカリの研究開発組織である R4D は，2017 年に設立された．「まだ見ぬ価値を切り開く」をミッションに掲げ，社会実装までを広くスコープにおさめる R4D では，これまでに量子インターネット，モビリティ，ブロックチェーン，コミュニケーションなど，幅広い分野における研究開発が推進されてきた[5]．

一方で，IT・テック業界において企業活動を推進するメルカリは，新たな技術の開発とその社会実装に際して生じる ELSI に対して，どのように向き合い対応するかという問題に直面してきた．このような背景のもとで R4D は，自社の行う研究開発と社会実装を中長期的な視野で捉え，早期から ELSI/RRI を意識した活動を展開することにより，自社の研究開発の成果やサービスを滑らかに社会実装へと結びつけることを主な動機として，阪大 ELSI センターとの共同研究を開始した．

共同研究は 2020 年 9 月に開始され，研究テーマ，参画者を共に拡大しな

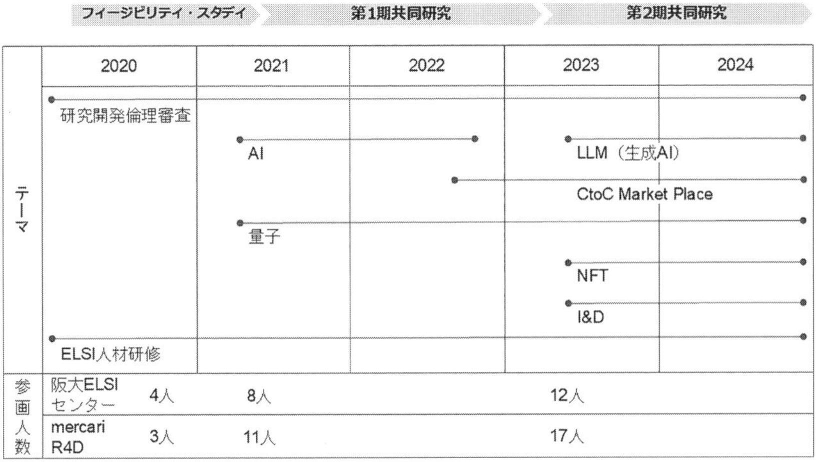

図 5-1：共同研究の全体像

5　mercari R4D web サイト　https://r4d.mercari.com/about/

がら約5年間に渡り継続されている（図5-1）.

本節では，ELSI/RRIをテーマとした大学と企業の共同研究において具体的にどのようなプロセスで何が行われてきたのか，主だったテーマを取り上げながら整理する[6].

2.1　研究開発倫理ガバナンスの強化

阪大ELSIセンターとR4Dの共同研究は，2020年9月に開始された．はじめに着手されたのはR4Dが行う倫理審査の課題抽出と改善を通じ，より良い倫理審査のあり方について検討するプロジェクトである．このプロジェクトでは，ELSI/RRIに関する研究動向とR4Dにおける倫理審査の実践的な課題という両面を踏まえながら，研究について科学的・倫理的妥当性から審査するだけではなく，研究開発の初期段階から社会実装までを射程に中長期的な展望をもって審査する場へと研究倫理審査をアップデートすることが目指された.

共同研究の開始以前から，R4Dでは研究開発ガバナンスの強化のため，R4Dで実施されるすべての研究開発を対象とした研究倫理審査委員会を設置し，独自に作成した研究倫理指針に基づきながら倫理審査を行ってきた．しかし当初の研究倫理指針は，医学・薬学系，バイオ系の研究を対象とした先行する複数の倫理指針を参照して作成されており，R4Dで実際に行われている研究にフィットしない記述も見受けられた．このような課題への認識と，早期からのELSIの抽出，滑らかな社会実装に向けたリスク対応への意志もあいまって倫理指針の改定に向けた検討が進められた．2021年6月に，研究成果による潜在的なインパクトの認識と考慮，多様なステークホルダーの包摂と熟議など，RRIの観点が新たに盛り込まれた研究開発倫理指針が公開された（藤本ほか 2021）[7].

並行して，新たに倫理指針に盛り込まれたRRIの観点をR4Dでの実務へと実装するためのステップとして，メルカリの倫理審査委員会の運営・実施状況に関する課題の抽出がELSIセンター研究者による倫理審査委員会への

6　本章では紙幅の都合上，共同研究で推進されたごく一部のテーマについてのみ取り上げている．個別の研究テーマにおける成果については，阪大ELSIセンターが発行している『ELSI NOTE』を参照されたい.
大阪大学社会技術共創研究センター　https://elsi.osaka-u.ac.jp/research/research_category/elsi_note（アクセス日2025年3月9日）

7　「メルカリ，大阪大学ELSIセンターとの共同研究に基づき策定した独自の研究開発倫理指針を公開」　https://r4d.mercari.com/news/elsi-guideline/（アクセス日2025年3月9日）

陪席，R4D 担当者の倫理審査委員会の議事録分析により推進された．その結果，倫理指針の内容の理解促進と委員会の場での議論への反映，申請者と委員間での研究内容に関する対話のあり方の改善，倫理審査の内容に応じた効果的・効率的な運営という三つの課題が特定された．

これらの課題を解消し，研究開発倫理ガバナンスをさらに強化することを目指し，共同研究参画者は倫理審査委員会で用いられる倫理審査申請書（申請書）の改訂を開始した．

申請書とは，倫理審査にあたって研究者が作成するフォーマットである．新たな申請書には，研究計画概要に加え，倫理指針に基づいた五つの問い[8]と自由記述欄で構成される，記述項目欄が設けられた．記述項目欄は，倫理指針に示される観点について，申請者の研究開発に紐づけた上で具体的に検討するための装置の役割を果たしている．また，これまでの倫理審査において最も多く質疑が交わされた三つのトピック[9]については簡易チェックリストの形で申請書内に示し，申請者は自分の案件に即して倫理審査で議論のポイントとなる観点を事前にチェックすることが可能になった．

さらに，倫理審査委員，研究者，倫理審査事務局が倫理指針に関する理解を深めながら，事前に倫理審査における主な観点について確認できるよう，不正行為の防止，利益相反の適正なマネジメントなど，倫理指針の内容を全18項目に整理したチェックリストが申請書に加えて新たに作成された[10]．

2.2　個別研究開発領域における ELSI の探索

2021年4月からは，従来の研究テーマに加え新たな試みとして二つの個別研究開発領域における ELSI の探索が開始された[11]．さらに2021年以降には，あらかじめ設定された個別研究テーマのほかに「課題探索」と題した枠組みが用意され，発散的なディスカッションと社内関係者のマッチングを通じて ELSI/RRI 研究としての問いを形成し，新たな研究テーマを創造する試

8　五つの問いとは以下のような内容である．①多様なステークホルダーの包摂と熟議，②研究開発・研究成果による潜在的なインパクトの認識と考慮，③研究成果発信とコミュニケーション，④多様なステークホルダーの包摂と熟議（ユーザーテスト），⑤研究対象の保護（安全・健康・福祉への配慮）

9　三つのトピックとは以下のような内容である．①共同研究や業務委託を行う，または公的研究費を受託する場合，②ユーザーテストや実証実験を実施する場合，③個人に関する情報を取り扱う場合

10　井上ほか（2024）では，倫理審査申請書とチェックリストの全文を付録として公開している．

11　この時期に開始された量子情報技術の ELSI をテーマとしたプロジェクトについては，本書第16章を参照．

みが継続されてきた．

AI利活用のELSIは個別領域のELSIに関する研究プロジェクトである．2021年から2022年にかけて，メルカリでAIの技術開発に携わる社員（AIチーム）とともに，メルカリにおけるAI利活用とガバナンス構築を目指したテクノロジーアセスメントが実施された．参画者たちは不定期に開催された約40回のミーティングを通じて，AI倫理に関する情報交換，社内でのAI利活用に関する議論の内容や課題の共有を行いながら，メルカリ独自のAI倫理指針とチェックリストの策定を目指した検討を推進した．

完成した倫理指針については現段階で公開されていないため，詳細な内容についてここでは紹介しない．しかし，ミーティングの議事録分析を通じ参加者が感じるAIの利用に関する価値観や課題について整理したKatirai & Nagato（2024）からは，ミーティングでの議論の一端を知ることができる．Katiraiらは AIの利用に際してAIチームが直面する四つのトレードオフについて特定した（図5-2）[12]．

2023年からの共同研究では，生成AIが急速に普及する社会の状況に鑑み，メルカリ独自の生成AIのガイドライン策定に向けた共同研究が推進された．ELSIセンターからは，生成AIに関する研究ノート（カテライほか 2023）の内容紹介，生成AIに関する各国の対応と先行して指摘されているELSIに関する調査結果の共有が行われた．R4Dからは社内での生成AI利用にあたっての問題意識が共有された．さらに，R4Dの担当者はメルカリ社内におけるユースケースの洗い出しと分類を実施し，各状況におけるリス

	技術重視のアプローチ	人間重視のアプローチ
1	AIシステムの利点を最大限に活かしたデータ手動のアルゴリズムの活用	AIシステムによる差別の誘導・再生産の防止
2	AIによる意思決定・自動化の推進	人間中心のシステムの維持
3	企業の機密情報や利用者の個人情報の保護	AIシステムの開発・利用における透明性と説明責任の確保
4	AIを活用したレコメンデーションの提供による有意義な取引の促進	ユーザーの自由な選択とセレンディピティの確保

図5-2：議事録から導き出されたAIの利用に関する四つのトレードオフ（出典：Katirai & Nagato 2024. 筆者により和訳・編集）

12　この論文の概要については，R4Dの以下のWebサイトにおいて日本語で紹介されている．https://r4d.mercari.com/news/240502_ai_ethics/（アクセス日2025年3月9日）

クについて抽出を試みた．

2023年5月には生成AIの活用をテーマとしたインパクトアセスメント・ワークショップを両者参加のもと実施し，改めて生成AI利用時に生じうるリスクと対応策について検討した．上記のようなプロセスに加え，メルカリ社内においてガイドラインの射程に関する議論が重ねられ，2023年12月に「LLMを用いたプロダクト開発をスピーディーに行うためのガイドライン」[13]が公開された．ガイドラインは開発担当者を主な利用者として想定し，ユー

リスクのレベル	内容	インシデントが発生する可能性があるケース	リスクがコントロール可能なケース
高	個人情報の流出 例えば、ユーザAへの回答を生成するにあたり、ユーザA,B,Cのサービス利用履歴等の個人情報が補助情報としてpromptに入力されるよう設計した場合、ユーザAに、ユーザB,Cの利用履歴の情報が出力されるおそれがある。	LLMに個人情報を与える場合	• LLMに個人情報を与えない • Promptに当該お客様の情報のみが入力されるようにし、お客さま本人にお客さま自身の情報を出力する場合 　○ リスクを許容することが個別に判断されている
高	禁止行為の出力 • 法律等の制限によって禁止されている行為（特定の金融商品への勧誘、法律相談、医療相談等）の出力	Chat形式でお客さまと自由に会話させる場合 ※入出力のバリデーション、LLM自体の機能でほぼ0近くに低減可能	• LLMの出力を社内メンバーしか見ない • お客さまからの入力に自由度がないUI（Chat形式以外のUI） • Chat形式でお客さまに出力する場合 　○ 禁止行為となる情報の出力がされるようなプロンプトの入力及び禁止行為となる情報の出力を防止する措置・お客さまへの注意喚起が適切にされている
中～高	重大な機密情報の漏洩 prompt injection等の攻撃により、本来秘密として管理しておくべき重要な機密情報（Strictly Confidential相当）が漏洩する	Chat形式でお客さまと自由に会話させ、かつ機密情報（Strictly Confidential相当）をLLMに与える場合	• LLMに重大な機密情報を与えない • 具体的な社名、商品名、人名、金額等が特定できないように情報を加工して入力する • お客さまからの入力に自由度がないUI（Chat形式以外のUI） •
中	他人の著作権等の権利を侵害 LLMからの生成物が、既存の著作物と同一・類似している場合は、当該生成物を利用（複製や配信等）する行為が著作権侵害に該当する可能性がある。	LLMに画像や写真等を生成させる場合	• LLMに画像等を出力させない • LLMに学習されているコンテンツがパブリックドメイン又は適切に権利処理が行われているもののみである【補足：権利侵害に関するトラブルを可及的に回避する観点からは、学習データが権利処理されているAIサービスのみを利用可能とするという運用も考えられます。ChatGPTはこれに該当しないものの、例えば、Adobe社が提供するFireflyがこれに該当します（下記①、②及び③9.参照）。 1　よくある質問（webアプリ版） 2　よくある質問（エンタープライズ版） 3　Firefly Legal FAQs – Enterprise Customers】 • 権利侵害を構成するプロンプトの入力及び権利侵害を構成するコンテンツが生成されることを防止する措置が適切に行われている
低～中	有害な情報の出力 • 性的な表現 • 犯罪を助長する表現 ※利用するLLMの学習データにこれらの情報が含まれていた場合、LLMが会話の流れによってはこのような情報を出力してしまう	Chat形式でお客さまと自由に会話させる場合 ※入出力のバリデーション、LLM自体の機能でほぼ0近くに低減可能	• LLMの出力を社内メンバーしか見ない • お客さまからの入力に自由度がないUI（Chat形式以外のUI） • Chat形式でお客さまに出力する場合 　○ 有害情報を生成するようなプロンプトの入力及び有害情報を含むコンテンツが生成されることを防止する措置・お客さまへの注意喚起が適切にされている
低	誤情報の出力 大規模言語モデル（LLM）の原理は、「ある単語の次に用いられる可能性が確率的に最も高い単語」を出力することで、もっともらしい文章を作成していくものであるため、出力された文章が事実に反する場合又は正しくない場合でもそれが分かりづらい性質がある。LLM性質に依存するリスク。	Chat形式でお客さまと自由に会話させる場合 ※発生確率は完全に0にはならないがリスクは小さい	• お客さまからの入力に自由度がないUI（Chat形式以外のUI） • Chat形式でお客さまに出力する場合 　○ 誤情報を生成するようなプロンプトの入力及び誤情報を含むコンテンツが生成されることを防止する措置・お客さまへの注意喚起が適切にされている

図5-3："ユースケースに基づくリスクの分類（出典：mercari R4D「LLMを用いたプロダクト開発をスピーディーに行うためのガイドライン」）

スケースに応じて生じる可能性のあるリスクと対策方法について，阪大ELSIセンターとの議論や社内での検討を反映した形で，レベル別に整理し提示している（図5-3）.

なお，ガイドラインは一度作って完了とするのではなく，共同研究の一環としてLLMの利用に関する調査や社内での活用に応じて生じる課題の抽出を継続し，必要なタイミングでアップデートすることが予定されている[14].

2.3　企業活動全体を対象としたELSIの探索

2023年4月からは，研究開発に限らない，メルカリグループ全体を対象としたELSI/RRIに関する研究テーマの探索，協働のためのカウンターパート探索が進められた.

2023年より開始されたメルカリ社内におけるジェンダー格差是正の取り組みに関するケーススタディは，I&D検討プロジェクトの一環として位置づけられる．メルカリが2023年8月に実施した男女間賃金格差是正に関する取り組みは，日本における先駆的事例として注目される一方，人事データ分析の具体的な手法や前提条件についてSNS等で疑問が呈されていた.

こうした状況を背景に，2023年8月，阪大ELSIセンターとR4D担当者が隔週で議論する定例ミーティングの場にメルカリ社内のI&D担当者がゲストとして参加し，メルカリのI&Dに関する取り組みの紹介，ELSIセンターの研究者による海外でのアファーマティブ・アクションに関する先行事例の知見提供など意見交換の場が設けられた．その後もELSIセンターの研究者1名とメルカリのI&D担当者はメルカリにおけるI&D施策の方向性や社外に向けた人事データ分析手法の公開方法について検討し，その結果として2023年11月，メルカリが行った男女間賃金格差是正のための取り組みをケーススタディとして扱い，関連情報を整理・開示することを目的としたワークショップ「pay equity camp」が企画された.

ワークショップでは，はじめにメルカリの担当者から改めて会社概要，I&Dに関する社内の目標，実際に行われたデータ分析の手法が報告された．その後，ELSIセンターの担当者，大阪大学外部の有識者との質疑応答によ

---

13 「mercari R4DのELSI研究成果，「LLMを用いたプロダクト開発をスピーディーに行うためのガイドライン」を一般公開」 https://r4d.mercari.com/news/LLM-guideline/（アクセス日2025年3月9日）

14 mercan「全社員が安心してAI活用するために．メルカリグループが目指す，AIガバナンスのあり方とは」 https://careers.mercari.com/mercan/articles/45251/（アクセス日2025年3月9日）

り，給与のグレードや社員の入退社，報酬調整についてなど，メルカリの取り組みを分析するための諸要素がより詳細に共有された．

これらの情報共有と質疑応答を通じて，ワークショップ参加者はメルカリにおける取り組みが成功した要因について，①メルカリ社が公平性に配慮して設計した評価制度・報酬制度をすでに運用していたこと，②運用時に生じる人事データを取得・保存していたこと，③経営層のコミットメントが大きいことの3点に整理した[15]．

3　産学連携プロジェクトを通じた知識生産の加速はいかにして可能になるか

阪大 ELSI センターと R4D の共同研究は，多様な専門性をもつ参画者による超域的な取り組みとして推進された．ここでいう超域とは，大学と企業という異なる組織間の共同研究であることに留まらない．ELSI センターから参画した研究者はリスク学，科学技術政策論，倫理学，人類学，社会学などそれぞれ異なる分野に専門性をもち，R4D 側の参画者もマネジメント，研究開発者など，それぞれの専門性や役割は異なっていた．

このように多様な背景をもつメンバーが参画する産学連携の場においては，お互いの文化や慣習への不理解から生じる衝突が懸念される．例えばアカデミアに起因する問題として，専門家に閉じられた領域で研究成果や評価を追求する姿勢をとり，共創相手への協働の姿勢の欠如や連携意識の希薄さが生じる可能性が挙げられる．また，産業側に起因する問題としては成果主義と利益至上主義に基づく「トップダウン型」研究開発マネジメントによる，自由な発想での研究開発やイノベーションの創出の阻害などが指摘されている（小野田 2024）．

これらの衝突を避けながら，専門性の異なる他者間で有意義な知識生産を継続するためには，お互いの文化や価値観を尊重し合いながら，より良い協働のあり方を探索することが必須である．

本節では，第2節で概観した共同研究において，参画者増加，テーマ拡大を促進し，知識生産を加速することを可能にしたキーはどのような部分だったのかについて，実践してきた活動から検証することを試みる．

15　このワークショップにおける議論の詳細は，工藤ほか（2023）を参照．

3.1　円滑・率直な議論を行う場の構築

共同研究を推進するにあたって，恒常的な情報共有の場として定例ミーティングが設定された．このミーティングは阪大ELSIセンターの研究参画者，R4Dのプロジェクト担当者が出席し，隔週・2時間のペースで2020年9月の共同研究開始当初から継続して開催されている．

定例ミーティングでは，個別プロジェクトの進捗確認，研究成果報告，学会発表・論文投稿・アウトリーチを含めた成果発信の場に関する検討など，研究推進の基盤となるあらゆる情報共有と検討が行われた．さらに，ELSIセンター研究者の専門領域に関するレクチャーや，ELSI/RRI研究に関するトピック，メルカリグループ内でのニュースや新たなプロジェクトの動きについても定期的な共有がなされた．

大学と企業という異なるセクターが協働するにあたり，お互いが有する組織の意思決定プロセスや組織文化の違いは知識生産を阻害する要因になりうる．そのため，お互いの状況を把握し，双方の文化的ギャップを前提として理解し合うための時間を作ることが円滑な共同研究推進のために重要になる（Rybnicek et al. 2019）．

R4D・阪大ELSIセンター双方のマネジメント担当者は，時には事前事後の打合せを行いながら，ミーティングでの議論や決定事項が実際に両組織の意思決定プロセスを通過するために必要な時間，工数，課題等について綿密に共有してきた．また，お互いの関心や知識の共有が発散的な議論につながるよう，議題や問いの設定に注意を払ってきた．このように，大学企業双方のマネジメント担当者がプロジェクトに在籍し，文化的ギャップによる障壁を取り払う努力を重ねたことが，円滑な共同研究推進に大きく貢献した．

また，企業との協働において，研究者にはELSI/RRIに関する言説が企業にとって馴染みがあるものではないことに留意しながら，専門用語を可能な限り廃し，両者の間での共通言語を用いることが求められる（van de Poel et al. 2020）．

共同研究に参加した阪大ELSIセンターのメンバーは，先述したように多様な専門分野をもち，学際的なグループを形成していた．このことは，研究者同士であっても前提としている知識や普段の研究で用いる専門用語が異なることを意味する．すなわち，定例ミーティングを中心とした議論の場においても，可能な限り専門用語を用いずに説明すること，初歩的な質問をお互いに受け入れることが必要となった．参画した研究者たちには，このような前提を許容するとともに，個別領域における課題設定型のELSI/RRI研究から課題の背景や前提条件を問い直す発散的な議論まで，多様なタイプの協働に積極的に参画する態度が求められた．

こうした超域的なグループにおいて，上記のような参加姿勢を前提とした議論を重ねる中で，R4Dの担当者にはELSI共同研究について「あらかじめメルカリ側で課題を特定し，その解決のために検討するという方法だけではなく,『そもそもどのような課題を設定すべきか？』という課題探索のフェーズからともに検討でき，テーマ設定のプロセスそのものが研究対象となる」という認識が醸成された．

こうした認識を踏まえ，R4Dの担当者はELSI/RRIに関連する問題意識や関心を抱いている他部門の担当者へのヒアリングをテキストベースのコミュニケーションおよびミーティングを通じて実施し，漠然とした悩みの段階から気軽に大学の研究者とディスカッションできる場として定例ミーティングを紹介した．その結果，R4Dに限らず社内メンバーが臨時参加し，阪大ELSIセンターの研究者と持ち込まれたテーマについて議論する場として定例ミーティングが活用されるようになった．第2節で紹介したLLMガイドライン作成に関する協働や，Pay Equity Campの開催は，こうした活動の延長線上で始まった新しいテーマである．

以上のように，情報共有と議論を長期にわたって継続する中で，参加者は定例ミーティングを通じてお互いの関心の在処やその時々の状況について適切な言葉で共有し，心理的安全性を保ちながら新たな研究テーマを作り出す議論の方法を習得してきた．

こうした場を構築するためには，大学・企業それぞれの文化の違いを理解するための調整を細やかに実施すること，専門用語を用いず，初歩的な質問を排除しないよう参加者全員が心がけること，課題設定型の議論だけでなく課題探索・発散型のディスカッションを長期的に許容することが重要なキーとなった．

3.2　産・学をつなぐ人のはたらき

共同研究の規模が拡大するにつれ，大学・企業それぞれの目指す目標を常に共有し，時には目線を合わせるための調整を行いながら，各研究プロジェクトのマネジメントが緻密に行われることがより一層必要となる．

2020年度の共同研究開始当初から，R4Dの担当者は複数名でこうしたマネジメントの役割を担当していたが，大規模な共同研究において，大学と企業の間をシームレスにつなぐことの重要性への認識は研究が推進されるにつれ高まっていた．こうした背景を受け，メルカリ内のシーズ探索をより積極的に実施することにより共同研究を加速させることを目的として，2023年8月よりクロスアポイントメント[16]を活用することにより，筆者は新たにR4Dのメンバーとしてプロジェクトマネジメントを担当することとなった．

期間中，筆者は週に3日は阪大ELSIセンターで，週に2日はR4Dのリサーチャー兼ELSI共同研究のプロジェクトマネージャーとして勤務した．R4D参画後は，R4Dのメンバーと同様にメルカリにおける企業実務に従事した．

社員となって大きく変化したことの一つに，R4Dを中心とした社内メンバーとのコミュニケーションの圧倒的な増加が挙げられる．筆者はR4Dでの業務として，社内での情報共有のための大型ミーティング，R4D内部での定例ミーティング，R4Dに所属するリサーチャー間で行われる研究に関する進捗共有ミーティングなど，多くのミーティングに参加する機会を得た．

R4DのELSI共同研究担当者とは，毎週30分間の1対1ミーティングが実施され，共同研究の成果創出のあり方や新たなテーマ創出に向けたカウンターパートの探索について検討してきた．また，R4Dが推進する共同研究のマネジメント担当者同士のミーティングにおいては，情報共有のプロセスや活動のスピード感など，共同研究を進めるにあたって直面する大学と企業の文化の違いを尊重しながら，いかに円滑に活動を推進しうるか，プロジェクトマネジメントのあり方について定期的な意見交換が行われた．さらに，R4Dの研究者として参加するリサーチャーミーティングでは，R4Dに所属する他のリサーチャーがどのような研究を推進しているのか学びながら，自らもELSI/RRI共同研究の進捗や現在阪大ELSIセンターの研究者が関心を抱いているトピックについて報告し続けてきた．これらR4Dメンバーとの定期的な情報交換は，企業内におけるELSI/RRI研究実践の意義や，R4Dにおいて行われる他の研究領域との協働の可能性について検討するための貴重な機会となった．

産学連携において，共同研究の目的や推進プロセスに関する共通理解を生

16　クロスアポイントメントとは，研究者が大学，公的研究機関，企業の中で，二つ以上の機関に雇用されつつ，一定のエフォート管理の下で，それぞれの機関における役割に応じて研究・開発および教育に従事する制度である．詳細については，以下を参照．経産省「クロスアポイントメント制度について」 https://www.meti.go.jp/policy/innovation_corp/cross_appointment.html（アクセス日2025年3月9日）

み出すために，コミュニケーションの頻度や信頼を構築することの重要性が指摘されている（Rybnicek et al. 2019）．筆者がクロスアポイントにおいて推進してきた活動は，まず何よりも企業の一社員という立場においてR4Dのメンバーを中心とした社員とのコミュニケーションの頻度を増やし，信頼を構築するための活動だったと捉えられる．

さらに，社員という立場で週2回勤務する中での交流により，大学の探索したい課題について，カウンターパートの候補者となる社内部門やメンバーを具体的に想定しながらマッチングを検討することが可能になった．

異分野連携において，研究領域のキーワードが表面的に一致していることだけを基準にマッチングが行われた場合，両者の真の関心や優先順位が食い違い，研究開発の方向性や目的が合わず，協力関係がうまく機能しない危険がある．クロスアポイントにより大学・企業両方の視点から研究シーズや共同研究参画候補者の探索を推進したことは，こうした不幸な食い違いを未然に防ぐことにつながり，個別テーマの研究推進を円滑に進行するための重要なキーとなった．

クロスアポイントメント制度に関して，大学から企業への出向者が少ないことが指摘されている[17]．その一つの要因として，クロスアポイントメントのメリット，効果が不明瞭であることが考えられる（文部科学省 2019）．本制度によって大学・企業双方の文化や，意思決定にかかるプロセスの違いを具体的に理解し，見通すことができる人材を配置することにより，研究開発における目標設定，工程管理，優先順位の調整，アウトプットの方向性に至るまで，不幸なすれ違いや対立を未然に防ぐ効果が期待される．さらに，社員として企業の日常的な情報にアクセスできる立場を活かすことで，巻き込むべき人材，新たな研究テーマ，最適なタイミングを的確にキャッチアップすることが可能になる．シーズの発見や既存研究テーマの拡大，ひいてはイノベーション創出に向けた円滑な研究開発の推進力の創出が，こうした組織を越えた人材交流の大きなメリットとして挙げられるだろう．

3.3　企業内への成果発信を通じた企業文化と ELSI/RRI の共創

産学連携による知識生産を加速するためには，その成果について内外に適切な方法で発信することも肝要となる．また，大学との共同研究に従事する企業内の一部門だけでなく，組織全体に ELSI/RRI への理解を醸成し，その

17　内閣府（2017）によると，国立大学法人等におけるクロスアポイントメントの実施は2017年度で338人となっているが，そのうち相手方機関が民間企業等であるのは34人に留まっている．

理念に基づいた研究開発活動を企業として推進するためには，ELSI/RRI がどのように必要か，企業固有の文脈に沿って説明し，社員からの理解を得る必要がある．

阪大 ELSI センターと R4D の共同研究では，メルカリにおける企業活動全体を研究シーズが眠るフィールドと位置づけ，テーマを探索してきた．また，共同研究を企業内の単なる 1 プロジェクトとしてではなく，企業による研究開発の成果を滑らかに社会実装に導くためのプロジェクトと位置づけ，メルカリグループ全体に ELSI/RRI への意識を醸成することが目標として設定された．このような研究に対し社内からより一層の協力を得るためには，社内での共同研究の認知度向上が重要であるという認識のもと，R4D の担当者はさまざまな形で社内に向けて共同研究に関する情報や，共同研究に参画する阪大 ELSI センターの研究者の専門分野に関するレクチャー企画を積極的に発信した．

共同研究の中で推進されている個別プロジェクトの内容を紹介する機会として社内勉強会の枠組みを活用し，量子技術の未来に関するクロストークや, ELSI の基礎知識に関する講義を実施したことはその一例である．また，メルカリの全社員を対象とした社内イベントにおいては，ELSI 共同研究について紹介する展示ブースを設け，ELSI に関連した問題について考えられる選択形式のアンケート，インパクトアセスメント研修に用いたカードツールの紹介，開発中の量子技術をテーマとしたシリアスゲームの体験ブース等の企画を出展した．

これら社内に向けた情報発信を積極的に増やした結果，共同研究には社内別部門のメンバーから「現代社会において企業が時代に合わせたアップデートを行うことは必須であり，その際に ELSI をはじめとした人文社会科学系分野との共同研究を推進していることで，企業が社会に提供できる価値や存在意義を高めていくことができるのではないか」「法律だけでは捉えきれない価値判断について，専門的な研究の蓄積に裏付けられた対応が行えるようになるために，大学研究者との協働は有効な手段になるのではないか」など，さまざまな期待のコメントが寄せられた．

ELSI/RRI という言葉は多くの企業関係者にとっていまだ身近なものではなく，具体的にどのような概念を示しているか，それが自社の企業活動と具体的にどのように結びつき得るのか明確にイメージすることは困難な場合がある．阪大 ELSI センターと R4D の共同研究においては，論文や学会発表という学術的なアウトプットだけではなく，明確に社員を対象とし，社内研修やイベントなど社員にとって馴染みのある既存の枠組みを用いながら，研究の内容や協働の可能性について5年にわたり発信し続けたことが，社内から共同研究に対する理解を得るとともに，人文社会科学系研究者との協働において成し得る未来について期待を醸成することにつながったといえるだろう．

4　ELSI/RRIをテーマとした産学連携による知識生産の可能性と課題

4.1　企業から見たELSI/RRI共同研究の意義

5年間の共同研究を通じて，ELSI/RRIに関する共同研究を推進することの意義が企業からどのように捉えられてきたのだろうか．また，その捉え方に変化は生じたのだろうか．

企業がRRIを推進する目的と動機について，Jarmai（2020）はポジティブなインパクトのためのイノベーション（Innovation for positive impact），信頼と関係性の強化（Enhancing trust & relationships），リスクマネジメント（Risk management），ブランドバリューとレピュテーションのマネジメント（Brand value & reputation management）の4象限に分類している（図5-4）．

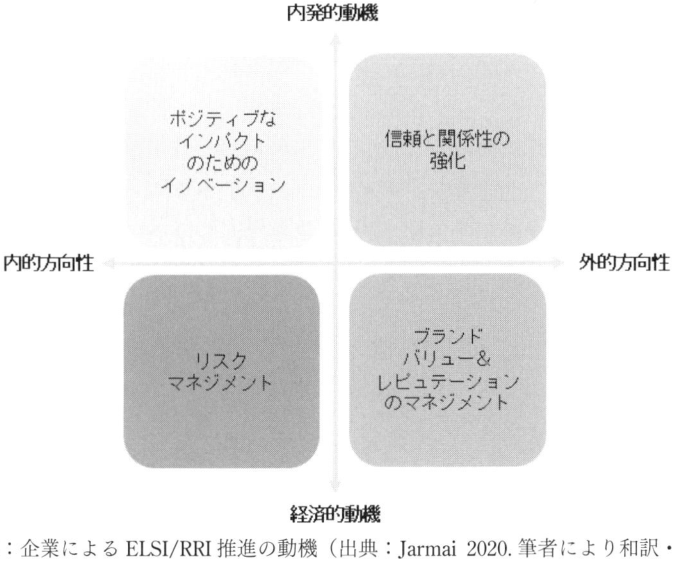

図5-4：企業によるELSI/RRI推進の動機（出典：Jarmai 2020. 筆者により和訳・編集）

内的方向性とは社内プロセスの見直し・改善など社内の変革を目的としたRRI推進を，外的方向性とはステークホルダーや市民からの期待への対応など企業外との関係構築に向けたRRI推進を示している．例えばRRIに取り組む動機が内的かつ内発的動機に由来する場合，企業のRRI推進が目指す達成目標はリスクを最小限に抑えつつ，社会にポジティブなインパクトをもたらすイノベーションプロセスを開拓することとなる．リスクが高い，社会的に係争中のイノベーション分野では，RRI推進の動機は企業とステークホルダーの間で信頼と関係性を強化することになる．もしくは，RRIの推進に経済的なメリットを期待する場合には，リスク，ブランドバリュー，レピュテーションを適切にマネジメントすることがRRI実践の具体的施策となる．

我々の共同研究においては，ELSI/RRI共同研究推進の目的はどのように捉えられていたのだろうか．

阪大ELSIセンターとの共同研究を開始するにあたってR4Dは，倫理性・社会性に配慮した研究開発活動モデルを構築することにより，滑らかな社会実装を実現することを共同研究の目的に位置づけた．言い換えれば，共同研究開始当初には，早期から社会実装の際に生じうるELSIを予見し対応することにより，社会実装の際に生じるハレーションを最小限に抑えるリスクマネジメントの観点が主眼に置かれていた．

しかし，倫理審査の検討プロセスを通じて，R4DのメンバーはELSI/RRIをテーマとした共同研究がもたらすベネフィットへの期待を拡大した．すなわち，倫理審査の場を従来から続くリスクの抽出に加えて，研究開発をRRIの観点から検討し，早期の段階から社会への正負の影響について検討する場へとアップデートすることは，自社の研究開発ガバナンスを強化する取り組みであるという確信を得た．また，AI，量子技術，I&Dなどに共同研究の射程を広げる過程で，超域的なメンバーシップの中で問いの形成から企業内でのプロダクト実装まで行うELSI/RRI共同研究は，単なる課題解決だけでなく新たなイノベーションを創出するための活動になりうるという意識が醸成された．

さらに共同研究では，得られた知見やノウハウ，共同研究のプロセス自体をも積極的に外部に公開・提示し，研究コミュニティ全体でELSI/RRIに関する議論のきっかけを作り，ネットワーキングを通じて分野の興隆に貢献することが目指された．これらプロセスまでを含めた研究成果の積極的な公開は，学術界・産業界・社会全体への貢献を企図したものであるとともに，発信を通じて企業の信頼を高め，企業のブランドバリューやレピュテーションを確立するための活動であると位置づけることができる．

このように，ELSI/RRIに関する研究実践によって企業が獲得しうるものへの期待は，多様な研究領域における協働を通じて大きく拡大されてきた．

4.2　研究者から見たELSI/RRI共同研究の意義

阪大ELSIセンターから共同研究に参画した研究者たちには，ELSI/RRIをテーマとした産学連携はどのように受け止められていたのだろうか．

ELSIセンターの研究者にとって，共同研究は学術知をどのように企業固有の文脈に落とし込み利用可能な形な実践知として提供できるか，その可能性について検証できる場だったといえるだろう．

第2節で概観したように，共同研究では研究開発倫理指針，倫理審査申請書のフォーマット，LLMガイドラインなど，メルカリ社内で実際に活用されるプロダクトが作成された．これらのプロダクト作成のプロセスは，メルカリ独自の企業文化や課題を受け入れながら，いかに学術知を現場で活用できる実践知の形に落とし込むかという挑戦だったといえる．さらに，共同研究の期間が長期にわたっていたために，実際の企業活動の中でプロダクトが運用された際の使用感についてフィードバックを得ること，より良いアップデートについて繰り返し検討することが可能となった．

企業担当者と議論を重ね，時にはそもそもの問いの設定にまで立ち返りながら学術知を実践知へと翻訳し，現場での運用を経てより良い状態を目指しプロダクトを繰り返し検討する営みは，大学――企業が知見提供者――資金提供者という役割に固定され，あらかじめ課題が設定されるような共同研究の進め方とは大きく異なっている．

学術知を実践の場で活用するために，企業個別の課題や状況に応じた形へと落とし込む方法について繰り返し議論できること，時に根源的な問いにまで立ち返り，研究の方向性や新たなテーマについてアジャイルに検討する余地が残されていること，論文から社内で活用されるプロダクト，動画配信等を通じたアウトリーチに至るまで，多様な形での知識生産が可能であったこと．阪大ELSIセンターの研究者が，時に「壮大な実験の場」とも評しながら，産学連携による知識生産の意義を共同研究に見出したポイントは総括すればこうしたところにあったといえるだろう．

4.3　ELSI/RRIをテーマとした産学連携の課題と未来

もちろん，ELSI/RRIをテーマとした産学連携に関して，未整理の課題や今後生じる可能性のある問題は数多く残されている．

ELSIfication という言葉で語られるように，ELSI/RRI に関する研究を推進していることを責任ある研究開発を推進していることを示すための隠れ蓑のように扱ったり，研究者が企業の活動に対して単純な是非の二分法によってお墨付きを与えたりするような関係は，企業，大学両者にとって望ましいとは言い難い．「アリバイ作りのための ELSI/RRI 研究推進」に陥らないために，拙速な「監修」を求めず，ELSI/RRI 研究と企業活動の望ましい距離感を模索することや，望ましい「共創」のプロセスを検討することが引き続き求められるだろう[18]．

また，円滑な産学連携推進を阻害する要因として，大学と企業が共同研究によって目指す成果や，その産出のスピード感について抱いているイメージのギャップにどのように対応すべきかという問題が挙げられる．組織間で優先すべき目標や課題が異なる場合には，お互いの異なる状況を傾聴し，歩み寄る時間とコミュニケーションが必須となる．これは ELSI/RRI に限らず産学連携の営み全体が抱える課題であるが，ELSI/RRI をテーマとした協働にはより多様な背景をもつステークホルダーが参画する可能性が高く，それに伴って必然的に調整にかかるコストも増大することが予測される．

あるいは，大学は研究成果として公表したいが，企業は競合他社への意識や守秘義務から公開をためらうようなケースが生じた場合，情報をどのように開示できるかという問題が生じることも考えられる．特に，阪大 ELSI センターと R4D が推進するような企業活動全体を対象とした研究実践の場合には，これらのトレードオフについて早期から把握し，対応について事前に検討することが求められるだろう．

このような研究参画者の多様さによって生じる研究推進に関する文化的背景の違い，常識と捉えるプロジェクト推進のスタイルの違い，専門用語に対する理解の違い等を乗り越え，知識生産を加速するためには，プロジェクトの管理と目線合わせが必須となる（Rybnicek et al. 2019）．しかし，人文社会科学系の産学連携については，こうしたコーディネーターの役割を担う人材の不足が著しいことが指摘されている（南 2023）．研究者，企業関係者，その他のステークホルダーを巻き込みながら，どのような体制でプロジェクトを推進すべきかという問題もまた，産学連携による知識生産を加速させるにあたって無視できない課題である．

18　朱ほか（2023）参照．

ELSI/RRI をテーマとした産学連携による知識生産が成し得ることの可能性は広がっている．しかし，どのようなプロセスで大学と企業との協働が可能かということや，何が両者の期待に添う成果になりうるのかという点について，事例が少なく十分に明らかになったとは言い難い．産学連携による ELSI/RRI に関する知識生産は，未知の領域であり，裏を返せば多くの可能性を秘めたブルーオーシャンの領域であるともいえるだろう．

本章は，大阪大学社会技術共創センターと株式会社メルカリ mercariR4D との共同研究「Co-innovation で切り拓く，最先端の研究・ビジネス領域の社会実装を加速させる ELSI 実践研究〜ELSI 対応なくしてイノベーションなし〜」（2021 年 4 月〜2023 年 3 月）および「安心・安全と Go Bold を両立するイノベーションのための人文社会科学研究〜社会を知り，社会を変えるための実践的 ELSI（Ethical, Legal and Social Issues）研究〜」（2023 年 4 月〜現在）の成果に基づき執筆した．　［肥後 楽］

*　　　*

【読書ガイド】

鹿野祐介・肥後楽・小林茉莉子・井上眞梨・永山翔太・長門裕介・森下翔・鈴木径一郎・多湖真琴・標葉隆馬・岸本充生「ELSI および RRI をめぐる実践的研究：CtoC マーケットプレイス事業者と ELSI 研究者の連携による知識生産」『研究 技術 計画』37 (3)，2022 年：279-295

鹿野祐介・肥後楽・森下翔・長門裕介・カテライ アメリア・鈴木径一郎・工藤郁子・井上眞梨・多湖真琴・標葉隆馬・岸本充生「産学連携での ELSI 研究における人文社会系研究者の役割：大阪大学 ELSI センターと mercari R4D による社会技術の共創」『研究 技術 計画』39 (3)，2024 年：263-286
本章では紙幅の都合上，共同研究で扱われたすべてのテーマについて紹介することが叶わなかったが，個別領域の中でどのような研究が推進されたのかについては上記の論文において報告されている．

南了太『人文社会系産官学連携：社会に価値をもたらす知』明石書店，2023 年
人文社会科学の領域における産学連携について，その歴史や具体的事例をより詳しく学びたい方には上記を推薦する．

第6章

エシックス・ウォッシング

倫理が方便になるとき

本章は主としてAIやデータビジネスにおける「エシックス・ウォッシング（ethics washing）」と呼ばれる現象を取り上げ，それが現在のELSI研究や実践にとっていかに重要な問題を提起しているかを解説する．まず，第1節ではエシックス・ウォッシングとはどのような現象かを既存の事例をもとに明確にする．第2節と第3節ではエシックス・ウォッシングが伝統的な規制と新しいガバナンス手法の対立の中で表面化してきた経緯を確認する．第4節ではエシックス・ウォッシングが指摘される状況において，「倫理」を考えることにいかなる意味があるかを検討し，ELSI研究および実践の方向性への示唆を与える．

1　エシックス・ウォッシングとは何か

2019年4月，ドイツの日刊紙「ターゲスシュピーゲル」においてトーマス・メッツィンガーは「EUガイドライン ヨーロッパ産の倫理洗浄機（Ethik-Waschmaschinen）」と題するオピニオン記事を発表した．メッツィンガーはドイツの哲学者であり，EUのAI倫理のガイドラインの策定のための高度専門家グループ（High-Level Expert Group on Artificial Intelligence）の委員を務めていた[1]．メッツィンガーは，専門家グループが公表した「信頼できるAIのための倫理ガイドライン」は「このテーマについて現状最良」であるとしつつ，自律型致死兵器システム（LAWS）や国家による自動化された処理に基づいたソーシャルスコアリング，人間に理解することも制御することもできないAIの使用といった重要な三つの論点を含む，AIの使用に関する譲れない一線（「レッドライン」）が産業界の介入によって骨抜きにさ

1　最終的に取りまとめられたガイドラインの内容はEuropean Commission（2019）を参照されたい．

れたと証言している．

> 専門家グループのメンバーとして，私は今回発表された結果に失望している．ガイドラインは生ぬるく，近視眼的で，意図的に曖昧である．長期的なリスクを無視し，難しい問題（「説明可能性」）を美辞麗句でごまかし，合理性の初歩的原則に反しており，誰も本当は知らないことを知っているふりをしている．（…）公表された文書には，もはや「レッドライン」についての記述は含まれていない．三つの論点は完全に削除され，残りの記述は薄められて，代わりに「重大な懸念」についてのみ記述されている（…）私は現在，「エシックス・ウォッシング」と呼ぶべき現象を目の当たりにしている．これは，産業界が時間を稼ぐために倫理的な議論を組織し，育成していることを意味する．つまり，一般市民の関心をそらしたり，効果的な規制や実質的な政策立案を阻止したり，少なくとも遅らせたりすることを目的としている．（Metzinger 2019，傍点は引用者による）

メッツィンガーによるこの告発の興味深いところは，産業界が倫理規制を骨抜きにしようとしているというだけでなく，そもそも「倫理的な議論」なるものが規制逃れや時間稼ぎのために利用されていることを示唆している点にある．

エシックス・ウォッシングという言葉になじみがない人も，グリーン・ウォッシングという言葉を知っている人はいるかもしれない．グリーン・ウォッシングという言葉は，1980年代，世界的に環境保護への意識が高まる中で，企業による環境汚染への取り組みが表面的なものにすぎないことを告発する文脈で用いられてきた．英語表現における「ホワイト・ウォッシュ（white wash）」は「ごまかし」や「糊塗」を意味しているが，それに環境保護を象徴する色であるグリーンをかけあわせて作られた造語である．

よく知られているケースとしては，1991年に米国のデュポン社が展開したテレビCMがある．イルカが飛び跳ね，トドや水鳥が集まる大自然を背景に「歓喜の歌」が流れるテレビCMを展開していたにもかかわらず，同社は依然として世界最大規模の環境汚染企業であり，1989年から1991年まで環境汚染に対して多額の罰金を支払っていた．また，CMでは環境保護に対する先進的な取り組みとして事故に備えた二重船殻の原油タンカーが建造されているとしていたが，すでに石油タンカーの6隻に1隻は二重船殻を備えていたため，特に目新しい取り組みというわけでもなかった[2]．

また，LGBTのシンボルカラーであるピンクとかけてピンク・ウォッシュという言葉も用いられることがある．例としては，イスラエルがLGBTフレンドリーな政策を打ち出すことを強調することで，対立するイスラム系国家や組織が性的マイノリティに不寛容であるというイメージを喚起させ，パレスチナの実効支配という負の側面から目を背けさせる効果を狙っていると批判される際に用いられている[3]．あるいはまた，LGBTフレンドリーであることを表明しているにもかかわらず，そうした姿勢が従業員の処遇や顧客サービスに反映されていない（例えば保険契約において同性パートナーを配偶者として認めない）場合，ピンク・ウォッシングであると非難されることがある．

グリーン・ウォッシングやピンク・ウォッシングの問題点は，基本的には優良誤認やフリーライディング（ただ乗り）の悪さにある．「グリーン」や「アース」と名づけただけの商品をエコフレンドリーな装いで売り出すことや，そもそも使う必要のない化学物質の不使用をことさらに謳うことは，ほかの条件が同じであれば環境にやさしい商品を求める消費者を意図的に誤認させる行為である．また，環境保護や性的マイノリティの権利を訴え，真摯に活動することは多くの努力を必要とする勇敢な行為であるにもかかわらず，自分たちは何もしないままその表面的なイメージだけを利用して何らかの利益を得ようとすることは，先人の努力にただ乗りし，真摯に活動にコミットしている人々を愚弄する行為であるといえる．

エシックス・ウォッシングもまた，実際の行動に結びついていないにもかかわらず，望ましい目標にコミットしているように見せかけることで自らに有利な状況を作り出すという点で，グリーン・ウォッシングやピンク・ウォッシングと同様の問題を生じさせることになる．

ただし，先のメッツィンガーの告発における「エシックス・ウォッシング」の用法は上述のグリーン・ウォッシングなどの例と異なる含みをもっていることに注意すべきだろう．メッツィンガーの用法では，ウォッシングの目的はユーザーや当事者の目をくらませるというよりも，規制そのものを骨

2　本文中に言及したCMも含め，デュポン社の展開してきた環境イメージ戦略については，環境政策アナリストのジャック・ドイルによってまとめられている（Doyle 2023）．また，企業倫理学の概説書でケーススタディとして取り上げられることもある（ビーチャム・ボウイ 2003: chap. 7）．

3　イスラエルのLGBTフレンドリーな広報戦略の問題については保井啓志による研究を参照されたい（保井 2018）．

抜きにすることであり，そのために「倫理（エシックス）」という概念が積極的に持ち出されていることにある．

規制の代わりに倫理が持ち出されるとき，そこでは何がおきているのだろうか．自主規制や企業主導のガバナンスと倫理なるものはどのように重なり，また重ならないのだろうか．

次節では新興テクノロジーの自主規制をめぐる近年の議論を確認する．

2　新興科学技術の規制手段とその問題

新興テクノロジーの規制手段としては自主規制を中心としたソフトロー・アプローチ（法的な強制力をもたない業界団体や企業の自主的な取り決めに基づく規制アプローチ）を採用することが一般的である[4]．例えばOECD（経済協力開発機構）が2023年に発行した*SCIENCE, TECHNOLOGY AND INNOVATION OUTLOOK*では，新興テクノロジーのガバナンスにハードロー（法的強制力を備えた公的な監督に基づく規制アプローチ）ではなくソフトロー・アプローチを志向する理由を次のように説明している．

> (…) 特定の状況においては必要であるとはいえ，規範を用いて許される活動と許されない活動を定義し，制裁やインセンティブを用いてコンプライアンスを確保する形式的な規制アプローチ［ハードロー・アプローチ］は，より上流の文脈においては不利になる可能性がある．第一に，技術の進歩のスピードが速いため，規制が追いつくのが難しい．第二に，新しい倫理的，社会的，経済的問題が，規制の管轄や専門性の枠を超えて作用する可能性がある．第三に，複数の業界や政府機関にまたがって適用されることで，省庁間の調整問題が生じる可能性がある．これらすべての理由から，少なくとも開発の初期段階においては，形式的な規制アプローチは新興技術を統治するのに適していない可能性がある．さらに，新興技術を管理しようとする試みは，革新的なアプローチを頓挫させる可能性があり，企業や技術が単に国境を越えて移動するだけかもしれないという懸念を促している．(…) 現在の状況において，ソフトローは，そのあらゆる形態において，より先見的で，包括的で，

4　本章では，ソフトロー／ハードローという区分は政府が採用可能な規制戦略のオプションという意味で用い，自主規制／直接規制という区分は規制の様態を示すものとして用いる．ただし，引用した文献においてはその限りではない．

> 適応的な新興技術ガバナンス・システムを実現するための重要なツールとみなされるべきである．（OECD 2023: 209-210, [] 内は引用者による補足）

つまり，新興テクノロジーについては，すでに成熟したテクノロジーに比べて技術の進展が早い傾向があることからハードローの制定（ないし改正）が常に後手に回る公算が高く，またその影響範囲も推測しにくいため規制の範囲や監督責任を負う主体を特定することも困難である．また，各国間で規制内容の足並みがそろっていない場合，規制の緩い国に企業や技術が集中することにもなりかねない．したがって，まずソフトロー・アプローチを取りつつ，必要に応じてハードローの制定を行うというのが政府と企業双方にとっての最適解になるわけである[5].

ただし，もちろん，自主規制には固有の問題がある．法学者の生貝直人は自主規制のリスクを①形成の失敗（ステークホルダー間でのコンセンサス形成の失敗），②内容の非公正性（形成されたルールの問題解決能力・公正性への疑義），③実効性の欠如（有名無実化，モニタリングの失敗），④公衆の認識の欠如（ルールの一般的認知の失敗），⑤民主的正統性の欠如（ガバナンスにおける民主的合意の不担保），⑥国際的な非整合の可能性（国際協調の困難）の六つにまとめている（生貝 2011: chap. 1.2).

近年のAI規制に関する文献でも，こうした自主規制のもたらすリスクの懸念から，AI技術についてはすでにソフトロー・アプローチによる規律では十分ではないとする論調が一般的である[6].

多くの論者は，ルールを実効化する強制力が法的に担保されていない自主規制では，それらを順守するインセンティブが企業の側に存在しないこと，つまり実効性の欠如を問題視している（Balkin 2017; Cath et al. 2018; Dignam 2020; Hagendorff 2020)．また，民主的正統性の欠如（Citron and Pasquale 2014; Nemitz 2018）や人権保護の観点からのルール整備の不十分

5　近年では英国や欧州委員会を中心に共同規制（Co-Regulation）というアプローチも提唱されている．「特定の問題に対応するにあたり，効率的かつ実効的なコントロール・ポイントを特定し，それらが行う自主規制に対し一定の公的な働きかけを行うことにより，公私が共同で解決策を管理する政策手法」と定義される（生貝 2011: 33)．また，新興テクノロジーにおける共同規制の実態については（寺田 2020）が参考になる．

6　一方で，国際標準化が進むAI規制の現場では「国際会議で議論していると，ハードローかソフトローかはあまり関係なく，似たようなものになってきていると感じる」ともいわれる（吉永 2024: 44).

さ（Yeung et al. 2020）を理由に自主規制を不十分とする見解も提示されている．

一方で，少数派ではあるが，AI規制において政府主導のハードロー・アプローチへの移行を拙速であるとする意見もある．哲学者のバートロミー・ホマンスキーは多くの文献が暗黙裡に前提とする「公的セクターによる監督規制は民間の自主規制よりうまくその目的を果たすことができる」という点に異議を唱える（Chomanski 2021; Chomanski 2024）．

> 市場インセンティブを持ち，不完全な人々で構成される市場が私たちを破滅に導く一方で，同じ種類の人々で構成される国家機関が安全と公平という目標を効果的に達成すると単純に想定することはできない．（Chomanski 2024）

私たちは通常，企業に代表される市場のアクターは私益を追及することを目指すが，公的セクターは公平無私の存在であるとみなしている．しかし，そうした前提には根拠がない，とホマンスキーは言う．例えば，ほとんどのユーザーが海外製のサービスを利用したいと考えているのに，公的セクターは安全性を理由に国産のサービスを優遇するかもしれない（Chomanski 2021: 261）．

ホマンスキーの懸念をより一般的に表現すれば，公的セクターによる直接規制はレントシーキング（rent-seeking）という問題を抱えている，ということになる．レントシーキングとは，企業が政府に働きかけて競争相手を制限する規制を作らせたり，自社に有利な許可を特別に受けたりすることによって，生産性に貢献しない利益（レント）を得ようとする行為である．例えば，規模の大きな会社は規制に対応するコストを支払えるが，規模の小さい企業はそうしたコストを負担できないかもしれない．そうだとすれば，規模の大きい企業はある程度の直接規制を甘受することで潜在的な競争相手の参入を阻止することができることになるだろう．

また，民主的に選ばれた政治家によって立法化される法的規制には，そうでない自主規制とは異なり，正統性（legitimacy）があるという議論があるかもしれない．この議論に対しては，国民がそれほど優れた政治家を選出するインセンティブや情報をもっているのであれば，同様のインセンティブと情報から市場を通じて直接，企業に対してサンクション（不買運動など）を与えることも同様に仮定してもよい，と反論している（Chomanski 2021:

265).

こうした議論は，ハードローの積極的な排除を主張するものではなく，仮に政府の介入が要請されるのであれば当然果たされるべき挙証責任を問うものであるとも解釈できるだろう.

本節で確認したことは次の 4 点である. ①新興テクノロジー規制では自主規制を第一選択とすることは広く認められているが，②実効性の担保という観点から，技術の社会実装の進捗に合わせて直接規制に移行するべきとする流れを確認した上で，③レントシーキングの可能性を踏まえると公的規制も万能ではなく，④直接規制は自主規制よりもうまくやれることの挙証責任を果たさなければならない.

3 「ウォッシング」から「バッシング」へ

さて，前節で確認したように，新興テクノロジーの規制にあたって，(少なくとも初期段階では) ソフトロー・アプローチを採用する相応の理由がある. そして，企業にとってはできるだけ長く，できるだけ多くの範囲を自主規制で済ませたいと考えるインセンティブがあると想定するのは自然だろう. もちろん，先にみたように直接規制にもレントシーキングや行政の過干渉などのリスクが存在する以上，自主規制で済まそうとすること自体が常に問題であるというわけではない.

問題なのは，新興テクノロジーの開発や利用に属する非技術的課題は「倫理」に属するものであり，そうした「倫理」に属するものは直接規制には馴染まない，という印象を形成することで重要な論点をあいまいにしてしまうことである[7]. この意味で，エシックス・ウォッシングの問題は，強制力を伴わないというだけでなく，具体的問題を「正義」「自律」「持続可能性」といったあいまいな用語に変換してしまうことでもある (Green 2021; Munn 2022).

情報法の専門家であるエレットラ・ビエティは，テクノロジー政策の分野では「倫理」という言葉そのものが信頼を失っており，場合によっては非難

7　あまり明示的に指摘されることはないが，こうした印象形成が成立する理由として，「倫理は内心を規律し，法は外見に現れる行為を規律する」という法と倫理の分業が前提されていることを指摘できるかもしれない. こうした見解の是非は倫理学や法哲学で盛んに議論されているが，本章で詳述することはできない. なお，この問題を扱った倫理学の入門書として (児玉 2020: chap. 10) がある.

（バッシング）の対象にすらなっていると述べている．

> 規制緩和，自主規制，あるいは不干渉的なガバナンスを支持する武器として用いられる「倫理」は，テクノロジー企業の自主規制の取り組みや，表面的な倫理的行動とますます同一視されるようになっている．テクノロジー企業による，いわゆる「エシックス・ウォッシング」と呼ばれる行為が目に付くようになり，学者やテクノロジー業界全体から批判や検証が促されている．エシックス・ウォッシングの増加と並行して，その非難は「エシックス・バッシング」という傾向につながっている．これは，倫理や道徳哲学を倫理委員会，自主規制スキーム，利害関係者グループといった個別のツールや既成の社会構造として理解することで矮小化するものである．（Bietti 2020）

重要なのは，こうしたエシックス・バッシングの背景には，「倫理」を振りかざす企業だけではなく，大学などの学術機関に所属する倫理の専門家への不信も含まれていることである．

MITメディアラボでAI倫理にかかわっていたロドリゴ・オチガメは，同ラボの取り組みは企業にとって耳の痛い批判を提示するものではなく「友好的な（amicable）」な批判によって資金提供を引き出すものにすぎなかったと証言している（Ochigame 2019）[8]．

実のところ，資金提供元の研究開発プロジェクト自体の是非を問うようなドラスティックな批判が可能なのか，専門家としての誠実性とキャリアを両立させることが難しい領域ではないか，といった批判は「ELSI」という語が生み出され，それに予算が投入されるようになった1990年代当初から存在しており，なおその疑念が払拭されたとはいえない（Jungst 1996; Seltzer et al. 2011; 見上 2020）．

以上で見てきたように，ELSI研究や実践におけるエシックス・ウォッシ

8　オチガメは2018年から2019年まで伊藤穰一のもとでMITメディアラボのAI倫理研究グループのポスドク研究員を務めていた．2019年に伊藤穰一は資金提供者であるジェフリー・エプスタインの児童買春スキャンダルを受けて謝罪を発表したが，オチガメはこの直後に研究員の職を辞したうえで，他の内部告発者に触発される形でMITメディアラボの当時の体質とエシックス・ウォッシングへの関与を証言している．オチガメの告発は当初，調査報道を扱うwebメディアの*The Intercept*に掲載され，アムステルダム応用化学大学（AUAS）ネットワーク文化研究所発行の*Economics of Virtue: The Circulation of 'Ethics' in AI*（2022）に再録されている．なお，この特集号はオチガメの記事のほかにもAIガバナンスにおけるエシックス・ウォッシングを理解するために有用な論文が多数掲載されており，一読の価値がある．

ングの問題は，単に「見せかけ」から利益を得ることだけでなく，「倫理」という語彙やそれに関連するさまざまな概念（「正義」や「自律」など）を掘り崩してしまうことにもある．この意味で，真剣なガバナンスをめぐる議論に「倫理」は有害無益であるとするエシックス・バッシングはエシックス・ウォッシングの自然な帰結なのである．そして，倫理について専門知をもつと称する専門家への不信も，理由なく生じているわけではない．

4　倫理はもういらないのか　反省的均衡・日常的倫理学・対話形成

では，こうしたエシックス・バッシングに応えるにはどうすればいいのか．

先に挙げたビエティは，以下のような提案をしている．実践上の示唆を何も得られないほど抽象化された原則やレトリックを使って倫理的な装いをまとうような，道具化（ないし武器化）された「倫理」の利用から，倫理学本来の省察的な実践を切り離せないだろうか．この省察的な実践としてビエティの念頭にあるのは，政治哲学者であるジョン・ロールズによって広められた反省的均衡（reflective equilibrium）という発想である[9]．

反省的均衡は，おおまかに言えば，抽象的で一般化された原則と個別の判断の間に齟齬がある場合，そのどちらについても改訂の可能性に開かれていることを念頭に置きながら，均衡点を探るプロセスのことである．例えば，「他人を傷つけるのは不正だ」という一般的な道徳原理があり，これはほとんどの人に疑いなく受け入れられるはずである．その一方で，私たちは「刃物をもった見知らぬ人が自分の敷地の中に入ってきた場合，実力で相手を排除することは不正ではない」という判断を行うことがありうる．反省的均衡は，これを解決不可能なジレンマとみなさず，原理と個別の判断のどちらか（あるいはどちらも）を修正ないし変更するべきか考えるように促す．この場合，私たちは原理の方に「自身や他人の生命が危険にさらされていないなら」という但し書きをつけたくなるだろう．しかし，「見知らぬ人が手ぶらで自分の敷地内にいた場合，実力で相手を排除することは不正ではない」と

9　反省的均衡はロールズが『正義論』で提唱したもののほかに，さまざまなバリエーションが存在する．本章の反省的均衡の説明はあくまで最大公約数的な理解であることを断っておく．なお，反省的均衡のバリエーションと理論的含意については（伊勢田 2012）を参照されたい（ここでは「往復的均衡」と訳されている）．

いう判断はどうだろうか．こうした判断は荒唐無稽とはいえないが，原理を改訂する理由には十分ではないかもしれない．その人は運悪く迷い込んでしまっただけの可能性もある．そのような場合は「退去を促す」「警察官を呼ぶ」といった手続きなしに実力で相手を排除しようとすることは不正であるとして，判断の方を変更することが適切であるように思われるからである．

以上はかなり単純化したデモンストレーションではあるが，実際の論争的議論（工場畜産，安楽死，死刑，課税，銃所持など）では，均衡点を探るための背景理論（対象となる制度やテクノロジーについての知識，人間心理に関する洞察，適正な手続きの方法）を踏まえて展開されることになる．

著者のみるところ，テクノロジー規制で問題になるエシックス・ウォッシングは反省的均衡のプロセスが適切に機能していない事例であるといえる．行われているのは個別の判断から原理に例外規定を設けさせようとする一方通行のプロセスだけであり，しかも原理がどのように改訂されたのかが不透明である．本章冒頭で紹介したメッツィンガーの告発は，欧州のAI倫理ガイドラインがLAWSや公的機関によるAIスコアリングが「レッドライン」を超えていると明示することを避け，「重大な懸念」と表現するに留めたことを問題にしていた．こうした措置は，原理と個別の判断の均衡を図り，そのプロセスを可能な限り明示するという態度から隔たっている．

もちろん，反省的均衡が倫理的議論のための唯一の方法というわけではない．社会人類学者のサラ・ピンクは，人々の道徳意識を定量的手法で抽出し，それに基づいた実装を行うことで倫理的な問題に対処しようという手法を抽出倫理（extract ethics）として批判する．ピンクがここで念頭に置いているのは，自動運転の危険回避行動について，トロッコ問題に類似したシナリオを提示することで，一般的な倫理的判断の内実を明らかにしようとする試みである（Pink 2022）[10]．

ピンクによれば，こうした抽出的な方法では人々の日常的な道徳判断を汲みつくすことはできない．定量的な手法による道徳意識の可視化は，一見ボトムアップ的なアプローチにみえても，実際は抽象化されたシナリオに基づく判断であるにすぎないからである．ピンクは倫理的なAIの探求は，実際に生きられた経験に基づく日常的倫理学（everyday ethics）が必要であると

10　より具体的には，MITメディアラボが開発・公開した「モラル・マシーン」が念頭に置かれている．「モラル・マシーン」は「自動運転車を用いた人工知能の道徳的な意思決定に関して，人間の視点を収集するためのプラットフォーム」であり，現在でもネット上で公開されている（https://www.moralmachine.net/）．

する[11].

こうした観点もまた，テクノロジーと倫理の関係を考える上で重要であると考えられる．原理を個別状況に当てはめるだけでは零れ落ちてしまう視点が多く存在し，マジョリティはそうした欠落に気づかないことが普通だからである．現実の人々の道徳経験に注目しようとする際にも，誰の，どのような経験に注目するかにはすでに社会的な偏りが反映されている可能性がある．現に，こうした偏りはAIなどの新興テクノロジーの現場では無視できないほど大きくなっており，AI倫理原則の策定などにも影響を及ぼしうる．研究デザインの段階から社会実装までの過程，あるいは倫理原則の策定そのものにおいて発生しうるさまざまな予断を排するために，多様な道徳的経験からの省察が不可欠である．

また，倫理の専門家の役割についても再考の余地がある[12]．通常，新興テクノロジーのガバナンスや倫理が問題になる場面において，専門家の役割はエキスパートとして助言を行うことが想定されていることが多い．例えば，哲学者のマルクス・ガブリエルは企業内に倫理的問題の解決を提言する倫理部門を置き，それを統括する最高哲学責任者（CPO）として哲学者を雇用するモデルを提唱している．

> 哲学は人間の知識獲得の本質を最も包括的に探究する学問であり，だからこそ訓練を積んだ哲学者は倫理的問題に重なるような人間の思考と行動パターンを特定する役割にうってつけなのだ．CPO以外の倫理部門のメンバーには，会社の具体的なビジネスモデルに応じてさまざまな学問分野や産業分野の専門家を代表する人材を集めるべきだ．（ガブリエル 2024: 219）

ガブリエルは倫理部門に特有のインセンティブや独立性を付与すべきであるという提案を合わせて行っているが，前節で指摘したとおり，会社から報酬を得ている以上は内実をもった批判を独立した立場から行うことができるのかという疑念を払拭するのは難しいといわざるを得ない．

11　こうした観点からの研究は，倫理学では「ケアの倫理」や「現象学的倫理学」といった領域を中心に進められている．

12「倫理の専門家」は哲学の下位部門としての倫理学の専門家に限定されるわけではない．社会学，STS，文化人類学，経済学，心理学などさまざまな領域も倫理や道徳についての知見を有しており，それぞれに専門性がある．

こうした「エキスパート」「助言者」というモデルに代わって，倫理の専門家に対話形成を期待するという考え方がある．現代のELSI対応の実践においては多様なステークホルダーの見解を取り入れることは半ば前提となっている．そのために，パブリックコメントなどの受動的な方法だけでなく，市民陪審やコンセンサス会議といったステークホルダー間の相互作用を重視した対話的手法が試みられることもある．こうした対話形成のデザインや評価法の開発に倫理の専門家は貢献できる，というわけである（小林 2023）．

例えば，情報倫理学者のコンスタンティン・ヴィカらはUNESCOのAI政府間専門家会議（2021年4月26〜30日）の議事録を分析し，それらが討議倫理の基本的な要件を満たしていないことを指摘する（Vică 2021）．

ヴィカらの採用した要件は（1）同じ意味が成立していることを確認するために，言語表現を同じように使う必要がある，（2）関連する議論をいっさい排除しない，（3）論証の強さのみを考慮し，レトリックに基づく説得力は考慮しない，（4）参加者全員が最高の議論をしようとする動機づけがある，（5）誰一人として排除してはならない，の五つの要件である[13]．この要件はすでに行われた会議や対話の評価に用いることができるだけでなく，これから行われる対話をファシリテーションする際の要件として用いることも可能だろう．もちろん，哲学プラクティスの分野では対話形成や評価に関してはこれ以外の要件や技法も数多く提唱されている．

倫理について考えることは，現実から遊離した抽象的概念を弄することや，あるいは専門家の直観や権威をトップダウン的に押し付けることと同じではない．反省的均衡は一般的原理と個別の判断のどちらかに固執する考えを解きほぐすのに有用な思考法であるし，私たちの日常的な道徳経験を記述し，分析しようとする態度はマジョリティの直観だけが道徳の世界を構成するものではないことを教えるリマインダーとして働く．こうした議論の方法や発想法を身に付けることは私たちが倫理について独断的に考えることを防いでくれる．また，倫理の専門家はエキスパートとして意志決定に直接関与することだけが仕事というわけではない．新興テクノロジーのように具体的なリスクを特定することが困難な場面では，議論を深めるための支援的な役割にこそ自らの専門性を役立てられる場面もあるだろう．

13　この要件は哲学者であるユルゲン・ハーバーマスの提唱した討議倫理に由来している．

5　おわりに

エシックス・ウォッシングやそれへの反発としてのエシックス・バッシングは「原理の策定から実践へ」と向かう新興テクノロジーのガバナンスの流れの中で常に生じる問題であるとともに，ELSI に関わるすべての人にとって躓きの石でもある．エシックス・バッシングは，必ずしも人文知を軽視した謂れのない非難だというわけではない．倫理を考えるということが果たしてどういうことなのか，「倫理の専門家」とは何をするべき人なのか，という根本的な問題がここでは問われているのである．

本章では，これに応えるために，反省的均衡という発想，日常的な道徳経験の重視という方向性，対話形成のデザインという役割分担を挙げた．もちろん，倫理的な議論を実質化する手法や発想，専門家の貢献可能性はほかにもいろいろなオプションを考えることができるだろう．生命倫理学や環境倫理学といった先駆的な応用領域から学ぶことができる知見もまだまだ多いはずである．過去の知見や事例に学び，自分の使うことができる思考ツールを改めて見直す地道な試みが，エシックス・ウォッシングに絡めとられずに探求を進めるための基本的な態度ということになるだろう．

［謝辞］

本章は，大阪大学社会技術共創研究センター 2022 年度 ELSI 共創プロジェクト「企業の ELSI 対応の一部としての自主規制とそれに伴う萎縮効果に関する理論的研究」（研究代表者：長門裕介）の助成を受けた研究成果の一部である．また，本章をまとめるにあたって石田柊（広島大学），森下翔（山梨県立大学）の両氏より有益なコメントを頂いた．記して感謝申し上げる．

［長門裕介］

＊　　　＊

【読書ガイド】

デジャルダン，J.R.『ビジネス倫理学入門』文京学院大学グローバル・カリキュラム研究会訳，文京学院大学総合研究所，2014 年

企業活動が引き起こす道徳懸念を，リアルな事例を交えて複数の観点から検討した教科書．

永守伸年『信頼と裏切りの哲学』慶應義塾大学出版会，2024 年

私たちが（法人を含む）他人を信頼するとき，そこにはどのような条件が介在しているのか．倫理学の根本問題を丁寧に掘り起こす親切な入門書．

渡辺弘美『テックラッシュ戦記：Amazon ロビイストが日本を動かした方法』中央公論新社，2024 年
ロビイングを「利益誘導」として批判的に捉えるばかりではなく，企業を社会の中のアクターとしてふるまうことを可能にする戦術として捉える視点をみせてくれる好著.

第7章

デュアルユース

知識・技術の転用可能性をめぐるガバナンスと規範

科学技術の発展は，私たちの社会に多大な恩恵をもたらしてきた．しかし，研究開発の成果が当初の想定とは異なる用途に利用されることで，予期せぬ影響を社会に与えることもある．例えば，科学技術が悪用・誤用された場合，私たちの生命や健康が脅かされる可能性がある．1995年に東京都で発生した地下鉄サリン事件は，人類の福祉向上や産業振興に役立つはずの科学研究が大規模なテロに転用されうることを示し，社会に衝撃を与えた．このように科学技術にはその知識・製品利用のありようによって，後述するような二重性（デュアルユース性）が伴う．そして，デュアルユースはELSIの中心的なテーマの一つとしてさまざまな研究開発分野で認識されている．本章では，「デュアルユース」という語の多義性を踏まえつつ，デュアルユース性をもつ研究や技術（以下ではそれぞれ「デュアルユース研究」「デュアルユース技術」と表記する）の事例を紹介し，その推進やガバナンスの歴史を概観する．そして，デュアルユース研究をめぐる規範的な問題について考えていきたい．

1　軍民両用性

デュアルユースという概念は，科学技術が誰によってどのような用途で使用されるかに応じて二つの意味で使われてきた．ある科学技術の成果が軍事用途にも民生用途にも転用可能であるという「軍民両用性」と，ある科学技術が公共の利益に資する使用（少なくとも善悪についてニュートラルな使用）とテロのような社会に負の影響をもたらす悪用・誤用の両方に開かれているとする「用途両義性」である．本節では軍民両用性について，次節では用途両義性について概説する．

1.1　知識・技術の転用可能性

軍事技術と民生技術の間には大きな隔たりがあるように思われるかもしれない．そもそも両者は想定される用途が異なるため，開発段階での優先事項にも差異がみられる．軍事技術では敵国に対して優位に立つために信頼性や性能が優先されるが，民生技術にあっては営利の観点からコストや価格がより重視されるといった具合だ．このような違いがある一方で，素材・材料や基本設計について，一方の技術を他方に転用できる可能性が多様な分野で見出されてきた．こうした共通性に根差した転用はその順序に応じて，スピンオフ（spin-off）あるいはスピンオン（spin-on）と呼ばれる．スピンオフは軍事技術の一部が民生技術に転用されることを示す．軍用に開発されたロケット技術が宇宙探査用の宇宙技術に転用された事例は，スピンオフの典型例である．より身近な事例では，インターネットや全地球測位システム（Global Positioning System: GPS）などが該当し，デュアルユース技術を用いた民生品は私たちの生活に欠かせないものとして根づいている．反対に民生技術から軍事技術への転用はスピンオンと呼ばれる．農業分野での応用を想定した植物ホルモン研究の成果が米陸軍によって枯葉剤開発に転用された事例はその一例である[1]．

軍民両用性としてのデュアルユースの射程を理解する上で，デュアルユースが技術転用だけではなく知識転用に関する概念でもある点を見落としてはならない．ともすれば，自然科学や工学研究から生み出された成果のデュアルユース性が注目されがちだが，人文学・社会科学分野の研究もデュアルユース性を伴う．例えば，心理学や文化人類学，言語学分野の知見は陰に陽に恩恵をもたらしてきた一方で，軍事にも利用されてきた歴史がある[2]．

1.2　研究開発振興

軍民両用性としてのデュアルユースは，単に知識や技術の転用可能性という特性を示すだけでなく，新興科学技術の研究開発を担うアクターの動機を

1　研究成果の軍事転用は，しばしば知識生産者である研究者の思いもよらないところで生じる．例えば，枯葉剤のもととなった合成化学物質2,4,5-トリクロロフェノキシ酢酸の研究に従事したアーサー・ガルストンは，彼が与り知らぬところで自身の研究が軍事利用を想定とした枯葉剤の開発につながったことを「予想外（unexpected）」だと述べている（Galston 1972）．

2　例えば，米国の文化人類学者であり，欧米における日本研究の第一人者であるルース・ベネディクトが，太平洋戦争中に米国戦時情報局の委嘱のもと，敵国の日本人固有の文化・気質を理解することを目的とする研究に従事したのはその一例である．後に彼女はこの研究成果をもとに『菊と刀』を出版している．

理解する上でも重要な示唆を有する．例えば，冷戦期の米国は，ソビエト連邦との軍拡競争において技術的な優位性を維持するため，研究開発への戦略的な投資を行ってきた．投資の対象となった分野は，宇宙工学，超高速集積回路，材料工学，ロボット・AI，脳神経科学など多岐にわたる．短期的には軍事への応用可能性が不透明な領域であっても，長期的な視点からは重要と思われる研究を幅広く支援することで，予想外の仕方で他国の先端技術が台頭することから安全保障上の危機が生じる「技術的サプライズ（technological surprise）」の回避が目指されていた[3]．なかでも，国防総省の超高速集積回路（Very High Speed Integrated Circuit: VHSIC）開発計画（1980〜90年）は，軍需企業と民生半導体企業の共創を推進することで，軍が求めるハイテク兵器に民生技術を組み込もうとした大規模なデュアルユース関連政策の典型例だ．このような軍民両用性を意識したプロジェクトには，軍以外の研究開発組織のリソースを活用することで，軍用品開発を高速化・効率化できるというメリットがある．では，企業側にはどのようなインセンティブがあるのだろうか．一般的には，市場での需要が見込まれるものの製品化するには未熟な段階にある技術に対して，一企業が巨額の開発投資を行うことには大きなリスクが伴う．日本を含む海外との激しい開発競争に直面していた米国の半導体企業も例外ではない．その点，国防総省の支援を受けながら，民生転用を視野に入れた技術開発ができるVHSIC開発計画は，技術の製品化によって国際競争力を維持したい企業にとって，参画する十分な意義があったとされる（吉永 2017）．

米国のデュアルユース研究開発振興において，国防高等研究計画局（Defense Advanced Research Projects Agency: DARPA）が果たしてきた役割も大きい．DARPAはハイリスク・ハイリターンな研究への支援や，軍のニーズに根差した課題解決型研究開発プログラムで強力なイニシアティブを発揮し，1980年代後半以降，特にITや材料開発分野の成果に対して高い評価を受けた．ソ連崩壊後のクリントン政権下では，DARPA管轄のデュアルユースプロジェクトとして，技術再投資計画（Technology Reinvestment Project: TRP，1993〜96年）が実施されている．TRPでは，国際競争力の高い軍事

3　1957年のソ連による世界初の人工衛星「スプートニク1号」打上げ成功は，ミサイル戦略や科学技術全般で米国がソ連の後塵を拝している可能性を示す出来事として西側諸国に衝撃を与えた．このスプートニク・ショックは技術的サプライズの典型例であり，米国航空宇宙局（National Aeronautics and Space Administration: NASA）と国防総省の高等研究計画局（Advanced Research Projects Agency: ARPA）が設立される契機となった（吉永 2017）．

システムと商用生産物を提供するために国家産業能力の統合を促進することを目的として，技術開発や技術展開，製造に関わる教育訓練への資金援助など広範な支援がなされた（吉永 2017）．

1.3　国際輸出管理

デュアルユース関連の政策をめぐる論点は，国家間や企業間の技術的優位性に留まらない．前述の VHSIC 開発計画に参画した企業の経営者や技術者は，このプロジェクトで生み出された製品を輸出して利益を得ることや，研究成果を社会に広く公開することを望んでいたと考えられる．さらに，近年の科学技術政策上の潮流として，欧州委員会をはじめとする多くの組織が「オープン・イノベーション」や「オープン・サイエンス」といったビジョンを掲げて，研究開発の成果へのアクセシビリティ向上を推進している．

しかし，知識・技術転用と密接に関わる概念であるデュアルユースが国防上の課題と結びついていることを踏まえると，自国のデュアルユース性をもつ研究成果や製品が敵対的な国家や悪意をもつ勢力に渡ることは，国家にとって回避すべき事態である．そのため，政府が研究開発の成果を機密情報として保護し，国際輸出管理の強化に踏み切るのは合理的な対応といえる．実際，米国でデュアルユースが初めて強く意識されるようになったのも，ソ連に対する技術的優位の維持に向けた国際輸出管理の文脈であった．前述の VHSIC 開発計画にあっても，開発が進展するにつれて，国防総省の意向や国際輸出管理レジームとの調整の中で，製品の海外輸出や研究成果の発表が制限されている．その結果，参加企業のモチベーションは徐々に低下し，最終的に VHSIC 開発計画は顕著な成果を上げられないまま 1989 年に幕を閉じた．

この事例が示すように，デュアルユース政策では，安全保障と経済発展の間でジレンマが生じる．すなわち，安全保障を重視する政策を採用すれば，経済や科学技術の発展が制約される．これを回避しようと製品輸出や研究開発成果の公開を広く認める方策へと舵を切れば，技術の国外流出が安全保障上のリスクを招くかもしれない．このように，デュアルユース政策をめぐる論点は多岐にわたり，互いに複雑に絡み合いながらジレンマを構成している．

1.4　ハイブリッド戦争時代のデュアルユース技術

現代は，正規軍同士の戦闘に留まらず，非正規戦，情報戦，サイバー戦が複合的に展開されるハイブリッド戦争の時代だといわれる．戦時と平時の境界が曖昧な状況にあって，他国に先駆けて新興情報技術の研究開発を進めることが，技術的サプライズを防ぐ上で重要であるということが広く認識されるようになった．1999年に米国中央情報局（Central Intelligence Agency: CIA）が設立したIn-Q-Tel（インクテル）はこうした取り組みの先鞭をつけた事例の一つである．In-Q-Telは，技術発展のスピードが速いIT分野を対象とするベンチャーキャピタルであり，従来型の研究委託や調達方法では困難とされていた先進的なIT技術やアイデアの獲得を可能にし，テロリストの探索やサイバーセキュリティといった新たな国防上の課題解決の糸口として期待された．一方で，その投資先であるベンチャー企業にとっても，資金獲得，ネットワーク形成，将来的な販路の確保といったメリットがあり，In-Q-TelはIT技術時代における軍民両用技術振興のモデルとされた（小林 2017）．

また，近年特に注目されているのが，生成AIのデュアルユース性である．生成AIおよびそのELSIに関する包括的な紹介は本書第10章に譲り，ここではデュアルユース技術としての生成AIに関する議論の動向に触れておきたい．2023年3月にOpenAI社は自社が提供する生成AI「GPT-4」に関する12のリスクを文書で公表した．その一つとして，GPT-4を含む大規模言語モデル（large language model: LLM）のデュアルユース性が指摘され，特にGPT-4が兵器拡散に関わる情報へのアクセスを容易にしうるとの懸念が示されている（OpenAI 2023）．同年5月には，米国のNPO団体Future of Life Institute（FLI）が，生命科学や原子力分野でのデュアルユース研究に対する制約と同様に，特に厳格な安全性と倫理要件を満たさない限り，強力なAIシステムをオープンソースで公開することを禁止する旨の提言を発表した（FLI 2023）．OpenAI社の利用ポリシーには，武器の開発・使用を目的とした同社のサービスの利用を禁じる旨が明記されているが[4]，一企業が定める利用方針の効力には限界がある．2022年には米国国防総省が生成AIタスクフォース「Lima」を設立して，AI技術の最適化に乗り出している状況にあって，国際的なガバナンス体制の構築に向けた議論の必要性が一層高まっている．

4　https://openai.com/policies/usage-policies（アクセス日 2025年3月10日）

2　用途両義性

用途両義性としてのデュアルユースは，ある科学技術が善用により公共の利益をもたらす可能性と，悪用・誤用される場合には社会に負の影響をもたらす可能性の両方に開かれていることを指す[5,6]．例えば，ハンマーは釘を打つといった工具としての機能をもつ一方で，誰かを殺傷することにも使用されうる点で用途両義性としてのデュアルユース性を有する．このように私たちを取り巻く多様な技術にデュアルユース性を見出しうるのに対して，この概念自体が注目されるようになったのは今世紀に入ってからである．

2.1　デュアルユース研究とセキュリティ

米国では，2001年に発生した炭疽菌によるバイオテロ事件を契機として，善意で行われた研究開発の成果がテロなどに悪用されるリスクへの対応が喫緊の課題として浮上した．病原性の解析や感染症診断の精度向上などに資するはずの生命科学研究が，生物兵器の凶悪化に使用されかねないとして社会を震撼させたのである．

具体的な対応として，米国政府が「米国愛国者法」によって捜査機関の権限拡大や出入国管理の強化に踏み切ったほか，研究者コミュニティ内部からも研究活動を管理する取り組みが展開された．例えば，2004年に米国科学アカデミー（National Academy of Science）が作成した「テロリズム時代のバイオテクノロジー（Biotechnology Research in an Age of Terrorism）」（通称「フィンクレポート」）では，生命科学の悪用・誤用を防ぐための対策が提言されている．

その内実をみるならば，デュアルユースの観点から問題となる病原体研究

5　前節で取り上げた軍民両用性と用途両義性の区別が必ずしも互いに重なり合うわけではないことに注意されたい．例えば，敵国による生物兵器攻撃から自国の兵士を守ることを目的とする病原体の弱毒化研究は軍事目的であるが，多くの人々の生命・健康の維持に資する点でよい（あるいは少なくとも悪くない）目的の研究と見なされる可能性もある（Miller & Selgelid 2007）．

6　用途両義性としてのデュアルユースを理解する上で大きな論点となるのが，研究の「悪用（misuse）」が何を意味するかという問題である．ジョナサン・タッカーの整理によれば，何が悪用に該当するのか，その範囲を狭く捉えすぎると潜在的な脅威を取り逃してしまう一方で，広く捉えすぎる場合にはほとんど無害な研究まで含まれてしまう（Tucker 2012a）．このため，ある研究がデュアルユース研究かどうかを判定する基準として，想定される悪用がもたらす危害がある程度大きいという条件や，悪用される可能性がある程度高いといった条件を追加することが提案されている（Forge 2010; Douglas 2014）．

が七つのカテゴリーの形で整理され，生命科学の悪用・誤用防止の方策として，①科学コミュニティの教育，②研究計画の審査，③出版段階での審査，④バイオセキュリティ国家諮問委員会の設置，⑤誤用・悪用防止に関する付加的要素，⑥生物テロ・生物兵器防止のために生命科学が果たしうる役割，⑦国際的に調和のとれた監視，の七つが勧告→提案されている．同年中にはこのフィンクレポートに基づいて「バイオセキュリティに関する国家科学諮問委員会（National Science Advisory Board for Biosecurity: NSABB）」が組織され，バイオセキュリティの観点からデュアルユース研究の基準の提示，監督ガイドラインの策定など，デュアルユース研究を管理する体制が整備されるに至った．

2.2　デュアルユースジレンマ[7]

こうしたデュアルユース研究に対するさまざまな取り組みを理解・検討する上で，テロに代表されるような悪用リスクの低減，つまり安全保障上の課題解決のみに焦点を当てるだけでは不十分である．なぜならば，デュアルユース研究の管理を強化することは，社会にとって有益な研究開発の実施を制限することを伴うため，社会が研究開発から恩恵を享受することや，研究者が主体的に研究を推進することを妨げる可能性があるからだ．一方で，有望な研究開発活動に対する規制を緩和し，自由な研究開発や成果公開を許容すれば，安全保障上の脅威が増大することが懸念される．このような板挟みの状況は，「デュアルユースジレンマ」と呼ばれ，デュアルユース研究の管理のあり方を考える上で大きな課題となる．では，たとえ悪用や誤用の可能性を排除できない場合であっても，善い結果が期待されるならば，その研究開発を行うべきだろうか．それとも差し控えるべきだろうか．

一般的なジレンマ状況に対するアプローチの一つとして，選択肢ごとの利益と危害（コスト）のバランスを評価し，選択肢間で比較考量する方法がある．この方法をデュアルユース研究の評価に対して適用しているトマス・ダグラスは，ある研究を実施した場合に生じうる結果の発生確率を考慮に入れたアプローチを提唱している（Douglas 2013）[8]．彼のモデルでは，候補となる二つの選択肢（「ある研究を実施する」と「その研究の実施を差し控える」）について，それぞれから生じる利益と危害を発生確率で重みづけし，その総和（期待価値）を算出することで，どちらの選択肢がより望ましいかを判断

7　本節は小林（2024）第3節をもとに執筆している．
8　ダグラスのアプローチの詳細と問題点については片岡・河村（2021）を参照されたい．

する．

一見すると，こうした比較考量に基づくアプローチは，デュアルユースジレンマに対して明快な回答を与えてくれるように思われる．しかし，リスク評価の文脈で指摘されているように，さまざまな不確定要素が評価の阻害要因となりうる．同様に，デュアルユース研究の評価においても，複数の不確定性が存在する．特に重要なのは，デュアルユース研究の悪用・誤用の発生確率やその影響の大きさの不確定性だ．通常，デュアルユースジレンマにおいて想定される負の影響は，研究開発を実施した研究者や技術者自身ではなくその成果を利用する第三者によって引き起こされると想定される．このため，デュアルユースジレンマで問題となる悪用の結果には間接性が伴う．ところが，第三者による研究成果の悪用を予見することは著しく困難である上に，悪用がもたらす影響は第三者の意図や能力に大きく依存する（Tucker 2012b）．さらにいえば，仮に第三者が悪用に及ぶ可能性やその影響の大きさを把握できたとしても，ジレンマの角をなす選択肢間の期待価値の差に対してどのような方策を対応づけるべきか，という問いはなお未解決のまま残されている．

2.3　不確実性下でのガバナンス

デュアルユース研究に伴う不確実性を踏まえた上で，デュアルユースジレンマに対してどのように対処すべきだろうか．一つの方策として，不確実性に対処するために提案された意思決定原則である「予防原則（Precautionary Principle）」を用いることが考えられる．予防原則はその適用場面に応じて多くの定式が提案されているが，簡潔に示すならば，ある活動によって重大な損害が生じる可能性が確立されていない場合でも，その損害の予防措置を講じることを要請する原則である[9]．予防原則をデュアルユースジレンマの事例に適用するとどのような判断が導かれるのだろうか．

2011年に生じた高病原性鳥インフルエンザ研究論文の出版差し止め問題を例に考えてみよう．これは，高病原性鳥インフルエンザの感染宿主改変技

9　ジュリアン・モリスの整理によると，予防原則には弱い定式と強い定式がある（Morris 2000）．弱い予防原則は，重大な危害が生じる十分な証拠がない場合でも，その危害の予防措置を講じることが「正当でありうる」とする．他方，強い予防原則は，そうした予防措置の実施を「要請する」．本節の説明は強い定式の一バージョンである．両者の違いは，拘束力の相違として理解できるだろう．弱い予防原則が，科学的に確立された可能性のみを考慮するタイプの費用便益分析を補う役割を果たすのに対し，強い予防原則は不確実性のある状況において，費用便益分析に代わる意思決定の指針となる（片岡ほか 2022）．

術に関連する二本の投稿論文をめぐって，それらが公衆衛生上の意義を有する一方で，パンデミックウイルスの作製方法を示唆するデュアルユース研究であるとして，論文出版の是非について議論が展開された事例である．最終的にNSABBの審議で論文出版の利益はそのリスクを上回ると評価され，論文の出版は認められた．このNSABBの評価に対して，デイヴィッド・レズニックは，予防原則の観点から批判を展開している．彼によれば，論文出版に伴うリスクについて学界でも意見が二分されていたことから，リスクについて不確実性の高い状況であったと考えられるため，リスクを低減するための予防措置が必要だった．具体的な措置として，論文の一部を墨塗りにした上で出版し，限定された責任ある研究者のみに黒塗り部分の閲覧を許可するアクセス制限が提案されている（Resnik 2013; 2021）．この提案は，予防原則が費用便益分析の限界をどのように補完しうるかを示すとともに，デュアルユースジレンマにおいて暗黙のうちに想定されがちな「完全に自由な研究の実施」か「全面的な禁止」かという二者択一の状況を回避する可能性を示唆するものといえよう．

他方で，デュアルユース研究に伴う不確実性に対応する別のアプローチも提起されている．ジョナサン・タッカーは，(1) リスク評価のプロセスに関与する主体の多様化によってリスク評価の精度を向上すること，(2) 研究者が自主的に策定する学会ガイドラインのようなソフトな手段や罰則を伴う法的規制等を組み合わせることによって，「予防の網（web of prevention）」を構築することを提唱している（Tucker 2012b）[10]．

こうした重層的な評価・管理体制を検討することは，研究者の社会的責任をめぐる論点と接合する形で研究者集団による自主規制を強調してきた日本国内の議論の傾向を見直す上でも大きな示唆を有するだろう（片岡・河村 2021）．また，本書第1章でフォーカスされている「責任ある研究・イノベーション（Responsible Research and Innovation: RRI）」の発想をデュアルユースのガバナンスに取り込むことが提案されている分野もある．例えば，

10　シェイマス・ミラーも「予防の網」というアイデアを軸とする議論を展開している．彼によれば，「予防の網」は個々の研究者がもつ断片的な知識が推論的に統合されたクラスターである「知識の網」（例えば，大量破壊兵器の製造方法が該当する）に対置される．科学者や技術者には，デュアルユース性のある知識が悪意ある行為者の手にわたることを防ぐために，制度に基づく予防の網を設計・実施する道徳的責任があるとする．例えば，化学分野であれば，化学兵器禁止条約（the Chemical Weapons Convention: CWC）に基づく化学兵器の全面的禁止に向けた国際的な取り組みに加えて，国家・産業界・組織レベルでの規制を通じて，デュアルユースに関わる問題の特定，研究開発の実施・成果公開に関する裁定・助言を行うことが要請される（Miller 2018）．

神経科学技術分野では，RRIのレンズを通すことによって「懸念されるデュアルユース研究（Dual Use Research of Concern）」に該当する研究を同定するとともに，RRIの原則に基づき研究者だけでなく多様な利害関係者を意思決定プロセスに関与させることを目指す「責任あるデュアルユース（Responsible Dual Use）」というアイデアが構築されている（Aicardi et al. 2018）．これもまた予防の網によるアプローチに連なるものだと考えられるだろう．

3　倫理的課題

前節では，デュアルユースジレンマに対してどのように対応すべきかという規範的問いに関連する議論を紹介した．しかし，デュアルユース研究をめぐる規範的課題はこれに尽きない．例えば，第三者による研究の悪用について研究者は個人あるいは集団として責任を負うのか，研究から生じうる利益と危害をどのように分配すべきか等々の倫理的課題がある．本節ではデュアルユースをめぐる責任や正義に関わる議論を概観し，本章の締めくくりとしたい．

3.1　責任

科学技術倫理や科学技術社会論分野において，科学者や技術者の責任は中心的なテーマの一つとして研究が蓄積されてきた[11]．無論，デュアルユース研究に関わる責任も探究対象となりうるが，デュアルユースの特性が惹起する困難がある．本章2.2で言及したように，懸念されるデュアルユース研究

11　特に日本では，第二次世界大戦後，戦時中の戦争協力への反省から，日本学術会議「戦争を目的とする科学の研究には絶対従わない決意の表明」や日本物理学会「決議3」の採択に代表されるように，研究者が自らの責任について議論を深め，軍事研究との決別を自らの責任の一部として表明してきた歴史がある．しかし，2000年代以降に推進された産学官によるイノベーション志向の科学技術政策と接合する形で，大学がデュアルユース技術の研究開発に従事することが期待されるようになった（夏目 2018）．その象徴的な事例が，2015年に創設された防衛装備庁の安全保障技術研究推進制度である．この制度の発足を受けて，日本学術会議は2017年に「軍事的安全保障研究に関する声明」を発表し，将来の装備開発につなげるという本公募の目的や，政府による研究介入に対する懸念を表明するに至った．ただし，2022年には梶田隆章日本学術会議会長が小林鷹之内閣府特命担当大臣（科学技術政策）宛の文書において，「今日の科学技術とりわけ先端科学技術，新興科学技術には，用途の多様性ないし両義性の問題が常に内在しており，従来のようにデュアルユースとそうでないものとに単純に二分することはもはや困難で」あるとの見解を示している．その上で，梶田会長は「科学者コミュニティの自律的対応を基本に，研究成果の公開性や研究環境の開放性と安全保障上の要請とのバランス等を慎重に考慮し，必要かつ適切な研究環境を確保していくことが重要」との立場を表明しており，デュアルユースに対する日本学術会議としての見解の変化がうかがえる（梶田 2022）．

ないし技術を悪用するのは研究開発を実施した研究者や技術者自身ではなくその成果を使用する第三者であると想定される．このような第三者によって研究成果の悪用がなされるという意味での結果の間接性を根拠として，研究者や技術者に対する免責論を展開できるかもしれない．実際に，マンハッタン計画に参加した研究者たちが，用途の善悪に対する科学技術の中立性を根拠に，科学者が責任を負うのはあくまでも研究開発の遂行に対してであり，その成果の使用について責任を負わないと考えていたとの証言もある（Finney 2007）．

こうした弁明に対してどのように応答できるだろうか．スザンヌ・ユニアッケは，結果の間接性のような免責要因をキャンセルする二つの条件を思考実験によって特定する．彼女によれば，（1）第三者が悪い影響をもたらすことが合理的に予見できること，（2）自分（研究者）の行いが，第三者が悪い影響をもたらす手段や機会を提供していること[12]，という二つの条件が満たされる場合は，研究者は帰結に対して何らかの責任が帰属される．さらに，こうした条件のもとで課される責任から，可能である場合には悪い影響を防止するよう努める義務が当該の研究者に生じる（Uniacke 2013）．

ユニアッケの提案は，結果の間接性が伴う場合でも研究者への帰責可能性を拓く一方，第一の条件によって無際限の帰責を回避する点でバランスがとれており，一定の説得力をもつように思われる．しかし，この議論に問題がないわけではない．具体的には，彼女が提示する二条件に含まれる「合理的な予見可能性」や「手段や機会の提供」をどのように理解するか不透明であるという指摘や，分野全体で研究が急速に進展していて個別の研究やその従事者の貢献が必ずしも決定的ではないケースではこの二条件がうまく機能しないという批判がある（神崎 2022）[13]．こうした批判を踏まえて，責任帰属に関する条件の明晰化や広範なケースに適用可能な理論構築に向けたさらなる研究が求められている．

12　この原理と類似するものとして，ミラーはジョン・スチュアート・ミルの他者危害原理を発展させた「危害手段提供禁止原理（no means to harm principle）」を提案している（Miller 2018）．

13　ユニアッケに限らず，研究者が置かれている文脈を考慮しない議論全体に対する批判もある．ルイーゼ・ベザイデンハウトは，デュアルユース研究の義務や責任を含む倫理に関する議論は先進国の研究環境を暗黙に前提としているため，発展途上国の研究者には受け入れがたく，また彼らを疎外していると指摘している（Bezuidenhout 2013）．

3.2　正義

「各人に然るべきものを与えること」を意味する正義は，倫理学の重要なテーマでありながら，デュアルユースに関する倫理的議論ではほとんど注目されてこなかった[14]．しかし近年では，デュアルユース研究の正義に踏み込む研究として，その分配的正義と手続的正義に関する議論が提示されている．

分配的正義とは，資源の配分に関わる正義である．デュアルユースに関わる分配的正義の問題として，デュアルユース研究の善用による潜在的利益と悪用による潜在的危害の分配先が必ずしも同一ではなく，しばしば偏りが生じることが指摘されている．例えば，病原体研究は善用によって公共の福祉に資する一方で，バイオテロに悪用される場合には多くの人の命や健康を害しうる．しかし，先進医療はすべての人が平等にアクセスできるものではない上に，テロの標的となる地域にも著しい地理的な偏りがある．このため，悪用によるリスクが低い状況に身を置いたまま善用による恩恵を受けられる人々がいる一方で，高いテロリスクにさらされながら善用による恩恵を受けられない人々が生じうることは想像に難くない．グローバルな分配の不公正は多様な資源やリスクをめぐって指摘されている問題だが，デュアルユース研究にも該当しうる（片岡ほか 2022）．

次に手続的正義に目を向けよう．手続的正義とは決定の過程ではたらく正義である．どのような手続きが正義にかなっているのかをめぐってさまざまな立場がありうるが，デュアルユース研究の文脈では，レズニックによって民主的なプロセスを重視した議論が提案されている．それによれば，デュアルユース研究のガバナンスに市民が参加することが，公平・公正かつ民主的な意思決定の基盤となる（Resnik 2021）．例えば，遺伝子組み替え蚊（GM蚊）を作製し試験的に放野する研究を考えてみよう．この研究は感染症のコントロールという潜在的な利益を有する一方で，研究者が意図しない生態系の撹乱や健康被害をもたらすかもしれない．また，この研究に関する情報やGM蚊が悪意のある人の手にわたった場合，感染力や毒性を強化する研究開発に転用されるおそれもある．このようなデュアルユース研究をめぐる意思決定に地域コミュニティが形だけでなく実質的に参加することは，地域住民が自身に影響を与えうる決定に自らの意見を反映できる点で，手続き上の公正さを促進するというのだ（Resnik 2019; 2021）．とはいえ，実際に民主的

14　デュアルユース研究の許容可能性に関する文脈で正義を考慮する必要性を指摘している研究として，Miller & Selgelid (2007) がある．

な手続きを運用するためには，主題や文脈に応じて適切に参加者の範囲を画定し，具体的な手法を設計する必要がある．また，意思決定に際して求められる議論の内容や労力が普通の市民にとってしばしば参加障壁が高いものとなることにも配慮が求められるだろう．こうした手続き自体の倫理性の担保に注意を払い，政治学，社会学，コミュニケーション科学，社会心理学など多分野の参加研究を参照しながら，デュアルユース研究のガバナンスにおける市民参加の手法を発展させることが求められている．［小林知恵］

*　　*

【読書ガイド】

四ノ宮成祥・河原直人編著『生命科学とバイオセキュリティ：デュアルユース・ジレンマとその対応』東信堂，2013 年

生命科学分野のデュアルユース研究に関連する話題を幅広く論じた専門課程および研究者向けの概論書．

出口康夫・大庭弘継編『軍事研究を哲学する：科学技術とデュアルユース』昭和堂，2022 年

デュアルユースについて，歴史，個別の学問研究との関係，哲学・倫理学的論点といった多様な観点から考察した専門課程向けの論考集．

第8章

患者・市民参画

「なぜ」「どのように」患者・市民とともに研究を進めるのか

第1章でみたように，科学技術にはさまざまなELSIが生じうる．それらに関する検討および対応のための仕組みや営みは「科学技術ガバナンス」と呼ばれる．本章では，科学技術ガバナンスの重要なテーマであるステークホルダー参画について，医学研究への患者・市民参画を例に概説する．具体的には，その定義や推進の理由，国内外での動向を確認した後に，実践において重要となる検討事項や今後の課題を紹介する．

1　はじめに

現代の科学技術ガバナンスにおいて，研究者とステークホルダーとの関係性は重要なテーマである．研究による知識生成は長らく，研究者が中心となって進められ，知識を活用するコミュニティの意見が聞かれることは少なかった．その結果，生成された知識は十分にそのコミュニティのニーズを反映しておらず，また実践への転用が難しいという課題が指摘されてきた．この課題に対して近年注目されているのが，ステークホルダーやコミュニティが研究開発の過程に参画し，協調して研究を進める取り組みであり，ステークホルダー参画（Stakeholder Engagement）などと呼ばれる．

科学分野の意思決定においては，ステークホルダーとして市民が着目され，科学技術の市民参加（Public Engagement）と呼ばれ実践されてきた．科学技術の進展に伴い，科学技術とその応用が社会に与える影響が大きくなったこと，また科学技術をどのように扱うかについての判断は社会の中での価値判断や合意形成と密接に関係する問題であることなどから，民主主義の原理を拡張する形で「市民」との対話が重視されたことによる[1]．

1　詳細は（標葉 2020）または（八木・三上 2021）などを参照のこと．

他方，医学分野においては，「患者」の権利活動や人権擁護を主たる背景に，患者が研究や政策などの計画や実行の過程に参画することの必要性や意義が説かれてきた．さらに，被験者保護や医療資源の最適な配分などの観点からも，特に最終的な受益者である患者・市民の参画が注目を集め，公的機関によって推進されてきた．このような取り組みは，英米を中心に推進・実践されてきたが，近年，日本にも輸入され，患者・市民参画（Patient and Public Involvement: PPI）として公的機関による推進が始まった．

それぞれ異なる文脈の中で発展してきたこの二つの潮流は，各々の実践が活発化する中で，互いの実践や理論背景から学び合い，融合しつつあるようにも思われる．そこで本章では，日本では概説の少ない医学分野の患者・市民参画に焦点を当てる．日本国内での推進や実践が始まりつつある2024年現在の知見を共有することで，患者・市民参画，ひいてはステークホルダー参画について考え，今後の実践やあるべき姿を構想するための一助となることを目指す．

2　患者・市民参画とは

まず本節では，患者・市民参画の定義や用語の使われ方について確認する．患者や市民とともに研究を進めるという取り組みは，各国の規制当局や研究助成機関などの多様な主体により導入・推進されているが，その用語や定義はさまざまである．そこで最も有名な英国の定義を取り上げて導入としつつ，類する用語や定義を紹介する．なお，医学や医療における患者や市民の参画は，研究以外にも，医療実践・政策・教育・医療機関でのサービス提供などさまざまな領域で行われているが，本章では研究への患者・市民参画に焦点を当てる．

2.1　研究における患者・市民参画とは

国際的に最も知られた患者・市民参画の定義の一つは，英国のINVOLVE[2]によるものである．そこでは，研究への患者・市民参画は，「市民とともに（with），あるいは市民によって（by）行われる研究であり，市民に対して（to），市民について（about），市民のために（for）行われる研究ではない」と定義される．具体的には，プロジェクトの運営委員としての参画，患者向

2　INVOLVEは，英国の公的研究助成機関NIHR（National Institute for Health and Care Research）の助言機関として設立されたが，現在はNIHRの一部に改組されている．

けの資料やその他の研究資料に対するコメントや作成への関与などが挙げられている．これらの例からもわかるように，患者・市民参画は，被験者として研究に参加する行為とは区別される．

2.2　さまざまな用語と定義

患者や市民とともに研究開発を進めるという理念と取り組みは国際的に広がっているが，用語および定義は統一されていない．参画する人々に関する用語は，患者（Patient）や市民（Public/Citizen）に加え，消費者（Consumer），サービス使用者（Service user），ステークホルダー（Stakeholder）やコミュニティ（Community）などが使われる．また，参画や関与を表す用語としては，Involvement に加え Engagement，Partnership，Collaboration，Active Participation などの使用も散見される．用語に関するこれらの違いは，各国の研究助成機関や規制当局が用いる用語や，研究分野に関連しているようだ．

このような用語と定義の多様性は，複雑な状況を生んでいる．例として，「Engagement」の意味合いの違いが挙げられる．武藤（2019）によれば，Engagement の用語は，英国では研究結果の普及や実装に関する事柄として使われ Involvement の使用とは区別されるものの，北米圏や英国以外の欧州では，この両方の意味合いを含む活動を指す言葉として Engagement という言葉を使用している．

このように各国で多様な用語が使用される中で，日本はどの用語を採用し，どのように定義しているのか．日本では，研究助成機関である日本医療研究開発機構（Japan Agency for Medical Research and Development: AMED）が定義や方向性を示している．AMED では，患者・市民参画という英国型の用語を採用し，その定義を「医学研究・臨床試験プロセスの一環として，研究者が患者・市民の知見を参考にすること」としている．また，患者・市民については，患者，家族，元患者（サバイバー），未来の患者を想定するものと定義されている．AMED における患者・市民参画の用語の定義と検討に関わった武藤は，最終的に策定された日本の定義は英国やカナダと比べてきわめて抑制的であり，研究者側の抵抗や混乱に配慮する一方，協働するという本来の理念が伝わらない定義となったと指摘している（武藤 2019）．

3　患者・市民参画はなぜ推進されるのか

このように国際的な広がりをみせる患者・市民参画であるが，この取り組みはどのように正当化され，国を挙げて推進されるのか．以下，患者・市民参画が推進される理由を結果主義的，規範的，政治的理由の大きく三つに分けて概説する（Greenhalgh et al. 2019）．

「結果主義的な理由」は，患者・市民の参画によって，研究の効率と価値が向上し，より良い研究が行えるようになるというものだ．参画によって，患者・市民の実生活に基づく視点を反映した研究のデザイン，研究参加者のリクルートの促進，学術コミュニティを超えた研究結果の普及などが起こると期待されている．この観点からは，患者・市民参画は研究の質や妥当性，関連性，有用性，信頼性を高めるための「手段」になる．

「規範的な理由」は，倫理的・道徳的要請とも呼ばれる．この立場では，患者・市民参画はそれ自体が目的である．障害者運動における強力なフレーズ，「私たち抜きに私たちのことを決めないで（Nothing about us without us）」に象徴されるように，当事者であり最終的な受益者である患者・市民は自身の病状に関する研究に意見を述べる権利があると考えられている．同様に，研究者と患者・市民の間に存在する力関係の不均衡を減らし，正義や公平の実現，社会的弱者のエンパワメントにつながるという主張もされる．疎外されたコミュニティが研究に参画することで，そのコミュニティからの研究参加率が改善し，より幅広い患者に適用可能で受け入れられる研究結果に繋がるという人権擁護に関する考え方も規範的理由に該当する．

「政治的・実践的理由」は，患者・市民が関与することで，透明性の強化や説明責任の担保につながり，研究の正当性と信頼性に貢献するという考え方である．公的資金が投入されて行われる医学研究については，民主主義的な観点から，コミュニティとともに知識を生成することで，資源が公共の利益に適う形で配分される必要があるとされる．この理由は，モード２科学[3]の特徴としても言及される．

3　モード２科学とは，分野横断的な参画と，多種多様な場所での応用のコンテクストを意識した知識生産様式であり，生産された知識がいかに問題解決に寄与したかで評価される（Gibbons et al. 1994）．

4　日本国外での推進の動向

次に，国外での推進の動向をみていきたい．本稿では，国際的な推進，各国における推進，そして学術誌による推進の三つの領域に分けて概説する．

国際的な推進の源流は，世界保健機関（WHO）にみることができる．1978 年に採択されたアルマ・アタ宣言において，人々がヘルスケアの計画や実現に参画する権利と責務をもつことが明言された（日本 WHO 協会 2022）．また，国際医学団体協議会（CIOMS）は，WHO との共同で 2016 年に「人間を対象とする健康関連研究の国際的倫理指針」を策定し，そのうち一つの独立した章としてコミュニティ参画の重要性を記述した（国際医学団体協議会 2018）．世界医師会が示す医学研究の倫理原則であるヘルシンキ宣言においても，2024 年の改訂により，患者・市民参画の促進が明記された（World Medical Association 2024）．

次に，各国での取り組みを紹介する[4]．研究への患者・市民参画に関する政策の登場は，1990 年代の英国，米国，オーストラリア，カナダにさかのぼって確認できる．次第に推進に重点をおいた公的機関も設立されるようになり，1996 年には英国の INVOLVE が，2010 年には米国にて患者中心の比較有効性研究の資金提供機関として PCORI（Patient-Centered Outcomes Research Institute）が設立された．カナダでは公的な研究助成機関である CIHR（Canadian Institute of Health Research）が患者参画の重要性を認め，SPOR（Canada's Strategy for Patient-Oriented Research）と呼ばれる患者参画に関する国の計画のもとで推進が進められている．オーストラリアでは，同様に研究開発資金配分を行う機関である NHMRC（National Health and Medical Research Council）が消費者健康フォーラムと共同で消費者とコミュニティの関与の促進に関する声明を発表し，実践を促している．NIHR をはじめいくつかの機関では，申請者が患者・市民参画をその研究に含めるための資金を申請するか，患者・市民参画を含めない理由を記述するかのどちらかを選択させるなどして，患者・市民参画を研究課題公募採択時や研究評価時の一つの評価指標としている．

国際的な学術誌に関する動きも注目に値する．英国の医学雑誌 BMJ では，2018 年から，BMJ Open への投稿に対して患者・市民参画に関する記

4　海外のそのほかの国のより詳しい推進状況を確認したい方は，（Hodinott et al. 2018）を参照されたい．

載を義務づけた．具体的には，論文投稿の際，方法セクションの末尾に，患者・市民参画の具体的内容，取り入れなかった場合にはその理由の説明が求められている．また，2015年には患者・市民参画に焦点を当てた学術誌 *Research Involvement and Engagement* が創刊された．本雑誌では患者も雑誌編集や論文査読を行っている．患者・市民参画に焦点を当てた学術誌には，ほかに *Journal of Participatory Medicine* や，*Health Expectations*，*Research for ALL* などがある．

5　国内での推進状況と実践例

5.1　公的機関による推進

日本では，患者・市民参画に対する国の推進の姿勢が明確に現れたのは2017年のことである．内閣府の健康・医療戦略推進本部が策定する「医療分野研究推進計画」において，「臨床研究及び治験の実施に当たっては，その立案段階から被験者や患者の参画を促進する」との記載が盛り込まれた．この文言は，2014年計画策定時の記載「被験者や患者との連携を図る」から，2017年改定によってより積極的な文言に変更されたものである．

2017年に策定された「がん対策推進基本計画」第3期でも，患者・市民参画に関する記載を確認できる．計画では，取り組むべき施策として「患者などが研究のデザインや評価に参画できる体制を構築するための取り組みを開始すること」「研究の計画立案と評価に参画可能な患者を教育するためのプログラムの策定を開始すること」の二つの事項を掲げている．他に，「免疫アレルギー疾患研究10ヵ年戦略」(2019年)，「臨床研究・治験の推進に関する今後の方向性について（2019年版）中間とりまとめ」「医療分野研究開発推進計画」(2021年）においても，患者・市民参画の推進に関する記載を確認できる．

医学領域の研究助成を管轄するAMEDは，上記の動向を受けて2017年より患者・市民参画に関する動向調査を開始し，2019年には「患者・市民参画（PPI）ガイドブック～患者と研究者の協働を目指す第一歩として～」を発行した（日本医療研究開発機構 2019)．これは主に研究者向けの患者・市民参画の啓発を意図したものである．その後，英語版の発行や事例紹介ページの作成など，コンテンツの拡充が図られている．

5.2　国内での実践例

国内における実践例は，2010 年代前半からみられる．管見の範囲において，代表的な事例を表 8-1 に紹介する．研究領域や，患者・市民参画の実践方法の多様性が確認できる．各プロジェクトの詳細に関心のある方は，出典に記した文献をぜひ確認いただきたい．

表 8-1：日本における代表的な患者・市民参画の実践例

プロジェクト名など	実施年	研究領域	概要	出典
J-RARE	2012-2024 現在	希少疾患	当事者が個人情報や日々の症状，生活の記録などをオンライン上で登録する形のレジストリ．患者主体型の生活の質（QOL）研究が進められており，患者が主体となって研究者と協働しながらリサーチクエスチョンの設定，倫理審査の申請，データ収集，解析，学会発表などを行っている．	（江本 2019）
iPS 細胞臨床試験に関する対話	2013-2018	再生医療	世界初の iPS 細胞を利用した治療の臨床研究の開始にあたり，網膜色素変性症をもつ患者と研究者の対話によって臨床研究計画に関する相互理解を深めた．	（日本網膜色素変性症協会ほか 2019）
RUDY JAPAN	2014-2024 現在	希少疾患	オンライン上で患者が質問票に定期的に回答することで，長期的な QOL の変化などのデータを収集するプロジェクト．プロジェクト全体にわたる患者との協働を特徴としており，協働がアクションリサーチとしての研究対象にもなっている．	（Hamakawa et al. 2021）
がん遺伝子パネル検査の説明同意モデル文書への患者査読	2018-2019	がん	がん遺伝子パネル検査の説明モデル文書に対して，説明が患者に伝わるものになっているかどうかの確認と患者が知りたいと思うこと・不安に思うことの反映を目指し，5 名の患者からの査読を受けた．	（中田ほか 2019）
コモンズプロジェクト	2018-2022	希少疾患	医学研究政策のエビデンス創出を目指し，複数の希少疾患の患者・研究者・行政経験者が計 20 回以上にわたるワークショップに参加し，研究テーマの優先順位設定を行った．論文執筆にも 10 名を超える患者が共著者として参加した．	（Kogetsu et al. 2023）

JCOG（日本臨床腫瘍研究グループ）	2018-2024現在	がん	臓器別の研究グループが定期的に患者会との意見交換会を行っている．計画段階の臨床試験に関する意見交換を行っているグループもある．	（水澤ほか 2023）
アレルサーチ	2019-2022	花粉症	花粉症の多様な症状と生活習慣に関係する因子を収集するスマートフォンアプリの開発と一連の研究を，4名の患者・市民の参画を得た上で実施した．	（Fujio et al. 2022）
AIDE プロジェクト	2020-2023	AI	医療分野のAIの開発・導入におけるステークホルダーの参画の戦略および場の設計を目的としたプロジェクト．「患者・市民参画パネル」を設置して，約10名の患者・市民の協力を得て，種々のフィードバックやインタビュー用のシナリオの共同作成などを行った．	（Katirai et al. 2023）
全ゲノム解析・患者還元に関する説明文書の検討会	2021	がん	国家事業として行う全ゲノム解析研究について，がん経験者やその家族8名から説明文書のモデル文案の分量や内容などに関する意見を収集した．	（中田ほか 2022）

6　患者・市民参画をどうデザインするか

第4節でみてきたような公的機関による推進を受けて，主に英米を中心として各国で患者・市民参画の実践と議論が活発に行われている．そこで本節では，国外の豊富な事例報告やレビューを題材に，研究者が自身の研究に患者・市民参画を取り入れる際に考慮しうる論点に焦点を当て，知見の整理を試みる．具体的には，参画の仕方や対象となる研究段階，人々が参画する動機，誰が参画するべきか，そして患者・市民参画が与える影響について概説する．

6.1　どのような参画の仕方があるか

まず，患者・市民がどの程度・どのような関わり方でその研究に関与するか，という点を取り上げる．患者・市民の研究への関与度合いを説明するモデルは，複数のものが考案・活用されてきた．その一つが，表8-2に示すForsytheらによるモデルである[5]．Forsytheらは，患者・市民が情報提供す

5　しばしば，質的研究としての患者・市民の意見の聴取（例：インタビュー調査）と，研究への患

表8-2：患者・市民の参画の仕方の多様性

	Input （一方向性の入力）	Consultation （相談）	Collaboration or shared leadership （協働またはリーダーシップの共有）
定義・特徴	患者や他のステークホルダーは情報を提供し，研究者はその情報を議題の設定や意思決定の際に使用する． 情報は通常，一方的に流れる． 患者や他のステークホルダーには意思決定の権限がない．	患者や他のステークホルダーは，継続的にまたは必要に応じて，特定の研究の側面や要素についてのサポートやアドバイスを提供する． 情報は一方的にも双方向にも流れうる． 意思決定の権限は，研究チームが定義した活動範囲に限定される．	患者や他のステークホルダーは積極的に議題を定義し，意思決定を行う． 情報は双方向に流れる． 意思決定の権限・責任は共有される．
例	フォーカスグループ インデプスインタビュー 調査 ユーザー体験テスト クラウドソーシング 会議／フォーラム	アドバイザリーパネル ワーキンググループ 外部アドバイザー	共同研究者 研究チームメンバー 内部アドバイザー 運営委員会 コミュニティに根ざした参加型研究（CBPR）／参加型アプローチ

（出典：Forsythe et al.（2019）のフレームワークより訳出・一部改変）

るような関与から，継続的かつ意思決定の権限・責任を共有する協働の形の関与まで連続性があるとした．この関わり方にはそれぞれ優劣はなく，状況に応じて決定されるべきだと考えられている．また，近年は「パートナーシップに基づく研究」という言葉も登場している．これは，表8-2において「相談」「協働またはリーダーシップの共有」に該当するような比較的深い患者・市民の関与を示す．関連して，このように密に関与する人々を患者・市民パートナーと呼ぶこともある．

6.2　どの研究段階への関与が可能か

次に，どの研究段階に関与するかという論点について述べる．患者・市民

者・市民参画としての意見聴取が混同される．しかし，研究計画と研究倫理の明確性などの観点から，この二つを区別することが推奨されている．

参画は，研究課題の設定から成果発表，実装に至るまでの研究サイクルの中の，どの段階においても実現可能だといわれている．各段階における患者・市民参画の仮想例については，AMED が提案しているものを表 8-3 に示す．

実践報告では，研究課題や領域・テーマの設定，研究の説明文書の改訂，

表 8-3：研究プロジェクトへの患者・市民参画の仮想例

研究段階における八つのステップ		各段階における患者・市民参画の仮想例
STEP1	研究課題・領域・テーマの設定	疾患 A について，長期にわたる患者レジストリ構築のあり方をテーマに，複数名の患者・市民―研究者が検討会を行う
		疾患 B の治療を目指す 2 種類のアプローチについて，どちらのアプローチを目指す研究が望ましいかをテーマに，複数名の患者・市民―研究者間の対話を行う
STEP2	研究計画の立案	研究者が考えた選択基準と除外基準について，数名の患者・市民が対話形式で妥当性を検討する
STEP3	研究資金の申請	研究者が作成した研究計画全体ならびに研究資金の配分について，数名の患者・市民が，研究者を交えたオンライン対話を通じて改善案を検討する
STEP4	データの収集	研究者が作成した調査票の答えやすさを向上させるために，複数名の患者・市民―研究者が対話形式の検討会を行う
		研究参加者が集まらない理由や，データ収集がうまくいかない理由について，複数名の患者・市民―研究者がオンライン対話を通じて検討する
STEP5	データの分析	今後とも，研究 A を続行するかどうかについて，暫定的なデータ分析結果を踏まえて，複数名の患者・市民―研究者が対話形式で検討を行う
STEP6	研究結果の公表と発信	複数名の患者・市民―研究者が，オンライン対話を通じて，研究者の作成した研究結果のプレスリリースや発表方法について，内容や妥当性を検討し，よりわかりやすく誤解を生まないものにする
STEP7	研究結果の実用化に向けた取り組み	複数名の患者・市民―研究者が，オンライン対話を通じて，研究者の作成した研究結果のプレスリリースや発表方法について，内容や妥当性を検討し，よりわかりやすく誤解を生まないものにする
STEP8	研究の振り返り・評価	終了したばかりの研究 B を振り返って総括し，次の研究に向けた改善点について，複数名の患者・市民―研究者が，対話型ミーティングを通じて話し合う

（出典：AMED による「患者・市民参画ガイドブック」図 2 および表 2 をもとに筆者作成）

介入方法の検討といった段階への参画が多く行われている．一方，データ分析への参画は限られている．研究に対するより高度な専門知識が求められるためであり，「ガラスの天井」とも称される．

6.3　患者・市民はどのような動機で参画するのか

患者・市民が研究に参画する動機を理解することも，参画する人々と研究者の双方が納得できる有意義な患者・市民参画の実践において重要である．ここではLauzon-Schnittkaらのレビューを紹介する（Lauzon-Schnittka et al. 2022）．

最も多く報告される患者らの参画の動機は利他的な理由である．研究の向上や医療の改善に貢献したい，他の患者や地域社会の役に立ちたいという思いが含まれる．それ以外の動機は，「個人的な動機」として，研究という新しく刺激的な活動への関心や，自身の成長の機会としての関心，「病気に関する動機」として，これまでの医療への感謝に基づく恩返し，逆に医療へのネガティブな経験に基づく改善への意欲，そして日頃の生活では否定的なものとして意味づけられる病気の経験が研究への参画によって肯定的な意味づけに転換されることなどがあるようだ．

6.4　どのような人々が参画するべきか

患者・市民参画の実践において，誰が参画するべきかという論点はつきものである．特に，参画する人々の選考方法やその妥当性，代表性（参画する人々はその集団を代表する意見をいえるのか）などがよく議論される．人種間の格差や，男女の不平等，教育水準の違いなどが参画のしやすさに影響しうる．適切な工夫をすれば，社会的な不平等を被っている集団でも研究のすべての段階に関与できるとも考えられ，多様性を確保するという観点での患者・市民参画のデザインは欠かせない．

もう一つの論点として，患者と市民に期待される役割の違いがある．患者や患者家族は，病気に関する経験（lived experience）に基づく専門性をもつとされ，その専門性に基づく研究への貢献が期待される（Smith et al. 2019）．加えて，患者は医療サービスの利用者としての利害関係をもつ立場と認識される．一方で，市民は患者に比べると特定の利害関係をもたず，納税者として社会全体の利益を反映するという観点で研究の民主主義的な実施に貢献する（Fredriksson & Tritter 2017）．これらを踏まえると，患者としての役割を市民に期待することはできず，逆もまた然りだとして，両者の特徴を理解して参画を促す必要がある．

参画する人々に，どの程度の研究の専門知識を要求・期待するかという点も重要な論点の一つだ．研究プロジェクトによっても求められる専門知識の程度は異なるだろう．例えば研究の説明文書を患者・市民が査読し，よりわかりやすいものにするという目的の場合，より研究に馴染みのない人々の関与が適切だと思われる．一方，高度なデータ分析に参画する場合には，科学的知識が要求されることもあるだろう．研究のどの段階への，どのような参画を期待するかを踏まえて，募集する人の特徴と必要なサポートを考慮すると良いだろう．

6.5　患者・市民の参画はどのような影響をもたらすのか

このようにして患者・市民参画を進めていった結果，どのような影響がもたらされるのか．文献では，研究そのものに加えて，参画する患者・市民や研究者，患者・市民と研究者の関係性，そしてコミュニティや社会のそれぞれに対して正負両面の影響を与えうることが明らかにされている（表8-4）．なお，文献の動向としては，研究の質や適切性の向上といった恩恵に関する報告が多い．一方，負の側面に関する報告は少ないが，これは出版バイアスが関係している可能性もあると言われる．

表に示した負の側面の一部は，工夫により改善・解消することが期待される．具体的には，参画のために十分な時間を確保する，期待する役割や貢献を明確にする，患者・市民の状況変化に応じて参画の仕方を柔軟に変更する，患者・市民がもたらした影響と貢献について明確にし，患者・市民の参画に対して定期的なフィードバックを提供するなど，さまざまな工夫の必要性が指摘されている（Lauzon-Schnittka et al. 2022）．

患者・市民参画がもたらす影響については，豊富な事例報告に基づき議論されている一方で，それらの報告・評価は内容や品質に難があり，エビデンスとして弱いと指摘する声も多い（Manafo et al. 2018）．この指摘は，後述する患者・市民参画の報告や評価のあり方に関する議論につながっていく．

7　患者・市民参画を行う上で検討すべき論点

7.1　患者・市民参画によって喚起される新たな論点

患者・市民参画の推進と実践にあたって，ルールや制度設計に関する新たな課題が浮上している．本項では「報告」「評価」をはじめとする代表的な

表8-4：患者・市民参画がもたらす影響

	正の側面	負の側面
研究	・日常的な経験に基づいた研究課題の設定 ・研究の参加者数を増やし脱落率を減少させる ・より良いインフォームド・コンセント ・より適切な募集戦略や，より参加者の負担の少なく効果的な介入 ・これまで考慮されてこなかった質問項目の特定 ・実際の使用により役立つような結果解釈 ・より広範へのわかりやすい研究結果の普及と活用の促進	・患者の意見を優先することで，科学的厳密性が犠牲になることや研究デザインや議題が本来の目的から外れてしまう可能性 ・論文が出版される前に研究結果が普及し，出版が危うくなることへの懸念
患者・市民	・研究や他者に貢献する喜び・達成感・自己効力感・自信などの心理的影響 ・研究に関連する能力・知識・スキルの向上 ・病気の治療や管理に関する情報など自分にとって関連のある情報へのアクセスの改善	・研究課題に圧倒された時の疲労やストレス ・意見を表明することへの不安 ・自身の経験を思い出すことによる心理的な負担感 ・期待される役割の不明確さによるストレス ・意見を真剣に受け止めてもらえない，研究に意見を反映できていないという無力感
研究者	・研究分野やコミュニティが抱える問題に対する理解と洞察力の向上 ・研究プロジェクトへの意欲向上や作業負荷の軽減	・必要な時間的・金銭的・人的リソースの増加
パートナーシップ（患者・市民—研究者の関係性）	・双方の信頼関係の強化 ・双方のニーズや制約に関する相互理解 ・相互の尊重や学び合いによる相乗効果の経験	・患者・市民と研究者の間で，意見の対立や緊張が生じうる ・患者・市民の参画の形骸化
コミュニティや社会	・研究の受容性・信頼性の向上 ・コミュニティのエンパワメント ・コミュニティの研究に対する能力を高めることができる	・コミュニティ運営にかかる時間的・時間的リソースの増加 ・抗議する能力や急進的な社会運動を阻害することで，コミュニティの沈静化という全く逆の効果をもたらす可能性

（出典：複数のレビュー文献〈Manafo et al. 2018; Brett et al. 2014; Lauzon-Schnittka et al. 2022 など〉をもとに筆者作成）

トピックを取り上げ，今後の患者・市民参画のあり方を読者とともに考える契機としたい．

報告

患者・市民参画の実践が広まりつつある一方，その報告が不十分であることが問題になっている．一つの問題は報告の質である．患者・市民参画が行われたことが謝辞等の記載から読み取れる論文でも，研究段階のどこでどのように行われ，研究にどのような変化を与えたかなどに関する記述に乏しい場合が多く，透明性や明確性に欠ける．さらに，患者・市民参画に関する用語と定義があまりに多様であることや，タイトルや抄録には記載されないために，他者が実践報告を十分に捕捉できず，レビューによるエビデンスの統合が難しくなっている．その結果，なぜ，どのような状況で機能するのかの理解や，患者・市民参画がもたらす影響についての評価が難しくなっている．

それに対し，実践報告の様式が提案され，そのうち最も有名なGRIPP2（Staniszewska et al. 2017）はいくつかの学術誌において使用が推奨されている．一方で，研究者のみが機械的に報告した場合には，患者・市民参画の形骸化や研究者の省察の機会の損失につながるとして憂慮する声もあり（Scholz 2021），適切な報告方法とその内容についてはいまだ議論の的となっている．

評価

患者・市民参画がもたらす影響をどのように評価すれば良いのかという論点は，今最も議論されている領域の一つといえる．実際にこの論点に関する文献は近年3倍以上に増えている．この論点が難しいのは，患者・市民参画の目的への認識によって，評価の必要性やポイントが変わるためである．研究助成機関は政策としての有効性を評価するという動機から，また医学研究者はEBM（エビデンスに基づく医療）に慣れ親しんでいるという理由から，関与による影響についてのエビデンスを求める．また，より良い実践をつなげるためにも，評価は重要である．これを受けて，現在は，評価に資するさまざまなフレームワークが登場している（藤澤ほか 2021; Greenhalgh et al. 2019）．他方，患者・市民参画を規範的理由で重視する観点からは，エンパワメントや権利，説明責任などの重要だが測定が難しい価値についても検討する必要があるといわれる（Schilling & Gerhardus 2024）．最後に，

表8-5：患者・市民参画の実践に関する新たな論点

	概要	今後の課題	参考
教育・研修	参画する人々（患者・市民）と研究者の双方に対して，研修が有効であるといわれている． 研修内容として想定される項目の例 ・患者・市民向け：研究に関する知識や会議内で発言するためのスキル ・研究者向け：非専門家に対するわかりやすい説明の仕方についてのサポート ・共通する項目：患者・市民参画の仕組みや具体的な進め方の紹介など	どのような目的で，何を研修するのか，どのような影響が出るのかなど，引き続き検討が必要． 例として，以下のような議論が存在する． ・患者・市民の「専門性」に関する問い．科学に対する「専門性」を高めすぎると，「一般」の患者・市民から乖離するのではないか． ・研修の目的と方法に関する問い．知識提供よりも，双方向性の対話や個々のニーズの充足を重視するべきではないか．	日本では2023年に，Webページ「ICR臨床研究入門」にて，患者・市民参画に関する項目が公開された．
報酬	患者・市民の知見や貢献を認識し，適切に報いる必要がある． 貢献への認識を表明する方法の例 ・金銭的報酬（謝金，給与） ・感謝状を送る ・患者・市民が参画した研究の成果（論文など）をわかりやすい形で伝える ・論文の共著者や謝辞に含む	・どのような貢献に対してどのような報酬が適切か，研究者のニーズに応えたガイダンス（手引き）と個々のプロジェクトでの検討が必要． ・金銭的報酬の支払いにあたっては，研究機関のポリシー，関係者の理解不足，研究プロジェクトにおける資金不足などが障壁になりうる．体制整備も重要．	英国のNIHRやカナダのSPORをはじめ，海外の公的機関では報酬のガイダンスが提供されている（Novak-Pavlic et al. 2023）．
オーサーシップ	関与や貢献が大きい場合には，患者・市民パートナーが論文等の著者になることも検討される必要がある． 近年，患者著者が含まれる論文の数は急増している．	学術界において，患者・市民著者に関する仕組みを整えていく必要がある． 現状では，以下のような問題が指摘されている． ・患者著者に関するポリシーをもつ国際的な医学ジャーナルはごく少数にとどまる．	患者・市民パートナーとの論文の共同執筆に関する具体的なガイダンスも登場しつつある（Arnstein et al. 2020）．

		・日本の多くの学会では，会議・雑誌の発表は会員資格を持つものに限定されている．	
コーディネーター	患者・市民参画を円滑に進めるためには，調整役を担うスタッフの存在も重要である． コーディネーターが担う役割の例 ・参画する人々の募集と選考 ・研究チームとの会議の開催や連絡 ・会議中のファシリテーション ・報酬や研修の検討 ・参画する人々との定期的なコミュニケーション	コーディネーターの養成や雇用に関する検討と体制整備が必要． ・コーディネーターには研究と患者・市民参画に関する専門的な知識とスキルが求められる．どのように養成するか． ・コーディネーターは，研究費申請の段階からの一貫した関与が望ましい．どのように配置するか．	—

近年では患者・市民参画を，研究者と患者・市民の対話と相互学習の実践として概念化する提案も出されており，その観点からは研究者や患者・市民が互いの専門性や経験知から学ぶという予測不可能で主観的な経験が重要視される（Staley & Barron 2019）．この立場からは，いつ，なぜ，誰と，どのように対話が行われたのか，どのような主観的変化を与えたのかなどの報告が重要だと主張されている．

患者・市民参画の実施に向けては，上述の「報告」「評価」の他に，「教育・研修」や「報酬」をはじめとする多様な論点がある．代表的なものを表8-5に示す．

7.2　従来の研究倫理に関連する論点

前項で挙げたような新たな課題だけではなく，従来の研究倫理との兼ね合いの中で留意しておくべき点もある．ここではその中でも主要なトピックとして倫理審査と倫理講習，守秘義務，利益相反を取り上げる．

倫理審査と倫理講習

患者・市民参画型の研究を行う際には，倫理審査について二つの点に注意が必要となる．一つ目は，参画する人々が適切に保護されるかという点である．参画する人々の負担やそれに対する配慮を第三者的に評価することは重要である．二つ目は，患者・市民参画によって研究対象者に追加でもたらされるリスクである．特に参画する患者・市民が研究の計画を立案する，研究のデータを直接扱うなどの場合は，その内容に応じて，参画する患者・市民も研究者と同じように被験者保護をはじめとする研究倫理に関する知識を得ておく必要があるかもしれない（Anderson et al. 2012）．倫理講習については，画一的に受講の要否を考えるよりも，具体的な患者・市民参画の内容に応じて必要な講習を柔軟に考えるとよいだろう．

守秘義務

参画する患者・市民は，その参画の程度によっては，研究上の機密事項や，研究参加者の個人情報を知ることになる可能性がある（Martineau et al. 2020）．そのため，参画する患者・市民にあらかじめ守秘義務を課す必要性が生じる場合もあるだろう．現状，このことを定めた指針などはなく，守秘義務の根拠となるものもない．現実的には機密保持契約を行うしかないが，守秘義務に関するルールの策定が喫緊の課題である．

加えて，参画する患者・市民が，研究に関する議論をする中で自身の個人情報を開示する可能性があることにも留意が必要である．特に，患者・市民の視点を研究計画や結果の解釈に反映させる上で，個人的な経験について触れることも十分にありうる．この点についても，十分な配慮や事前の合意形成が重要だと思われる．

利益相反

利益相反は一般的に，ある行為が一方の利益になると同時に，他方の不利益になるような行為をいう．特に製薬企業に勤めている患者・市民が研究に参画する場合や，製薬企業から資金提供を受けた患者グループの関係者が研究に参画する場合などは注意が必要である．このような状況において，参画する患者・市民が資金供与などを受ける企業の利益と，研究の内容や成果とが衝突する可能性がある（Martineau et al. 2020）．これに対して，利益相反マネジメントの考え方が重要となるが，現状ではそれに関するルールは定まっていない．研究機関において利益相反委員会などで行うべきなのか，あるいは研究プロジェクトが行うのか．今後，議論が必要なテーマである．

加えて，研究と研究以外の役割・責任・人間関係とで利益衝突が生じる可能性もある．例えば，患者団体に所属する人が研究に参画して参加者募集に協力する場合，目標の達成のために，研究参加の自主性，倫理的配慮などがなおざりにされてしまう可能性があることに留意が必要である（Anderson et al. 2012）．

このように，患者・市民参画を実践する上で，考慮すべき論点が多くある．それぞれの点について，十分な議論と参考となる指針が必要と思われる．一方で，教育・研修や，倫理講習，機密保持や利益相反などの手続きが過剰となると，患者・市民参画の障壁になりうることにも留意が必要である．いかにこれらのバランスを取るかは今後の課題であるといえよう．

8　共創による新しい研究の実現に向けて

最後に，患者・市民とともに進める研究には，「患者・市民が研究に参画する」だけでなく，共創（co-production/co-creation）という形もありうる．共創は，成果物の「作り手」と「利用者」の垣根をなくし，人々のもつさまざまな専門性や経験的知識をより実質的かつ有意義な方法で医学研究やヘルスケアに統合する方法として捉えられている．共創に基づく研究は，研究者が主体となって行う研究とも，患者・市民が主体となって行う研究とも異なる，第三の新しい価値をもたらす研究になるかもしれない．パラダイムシフトを生む可能性を期待する人もいる（Staniszewska 2022）．例えば，共創の過程では，「医学研究とは何で，どうあるべきか」「QOL とは何か」といった，従来当たり前とされてきた，しかし根底にある前提自体も議論の俎上にあがり，再構築されうる．さらに，共創の過程で行われる対話は，その場にいる人々すべてにとって，自分とは異なる専門性をもった人々からの新しい刺激と学び，それによる成長をもたらすものになりうる．患者・市民とともに研究が行われることで，このような恩恵が真にもたらされるのか，期待をもって注視したい．

9　おわりに

本章では，患者・市民参画に関する基本的な知識や考え方を押さえるとともに，取り組みが活発な英米からの実践報告を中心に最新の知見をまとめた．本章の執筆にあたった我々は，日本で患者・市民参画の実践に携わっており，その立場からの所感を述べて結びとしたい．本章において，患者・市民とともに研究を進める上で考慮すべきさまざまな事項について記述した．これらはもちろん重要だが，ある種，一般論や原則論にすぎないという面もある．例えば，代表性や多様性に拘りすぎると，「理想的」な患者・市民パートナーが見つからず，実践の足止めになるかもしれない．また，患者・市民パートナーは，当然一人ひとりの背景や事情，参画する動機を抱えている．重要なのは，目の前にいる患者・市民とコミュニケーションをとり，どのような関わり方を期待するのかを話し合い，実現可能性を擦り合わせていく姿勢ではないか．日本においては，公的機関による体制整備は道半ばの状況であるが，だからこそ先行する米国や欧州にない新しい患者・市民参画のあり方を形作っていける可能性もある．患者・市民参画の実践に一歩踏みだし，実践報告と関係者内外の振り返りや評価を丁寧に重ねていくことで，より良い実践や体制整備に結びつくことを願っている．

本章の執筆にあたり，加藤和人氏（大阪大学大学院医学系研究科・教授）にご助言を賜りました．この場をお借りして御礼申し上げます．

［磯野萌子，古結敦士］

＊　　＊

【読書ガイド】

患者・市民参画は日本で近年導入された概念であり，この領域を中心に論じた日本語書籍は管見の限り存在しない．そこで，本章では関連領域の書籍を 2 冊紹介する．

八木絵香・三上直之『リスク社会における市民参加』放送大学教育振興会，2021 年
科学技術への市民参加について，基本的な考え方や歴史的経緯，日本における代表的な実践など具体的なトピックとともに解説する一冊．

齋藤公子『がん患者の集団になにができるか：肺がんの罹患経験の社会学』現代書館，2024 年
患者・市民参画の理解には，患者というステークホルダーへの理解も欠かせない．本書では，患者集団が積極的に医学・医療に対して働きかけ，日本初の「患者提案医師主導治験」を行うに至った経緯を確認できる．

第9章

トラッキング技術

信頼・監視・個人をめぐる連環と緊張

1　はじめに

情報通信技術の著しい進展によって，大量で多種多様なデータの生成・収集・分析等を行えるようになった．そして，技術が広がるにつれ，各分野でデータ利用に関する倫理的・法的・社会的課題（Ethical, Legal, and Social Issues: ELSI）が顕在化している．例えば，人工衛星からの信号を用いて地球上の位置を測定する「GPS（Global Positioning System）」が普及したことで，運転手に経路案内を行うカーナビゲーションの精度が飛躍的に向上した一方，同じ技術を犯罪捜査に用いることの適法性が問われる事件も発生した．当該事件では，被疑者の車両に秘かにGPS端末を取り付けて位置情報を取得することが，捜査員による尾行や張り込みと比べて，プライバシー侵害の観点からどう異なるのかが争点の一つとなった．

本章は，情報通信技術の中でも「トラッキング技術」に焦点を当てる．トラッキング（tracking）とは英語で「追跡」を意味するから，ひとまずの定義は「ある人の移動や行動に関する情報を追跡・分析するための技術群」としておきたい．なお，紙幅の関係で人間を対象にした技術のみを扱っており，食品トレーサビリティ[1]やバッテリーパスポート[2]など，物を対象にした技術は除外した．

1　食品の生産・加工・流通などの各段階で，各事業者が入荷・出荷に関する記録を作成・保存すること．食品事故等の問題発生時に，食品の移動ルートを特定し，遡及・追跡して，原因究明や商品回収等を円滑に行えるようにすることを目的としている．

2　自動車に搭載される電池など，電池製品のライフサイクル全体に関する情報を追跡・管理するためのデジタル証明書のこと．原料調達，製造，使用，リサイクル，廃棄まで，サプライチェーン全体での情報共有を行うことを目的とする．2023年8月に施行されたEUバッテリー規則により義務化された．

本章は９節で構成されている．まず，トラッキング技術の嚆矢にさかのぼる形で，その基本的機能や便益を示す（第２節）．次に，近代国家が移動する人々の管理のために利用してきたことを概観して「国民」のアイデンティティ形成につながったことをたどり（第３節），差別との関係も探求する（第４節）．また，人々を識別するための番号制度や監視型捜査をめぐるプライバシーの問題も検討する（第５節）．さらに，マーケティングにおける最適化・個別化について尊厳に関する問題提起があることを確認し（第６節），自己決定との関係を分析する（第７節）．最後に，感染症対策におけるトラッキング技術の利用と透明性に関する課題について回顧し（第８節），本章の振り返りを行う（第９節）．

2　移動と信頼：ベネフィット

人の移動や行動を捉えようとする活動は古来より連綿と営まれてきたが，多くの場合，その目的は取引に関する信頼を確保する点にあった．説明の便宜のため，以下では社会進化論的な理念型を示すことにしよう．

まず，原始的生活が営まれている小さな共同体では，血縁・地縁が中心となっており，お互いに顔見知りである．経済活動も共同体内部で閉じる形で行われてきた．では，この共同体に，交易者を自称する人物が外部から訪れた場合，どう対応するだろうか．交易者本人の言葉を信じれば誠実な取引相手かもしれないが，裏切って詐欺を働くかもしれないし，もしかすると盗賊の下見かもしれない．顔見知りではないため，信頼に値する人物かどうかの情報が不足している状況である．ここで，取引を拒否することももちろんできるが，試しに取引をしてみて，もしも裏切られたら探し出して報復するという選択肢も考えられる．

そして，悪しき交易者に制裁を加えるためにも，良き交易者と再び取引を行うためにも，ある種の情報管理が必要となる．つまり，現在または将来における意思決定の参考にするため，過去の情報をたどれるようにしておかなければならない．例えば，過去に取引をした交易者と現在目前にいる人物が同一であると特定できるように，名前，人相，背格好，所持品，喋り方の特徴等を記憶しておく．もちろん，こうした情報管理は共同体内部の顔見知りと取引する場合でも意識せずに行われていたはずである．つまり，人的流動性と経済活動に関する課題に対処するために，信頼に関する暗黙知を形式知や手法として取り出す形で汎化させたものが，トラッキング技術の嚆矢だといえる．

次に，古代から近世にかけて，筆・墨・竹簡や羽ペン・インク・羊皮紙などが広がり，記録と伝達に関する技術が発達すると，取引情報の保存・照会が容易になった．そこで，有力な交易者たちは本拠地を決めて定住し，各地に代理人を雇って取引を任せるようになる．しかし，ここで「エージェンシー問題（principal-agency problem）」が浮上する．すなわち，雇われた代理人は，雇用者である交易者本人の利益のために働くことが期待されているにもかかわらず，本人の利益に反して代理人自身の利益を優先した行動をとってしまうおそれがある[3]．現代であれば，代理人の不正行為を遠隔でトラッキングするという技術的解決策が考えられるが，当時は技術が未発達で限界があった．

ところで，11 世紀頃の地中海貿易では「マグリブ商人」と「ジェノバ商人」と呼ばれる商業集団が鎬（しのぎ）を削っていた（グライフ 2021）．マグリブ商人も地中海各地に代理人を雇っており，やはりエージェンシー問題に直面する．そして，裏切りを抑止する社会機構として血縁を重視した．血縁をもとに代理人を選定し，もし代理人が裏切ったのであれば，血縁で結びついた共同体内でその情報を伝達して集団的懲罰を加えるのである．これに対してジェノバ商人は，血縁にこだわらず個人の能力によって代理人を雇う商慣習を有していた．もっとも，血縁の外から人材を採用すると，裏切りへの制裁が課題となる．情報伝達や集団的懲罰について，異なる共同体と連携する必要があるからだ．そこで，ジェノバ商人は法制度を構築し，合意や契約に関する文書を作成した上で，紛争発生時には第三者的な契約執行組織（裁判所）の裁定を受けられるようにした．制度構築には高いコストが必要だったが，商圏の拡張と経済成長に大いに寄与したという．

ここまでで注目すべき点はいくつかある．情報の非対称性により「市場の失敗」が発生しうること，この課題に対処するためにトラッキング技術は有用であること，有用ではあるが技術上の限界もあったこと，技術だけでなく社会機構や法制度という対処法もあること，そしてそれらを組み合わせて相補的に用いられもすること，課題解決により経済成長を実現できること，などである．

---

3 「エージェンシー・スラック（agency slack）」と呼ばれる状態で，ミクロ経済学や経営学においては，情報の非対称性に起因する「モラル・ハザード（moral hazard）」の一種と説明される．なお，モラル・ハザードに「倫理崩壊」の訳語を当てる場合があるが，適切とはいえないとの指摘がある点はELSIの観点からは見逃せない（岡崎 2006）．

取引に関する信頼を担保するというトラッキング技術の恩恵や便益は，より洗練された形で現代に継承されている．例えば，旅先でライドシェアサービスを利用する際，ドライバーの評判をアプリで確認して，その信頼相当性を判断できる．これは，原始社会における交易者に関する情報管理と構造としては同じである．また，近世の地中海貿易において代理人の不正行為を遠隔で追跡することは技術的に難しかったが，現代では進展がみられる．例えば，銀行口座の利用者が送金を繰り返すなど不自然な資金移動を行えば，マネーロンダリング対策システムによって自動検知される．この仕組みを支えるのは，犯罪収益移転防止法などの法制度や，対策に関する国際基準を作る多国間枠組み[4]といった社会機構である．

もっとも，原始から近世を念頭においたモデルは，あまりにも素朴すぎて「トラッキング技術」とは感じにくかったかもしれない．せいぜい人の行動の始点や終点を把握する程度に留まるからだ．点と点を結んだ線として把握できるようになるには，時代を下る必要がある．

3　信頼と帰属：アイデンティティ

近代において導入されたトラッキング技術のうち最も重要なものの一つがパスポートである．それは，保護的であると同時に権力的であるという近代国家の両義性を伴いつつ，社会に広範な信頼をもたらした．

例えば，アンシャン・レジーム下の18世紀フランスにおいて，国内を移動する平民は，出身地の村役場が発行したパスポート，または，地元の教会が誠実な人柄を保証した証明書のいずれかを所持することが義務づけられていたが，その主たる目的は，好ましくない人間が都市（とりわけパリ）へ移住することを制限するためだった（トーピー 2008: 36）．そして，近代国家は，パスポートにより身元を保証するだけでなく，信頼に値しない人物を特定し排除する権力も行使した．このようにして，街中を歩いている人々を概ね信頼してもよいという感覚を市民にもたらし，同時に，都市を目指す誠実な人々が排斥されにくい環境を整えた．

初期パスポートは，主として国内の治安維持のために用いられていた．しかしその後，近代国家が直面していた優先課題の解決策としても利用される

4　金融活動作業部会（Financial Action Task Force on Money Laundering: FATF）は，マネーローンダリング・テロ資金供与対策の国際基準である「FATF勧告」を策定し，その履行状況について相互審査を行う．FATF勧告は，世界205の国・地域に適用されている．

ようになる．それは，徴兵制度の構築だ．誰に兵役を課すべきか，いかにして訓練地や前線まで移動させるかを管理する手段として用いられるようになり，パスポートは，出生登録簿や居住証明書と並んで，徴兵の全過程において重要な文書となっていく．

パスポートによる移動規制が形骸化した時期があったものの，第一次世界大戦時に，米国と西欧諸国において規制の再導入が行われた（トーピー 2008: 178）．このときの目的は，好ましくない入国者を国境で管理することだったから，国民と外国人がともに対象となった．しかし次第に，外国人は自国以外の領域に入る明白な権利がないと考えられるようになる[5]．国民と国民でない者を区別したい場合，証明書類によることなく決めることはできないから[6]，ある特定個人が国民かどうかを識別するという現在我々が念頭におくようなパスポートの役割が重視されるようになった．

ここまでで強調しておくべきことが三点ある．第一に，近代においてトラッキング技術の利用主体が，個人や共同体だけでなく国家にも広がった．同時に，人々の移動に関する管理の集権化も進み，聖俗のさまざまな機構によって多元的に管理されていた近世までとは様相が異なっている．第二に，技術の利用目的や役割が追加されるにつれ，国家の管理能力が拡張されている．一般論として，技術は当初の設計意図を超えて利用される場合があり，別の目的が追加されたり転用されたりする現象が知られているが，パスポートにもその傾向が観察できる[7]．第三に，当初から狙ったわけではないだろうが，結果としてパスポートが国家の構成員資格を枠付けるようになった．もう少し踏み込んだ表現をすれば，トラッキング技術が「国民」というアイデンティティの醸成に寄与したといえるかもしれない[8]．

5　前近代では，人々が自由に移動できる領域と国境とは一致していなかったし，「異邦人」という概念は所領など地域的共同体と結びついていた．歴史家のリュシアン・フェーブルは「(フランス革命）以前，人々はたやすく境界（limite）を通過していた．貴族，学者，商人にとって，それは当たり前のことであった．国境（frontière）は，軍人や諸侯のためだけに，それも戦時にのみ存在した」と描写している．

6　肌の色や使用言語などは国籍の判断指標ではないが，それにもかかわらず，これまでそのようなものとして理解される場合もあった．

7　「function creep（機能変形）」などとして知られる．例えば，初期の電話は，個人と個人が会話をするという「密室」的なツールだったわけではなく，音楽会や礼拝を中継したり，交換手を通じて村落コミュニティのネットワーク形成をしたりするツールであり，ラジオやレコードと類縁関係にあったとの指摘がある（吉見 2012)．

8　国家の構成員資格と「国民の権利」と考えられている各種の権利保障とは結びつけられているが，実は経路依存性が高い．両者のデカップリングを理論的に試みる論考として，瀧川（2022）を参照．

ただし，かつてのトラッキング技術は，しばしば容易に回避・潜脱することができ，現在からみると穴の多いものだった．例えば，パスポートなどの書類そのものが真正だったとしても，書類を持参した人物がパスポートに記載された人物とは別人だという場合，見抜けないときがあった．本人確認に関する堅牢性や悉皆性を備えるために，新しい技術と高度な官僚機構が必要とされていた．

4　帰属と身体：フェアネス

本人確認のための手段として見出されたのは，身体だった．人体の一部を利用した本人確認手法を一般に「生体認証技術（biometrics）」というが，その技術的限界だけでなく，権力性や公平性という ELSI も焦点になってきた．

例えば，1870 年代には犯罪捜査を主目的として「人体測定法」が開発され，身長・指極・座高など 11 か所の計測記録が用いられるようになった．ただ，当時の人体測定法は，他人の空似や加齢による変化に対応できないといった課題を抱えていた．他方，同じ頃に開発された指紋を用いる技術「指紋法」では，この課題が解決できた．指紋は万人不同と終生不変の性質をもつと証明されたからである．現代でも，スマートフォンなどの使用時に本人確認のため指紋が利用されている．すなわち，ボタンに触れているものが指かどうかを「認識」し，それが掌など指紋以外の紋様でないか「識別」し，その指紋が登録されている指紋と同じものかを「照合」し，同じものであればデバイスの操作を許可する「認証」が行われている（沢 2021）．

指紋法が大規模に導入されたのは，19 世紀末の大英帝国の植民地インドであった（高野 2016）．広大な領土に膨大な人口を抱えたインドにおいて，商人，羊飼い，吟遊詩人など放浪生活を送る人々（nomadic people）を管理することを目的としていた．その後，このトラッキング技術は西欧諸国や他の植民地へと伝播し，日本でも 1908 年に導入される．

しかし，当時は情報処理機械が未発達な時代だったから，その運用には多くの作業が必要であった．まず指にインクを塗り，指紋を用紙に写し取り，紋様や隆線の特徴に基づいて指紋を記号化・数値化する変換作業を行い，記号と数値に則って分類棚に紙を蓄積しておき，要請があれば棚を人力で検索して照合する．このように膨大なコストが必要だったが，それでもなお各国で実施された．例えば，1939 年，「満洲国」に指紋管理局が設置されると，年間100万枚の指紋原紙が人の手によって処理された．現代からみると費用対効果が非常に悪いように感じられるが，「一度指紋を登録すれば，いつ何時でも指紋照合を通じて個人情報を引き出し，身体に意味付与・判断を下せる指紋法は，統治者にとって『夢』の道具」だったのだ（高野 2016: 13）．

このような近代国民国家の「夢」ないし妄執は，第二次世界大戦後の日本でも観察できる．1940年代に検討された国民指紋法構想や住民登録法に指紋押捺制度を導入する構想などはその例であるし，実際に1950年代には全国各地で県民指紋登録が行われた[9]．ここで確認しておきたいのは，これらは国籍に関係なく全住民を対象とするものであった点だ．しかし，かつて在日外国人に義務づけられていた指紋押捺制度は「差別の象徴」として知られる．では，差別性はどのようにして生じたのか．

指紋押捺は，住民登録法では最終的には採用されなかったが，外国人登録法においては1952年に導入された．当時，その対象の大部分は在日韓国・朝鮮人だった．つまり，植民地出身者たちは，終戦後に国籍選択の機会を与えられることなく一律に日本国籍を剥奪されて「外国人」となっていた．このような経緯もあり，指紋押捺をする際の体験は，インクで汚された指を当局によって紙に押し付けられて成すがままにされるなど，植民地主義の継続を突きつけられる屈辱的場面として当事者たちに捉えられた（高野 2016: 212-218）．やがて指紋法というトラッキング技術は，抑圧や差別の象徴として語られるようになる．そして，1980年代に大規模に展開された反対運動を経て，外国人登録法は改正され，2000年4月に指紋押捺制度は全廃されるに至った．

ここから示唆されるのは，トラッキング技術には権力性や公平性に関わるELSIが存在するということだ．すなわち，誰を対象にするかという選択それ自体が不公正となる場合があり，その評価は，直接的対象となる技術と制度（指紋法と外国人登録法）だけでなく，それらを取り巻く歴史や文脈（植民地出身者の国籍剥奪や指紋押捺の体験）も踏まえて成される．たとえ「技術は価値中立的であり，それ自体は善でも悪でもない」との立場を採る論者であったとしても，用いられ方と体験のされ方によっては，技術に対する社会的評価がネガティブなものとして固定化される可能性は認めざるを得ないのではないか．現在，顔・静脈・網膜・虹彩・声紋などを利用する生体認証技術が開発・導入されているが，その ELSI について検討する際には，歴史

9　法的根拠がなかったため，数年で廃止する県が多かったが，愛知県では約20年継続された．

や文脈など幅広い観点を踏まえる必要がある.

5　身体と監視：プライバシー

領域内の全住民を正確かつ完璧に把握したいという統治者の「夢」は，指紋だけでなく番号にも託されてきた．一人ひとりの国民に固有の番号を割り当てることで，転居や確定申告など個人に関する行政事務を効率化しようというものだ．これまで日本において番号制度はしばしば頓挫してきたが，その理由は，ELSI の中でも特にプライバシーへの懸念だと一般には理解されている.

しかし，日本人はプライバシー意識が高いとの定説は，作られた世論であるとの指摘がある（羅 2019)．例えば，1970 年代に行政改革の一環として「統一個人コード」が提案された際に「国民総背番号制」だと批判されて導入が断念されたが，反対派の最大勢力は，プライバシーを重視した市民たちというよりも，労働組合であった．すなわち，全日本自治団体労働組合は，コンピュータが雇用を奪い職場環境を悪化させるとして，もともと反合理化闘争を展開していたところ，統一個人コードに関してはプライバシーと絡めた主張を行った．また，1980 年代に少額貯蓄等利用者カード（グリーンカード）制度が構想された際も，提案側である大蔵省と対立関係にあった郵政族の国会議員らが反対を表明したことを契機として報道熱が高まり，その過程でグリーンカードとプライバシーを関連づける記事が増加していったとの経緯がある．さらに，1990 年代の住民基本台帳ネットワークシステム（住基ネット）における住民票コードについても，国と自治体の「対等な関係」を志向する改革派首長たちが，中央政府（自治省）が整備した住基ネットからの離脱を表明することで地方分権を体現した．今般のマイナンバー制度導入においてプライバシー保護は大きな論点になったが，過去においては，プライバシーという美名は繰り返し政治利用されてきたといえる[10].

他方，司法ではプライバシーが額面通りに尊重されてきた．例えば，第1節で触れたGPS 捜査事件判決では，位置情報を利用した捜査手法とプライバシーの関係が検討された.

判決の詳細に入る前に与件を説明すると，日本の刑事訴訟法では，個人の意思を制圧して憲法の保障する重要な法的利益を侵害する処分について，法

10　番号制度への反対運動とは異なり，1970 年代以降の個人情報保護条例の整備については，プライバシーを重視する市民団体等が大きな役割を担った.

律で定められた要件・手続きに従ってのみ行うことができるという「強制処分法定主義」を採用している（同法197条1項但書）．また，手続きとして，強制処分として行われる捜査（強制捜査）は，事前に裁判官の審査を受けて令状を得なければならないとの「令状主義」が定められている（憲法35条，刑事訴訟法218条1項等）．そのため，強制捜査に該当するにもかかわらず令状を得ずに行われた捜査活動は，違法となる．他方で，強制捜査にあたらないものとして「任意捜査」もあり，例えば聞き込みや尾行などについては令状を得なくても適法に実施できる．

GPS捜査事件では，本人の承諾なく，かつ，令状を取得することなく，約6か月間にわたって自動車にGPS端末を取り付けて移動状況を把握するという捜査手法の適否が問われた．警察側は任意捜査と捉えて令状は不要と考えていたわけだが，最高裁は，以下のように判示して令状のない捜査の違法性を認めた．「GPS捜査は，対象車両の時々刻々の位置情報を検索し，把握すべく行われるものであるが，その性質上，公道上のもののみならず，個人のプライバシーが強く保護されるべき場所や空間に関わるものも含めて，対象車両及びその使用者の所在と移動状況を逐一把握することを可能にする．このような捜査手法は，個人の行動を継続的，網羅的に把握することを必然的に伴うから，個人のプライバシーを侵害し得るものであり，また，そのような侵害を可能とする機器を個人の所持品に秘かに装着することによって行う点において[11]，公道上の所在を肉眼で把握したりカメラで撮影したりするような手法とは異なり，公権力による私的領域への侵入を伴う」と述べて，「刑訴法上，特別の根拠規定がなければ許容されない強制の処分に当たる」とした（最高裁平成29年3月15日大法廷判決）．

ここで注目すべき箇所は，最高裁が認定した「個人の行動を継続的，網羅的に把握する」というGPS捜査の特徴である．位置情報は，ある個人が特定の時間に特定の場所にいたという記録にすぎないが，それらを継続的・網羅的に収集することにより，勤務先や交友関係など個人の行動履歴を詳細に把握することが可能になる．第2節において「点と点を結んだ線として把握できるようになるには，時代を下る必要がある」と述べたが，現代において

11　本件は，GPS端末を車両等に密かに取り付ける「装着型」であったが，対象者がもともと所持しているスマートフォン等の位置情報を開示するよう通信事業者に求める「内蔵型」と呼ばれる捜査手法も存在する．総務省「電気通信事業における個人情報保護に関するガイドライン」41条2・4項は，内蔵型GPS捜査について，令状の発付を前提として，捜査機関が通信事業者からGPS位置情報の提供を受けることを適法としている．

相当程度実現されたといえる．

このような状況を捉えて，個人の行動に関する情報を取得・蓄積して他の情報と結合し分析する捜査手法を「監視型捜査」と呼ぶことがある（松代 2018; 尾崎 2023）．ただし，ここでいう監視は現代的監視であって，近代的監視ではない．近代的監視では，パノプティコンに象徴されるように[12]，被監視者が監視されていることを認識し，監視者の視線を内面化して，（実際の監視の有無にかかわらず）常に監視されているかのように振る舞うよう誘導する点に特徴があった．他方，現代的監視ではそのような内面化は不要であり，むしろなるべく気づかれないよう秘密裏にデータベースが構築され個人が分析されている．この現代的監視の重要な手段となっているのがトラッキング技術であることはいうまでもない．

現代的監視では，必ずしも個人に関する私事が暴露・漏洩されるわけではない．それは少なくとも「私生活をみだりに公開されないという法的保障ないし権利」[13]という古典的プライバシー論とは異なっている．両者の違いを比喩的に描写すると，私事の暴露が羞恥心や屈辱感など強く激しい精神的苦痛をもたらす「激痛」であるのに対して，データベース社会がもたらす問題は長期的な「鈍痛」であり（山本 2017: 48–50），人々から力を奪い取る「免疫力の低下」に似ているといわれる（Solove 2004）．後者をめぐる尊厳（dignity）や自己決定に関するELSIについては，次節以降でみていくことにしよう．

6　監視と個人：尊厳

監視というとプライバシー問題が注目されがちだが，現代ではプライバシーに配慮する形でトラッキング技術が利用されることが増えた．そのため，変容した監視形態について分析し，プライバシー以外のELSIも検討する必要性が高まっている．

例えば，犯罪予防や安全確保のために用いる監視カメラシステムでは，顔を認識・照合する機能をあえて除外し，急な走り出しや腕の振り上げなど平

12　ジェレミー・ベンサムが考案した一望監視施設のこと．中心に監視塔を置き，周囲に独房を配置する構造をもつ．被監視者は監視者のことを視認できないため，常に監視されているかのように行動するようになる．ミシェル・フーコーは，このような直接に命令されなくても自発的に従属するように促す力を「規律訓練型権力」と呼んだ．

13　東京地判昭和39・9・28下民集15巻9号2317頁（『宴のあと』事件）．

常時には発生しない異常行動のみを自動検出する場合がある．プライバシー侵害リスクを低減した監視形態といえるが，ここで重要なのは，具体的な特定個人に関心が寄せられているわけではなく，行動を指標化したデータが分析されているという点だ．つまり，「人による人の監視から，マシンによるデータの監視へ」という監視の主体・対象の変容が生じている（鈴木 2005: 505）．

この変容は，消費社会の進展とも密接に関連する．クレジットカードの購買履歴やインターネットの閲覧履歴など，日常生活におけるさまざまな痕跡が分析されてマーケティングに利用されていることは，日々実感できるだろう．特に，オンライン広告ではこの傾向が顕著である．例えば，スマートフォンのアプリを起動した際に「他社のAppやWebサイトを横断してあなたのアクティビティを追跡することを許可しますか？」などの確認メッセージが表示されることがあるかもしれない．追跡を許可すると，各所で個別に収集されたデータが相互に連携され，利用者の興味関心に近い広告が表示されるようになる．例えば，気になる商品をSNSのアプリで検索した後，関連のないまったく別のウェブサイトを閲覧したとき，先ほどまで検索していた商品の広告が表示される．もちろん，トラッキング技術の一種が用いられている．

そこでは，具体的な特定個人に関心が向けられているわけではなく，自社の製品やサービスを購買する傾向のある属性かどうかのデータが分析されている．マーケティングにおける個別化・最適化（personalization）は，個人に寄り添っているようにみえるが，実態としては統計に基づいて個人を分類・選別するプロファイリングを行っているにすぎない[14]．

このことについて，データベース社会はきわめて個人的なものであるにもかかわらず，逆説的に，近代的個人主義の理念を没却しているとの指摘がある（山本 2017）．プロファイリングは，具体的存在としての個人を，さまざまな属性の有無や程度に関する記述へと還元してしまうが，そうした「属性の束」では記述しえない「余剰」こそ[15]，他者と交換不可能なかけがえのない〈この私〉ではないかという投げかけである．もちろん，トラッキング技

14　プロファイリングは，属性・行動履歴・購買履歴などの個人データを収集・分析して，顧客の特徴を推論する分析手法のこと．潜在顧客の需要や興味に基づくマーケティング施策を展開するために用いられる．犯罪捜査において犯罪の性質などから犯人の特徴を推測するために使われる分析手法であったが，ビジネスにも転用され，マーケティングの手法となった．

15　この主張は，ソール・クリプキの『名指しと必然性』における固有名詞と確定記述に関する理論を下敷きにしている．

術を駆使してデータ量を増やせばプロファイリングをより細分化できるが，それはどこまで行っても属性の集合にすぎない．しかし，日本国憲法13条は「個人の尊重」や「尊厳」という原理のもとで，人間を「属性の束」として扱うなとの要請をしてきたはずだ，という主張である．

他方，こうした主張に異を唱える論者も存在する（大屋 2018）．すなわち，プロファイリングにおいて必要なのは匿名化され集計され数値化された「属性の束」のみであるならば，匿名化などを通じて情報主体（個人）と情報との関係を十全に切断することも想定できる．そうすると，情報の分析から生じた効果が直接的に情報主体へと戻ることもなくなるはずであり，不当な支配・過剰な支配からの自由という観点からはリスクが低いのではないか，というものだ．

両者の見解についてさらに検討するためには，「個人の尊重」の中でも，特に自己決定という側面に注目する必要がある．

7　個人と統治：自己決定

トラッキング技術の普及とデータベース社会の進展に伴い，自己決定をめぐるELSIが論点になるケースが顕在化している．例えば，動画配信サービスを利用する場面でいえば，たしかにその始まりは視聴，高評価，チャンネル登録など自らの選択である．しかし次第に，サービスプラットフォーム上で自動的に推薦される「おすすめ動画」を閲覧するようになるなど，その能動性は薄まっていく．利用者の受動性の高さは，プラットフォーム事業者側の視点に立てば，収益性向上につながる．動画を一つ観ただけで離脱されるのではなく，最初の視聴をきっかけとして別の動画も次々と観るよう促すことができれば，サービスの継続利用を実現できるからだ．かくして事業者はレコメンド機能の高度化に勤しむようになり，「この動画を見ている人はこちらも見ています」という協調フィルタリングが隆盛した．これは多数の利用者の嗜好・行動を追跡した上で，傾向が類似する他の利用者の情報に基づいて自動的に推薦を行う手法であり，トラッキング技術の応用形といえる．

このようにビッグデータによって個人の行動が予測され，本人の意思決定に先立つ形で，選択肢が提示されたり環境が操作されたりすると，個人の選択の機会があらかじめ剥奪されることにつながり，自己決定権に抵触するのではないか，との問題提起がされている（宍戸 2013: 520–521）．もっとも，受動的な視聴という側面だけをみれば，放送などの既存マスメディアと状況は同じであって，自己決定への影響はさほど変わらないように思えるかもしれない．しかし，供給量が大きく異なる．つまり，従来の供給は「公式」や「運営」たるマスメディアからのものに限られていたが，近年では利用者自身がコンテンツを生み出す「CGM（Consumer Generated Media）」が定着したこともあり，「切り抜き」「考察」「マッシュアップ」など，一つの情報源に基づく派生的コンテンツが大量に投稿されるようになった．レコメンドとCGMがあいまって，特定の文脈の中に収まるコンテンツに受動的に浸り続けることができる．こうしたデータベース社会では，〈過去の自分〉と〈他者〉とが共同して構築した「メビウスの輪」の中に個人が押し入れられている可能性がある（山本 2023: 45-46）．逆に，自分好みの情報だけに泡のように取り囲まれる「フィルターバブル」から離脱するためには自発的な努力が必要だ．だからこそ，メビウスの輪から脱出する手段としての「忘れられる権利（right to be forgotten）」が重要な意味をもつ[16]．現代において，過去の自分と決別して，偶然性と自らの努力によって自己を再構築する自由を保障する必要性が高くなっている．

さて，過去の自己選択に基づくレコメンドやアルゴリズムなど統計的予測によってライフスタイルが決定され，そこから抜け出せなくなる状態は「確率という名の牢獄」と表現される（マイヤー＝ショーンベルガー・クキエ 2013: 244）．しかし，個人の幸福を真に願うがゆえの帰結であった場合も，そこは「牢獄」と呼ぶに値するのだろうか．

前述した動画サービスの場合は，動画配信プラットフォーム事業者という他者との利害対立が生じていた．しかし例えば，高血圧の症状があると予測される個人に対して，減塩商品だけを表示するオンライン通販サービスがあった場合，本人の幸福のための介入であって，選択肢を制約することが正当であるように思えるかもしれない．他にも「監視」と「見守り」が同時に実践されるようなケースも想定できる（大屋 2007: 123-128）．例えば，従業員の健康管理のためにスマートウォッチなどのウェアラブル端末を装着させて心拍，歩数，睡眠時間などに異常がないかモニタリングすることは，個々人を幸福にしたいという信念や善意が存在するものの，やはり監視としても機能し，場合によっては自己決定を阻害する[17]．児童・生徒の登下校情

16　プラットフォーム事業者等によって保存されている個人データについて，削除したり検索結果から除外したりすることを要求できる権利．EUの一般データ保護規則（General Data Protection Regulation: GDPR）17条参照．

17　職場におけるモニタリングに関する調査分析として，Ball（2021）を参照．

報や高齢者の外出情報を捕捉するトラッキング技術も同様である．

もちろん，これらはパターナリズムという古典的な問題だ．よって，「干渉する側の判断が，本人よりも優越しているという証拠がない」など従来のパターナリズム批判が妥当するようにも思える．しかし，今後の技術的進展は，その前提を覆すかもしれない．つまり，干渉する側は，干渉される側である個人と能力的に大差ない別の人間ではなく，人間とは隔絶した能力を誇るシステムになるかもしれない．それは，我々の状態を我々自身よりも知悉し，我々の幸福について我々自身よりも長期的展望をもって判断してくれる機構である．そうなると，「不幸になる権利」や「愚行をする権利」の是非が問われることになるだろうが，それらはいかにして正当化できるのだろうか（大屋 2021）．幸福と自由の両立が自明でない場面における ELSI について，今後さらなる検討を要する．

8　統治と移動：透明性

個人の自己決定権は，社会全体の利益と矛盾することがある．その対立が最も先鋭化する場面の一つが，感染症対策などの公衆衛生であり，さまざまな ELSI が論点として噴出する．

例えば，新型コロナウイルス感染症が拡大した 2020 年に，中国ではトラッキング技術を用いた感染症対策アプリが導入された．身分証番号やパスポート番号などを通じて本人確認が行われた上で，本人の自己申告情報（健康状態，感染者との接触の有無等）だけでなく，中国政府や企業が保有する位置情報や行動履歴等のビッグデータも連携される．当該アプリでは，「健康コード」と呼ばれるスコアが表示されたが，それはデータに基づいて分析された感染リスクが青，黄，赤と信号機のように３段階で評価されるものだった（高口 2021: 99-103）．アプリの利用は任意だったが，当時の中国では，商業施設や公共交通機関から健康コードの提示を強く求められ，提示しない場合は入場を拒否されたと報告されている（五味 2020）．これは，健康コードが「健康パスポート」であるかのように機能していたことを意味しており，ここまで検討してきたトラッキング技術に関する ELSI がすべて詰まったような実装・実践であったといえよう．

さて，ここで新たに注目したい課題は，透明性である．「健康コード」を算出するアルゴリズムや参照されるリスクデータの詳細は開示されていなかったため，自分のどのような振る舞いがアルゴリズムの処理にマイナスの影響を与えるか予測できない場合があり，萎縮効果が生じていたという．また，「健康コード」のアルゴリズムには深層学習が用いられていたとされるが，深層学習ではその情報処理プロセスが人間には解釈しがたい「ブラックボックス」となる場合がある[18].

こうした状況は，「オーウェルの世界」というよりも「カフカの世界」のようだと指摘されている．ジョージ・オーウェルは小説『1984』で，全体主義に支配された近代的監視社会を描いた．これに対して，フランツ・カフカは小説『審判』で，理由もわからず逮捕され，理由も述べられないまま裁判にかけられ処刑される主人公の不条理を描いた．後者の世界には「極悪非道な動機も支配のための秘密の計画も存在しない．むしろ，低レベルの官僚たちによる無分別な決定，画一化された方針，硬直的なルーティン，そして幸福に無関心になりがちな個人とその情報との関わり方という，一連の連鎖がある」(Solove 2001: 1423)．ここからは，アルゴリズムに透明性や解釈性を与える重要性が示唆される．EU の AI 規則 5 条 1 項（c）において「ソーシャル・スコアリング」が禁止類型に指定された趣旨も，この点に求められるだろう．

ところで，中国のアプリは集権的な監視システムであったが，緊急事態宣言以降の日本では「個人的監視（personal sousveillance）」または「下からの監視（sousveillance）」[19] が実践されていた．すなわち，一般の人々が自発的に近隣の監視を行い，自粛要請に応じていないなど逸脱が認められた場合に警告を発していた．このような個人的監視は，感染症対策以外の場面でもトラッキング技術を用いる形で浸透しはじめている．例えば，ドライブ中の様子を録画するドライブレコーダーでは，その映像データが交通事故発生時など有事の際に自己防衛手段となる．こうした現象をどう評価するかの検討は難しいが，監視を抑制するのではなく，監視を徹底化することによって透明性を高め，より適正な監視につなげていく可能性があることは否定できない（松尾 2023: 16–17）．監視と透明性に関する ELSI について，今後の議論に期待したい．

18　なお，技術的理由以外にも，営業秘密や国家安全保障を理由として，本人に対してアルゴリズムが開示されないことがあることも指摘しておきたい．

19　「下の」を意味する「sous」と，「監視」を意味する「surveillance」の合成語．ウェアラブル・コンピュータの専門家であるスティーブ・マンが提唱したことで知られる．

9　おわりに

本章では，トラッキング技術が，人的流動性と経済活動に関する信頼の構築に貢献するという便益を確認した上で，フェアネス，プライバシー，尊厳，自己決定，透明性などに関わる ELSI について概説した．

今後，ウェアラブル端末，IoT，AI などの進展に伴い，トラッキング技術はさらに高度化していくことが予想される．また，EU では 2024 年に電子 ID・認証・トラストサービスに関する規則（Electronic Identification, Authentication and Trust Services：eIDAS）が改正され，「デジタル ID ウォレット」という，住民票，運転免許証，卒業証書，医療処方箋などを個人がスマートフォンで管理できる仕組みの提供を加盟国に義務づけるなど，注目すべき制度が動き始めている．

技術や社会の変化を受けて新しい試みがされる際に，配慮すべき視点を本章が提示できたのであれば幸いである．　［工藤郁子］

＊　＊

【読書ガイド】

グライフ，A.『比較歴史制度分析　上・下』岡崎哲二・神取道宏監訳，有本寛・尾川僚・後藤英明・結城武延訳，ちくま学芸文庫，2021 年

制度を分析するにあたり，歴史資料を参照してモデルを構築した上で，経済学におけるゲーム理論等を用いており，分野横断型の研究手法という点でも学びが多い．

高野麻子『指紋と近代：移動する身体の管理と統治の技法』みすず書房，2016 年

生体認証技術の先駆的事例としての指紋法を，統治者がどのように利用したのか．その歴史を知ることで，視野を大きく広げられる．

堀内進之介『データ管理は私たちを幸福にするか？：自己追跡（セルフトラッキング）の倫理学』光文社新書，2022 年

紙幅の都合で扱えなかった論点である，セルフ・トラッキングについて知ることができる．

第10章

生成AI

それは誰のためのものか

本章では，近年急速に技術発展，サービス展開されている生成AIのELSIを検討する．生成AIは人々の生活に組み込まれつつあり，これまでのAIとは別のELSIを提起するように思われるが，直近の2〜3年で急速に発展したために十分な検討がなされていない．そこで本章では，このような発展しつつある生成AIのELSIを検討し，その対処方針を検討する．まず第1節で現在（2024年10月時点）の生成AIで主に用いられている技術を紹介する．次に第2節では生成AIのELSIについて，開発からサービス展開・提供までの問題（2.1項）とサービス展開・提供から利用までの問題（2.2項）をそれぞれ論じる．第3節では，第2節で議論したELSIに対処するための法規制・ガバナンスの動向として，生成AIの法規制をリードしている欧州連合（EU），および米国と日本の動向を紹介する．第4節では，生成AIのELSIへの現在の対処方針を貫く「人間中心」という理念について批判的に論じる．第5節で本章の内容をまとめる．

1　生成AIとは

1.1　生成モデルと識別モデル

現在主流である人工知能（AI）には，大きく生成モデルと識別モデルがある（今井 2024）．まず識別モデルとは，データを識別，分類するモデルのことである．例えば雇用の意思決定の補助として用いられるAIは，履歴書などのデータを入力とし，そのデータに記載されている人物を雇用するのが的確かどうかを分類する．このような識別モデルに対して，生成モデルは「データが生み出される背後にある構造や表現を学習し，自身が学習したデータと似たデータを生成」（今井 2024: 18-19）するモデルのことである．

ただし，生成モデルを分類目的に使うことができる．例えば，ChatGPT

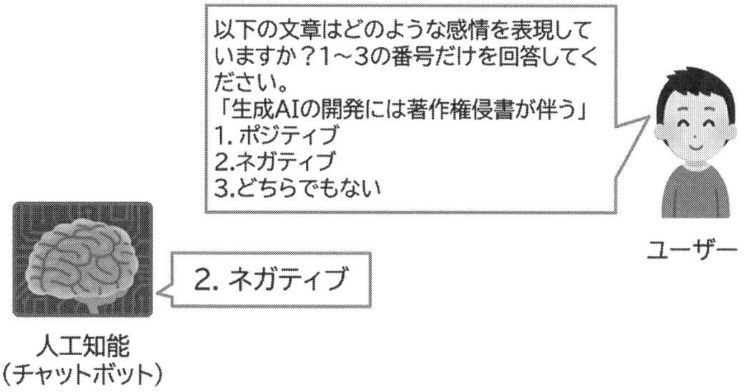

図 10-1：生成 AI に文の感情表現の分類を質問し，生成 AI を分類目的に用いる例.

などの生成 AI に対してある文の感情表現の分類をお願いすれば，ポジティブ，ネガティブなどと返答してくれるが，これは生成 AI を分類目的に使っている例である（図 10-1）. 本章では主に生成目的で開発・展開されている生成モデル，およびそのモデルを組み込んだ生成 AI とそのサービスについて論じる.

1.2　生成 AI の技術

次に現行の生成 AI の代表例として，テキストを生成する大規模言語モデル（large language model: LLM）と画像を生成する画像生成 AI，特に拡散モデル（diffusion model）の技術的特徴を説明する. これらを取り上げるのは，現行の生成 AI サービスで中心的に用いられており，社会的に大きな影響をもたらしているからである. 次節で生成 AI の ELSI を検討する際にも，主には LLM と画像生成 AI の ELSI を中心に扱う.

まず LLM を用いた代表的な生成 AI サービスとして，OpenAI の ChatGPT[1] などがあり，これらの一部は画像生成モデルと統合されている. 画像データの生成 AI サービスとしては，OpenAI の DALL・E-3[2] などがある. これらのサービスに加えて，映像，音声の生成 AI や，複数のメディアを扱える同時にマルチモーダル生成 AI を用いたサービスも存在する.

ほとんどの生成モデルは，事前学習（pre-training）と呼ばれるプロセスを経ている. 事前学習とは，大規模なデータセットを用いて学習することで，そのデータセットに含まれるさまざまな特徴を学習するプロセスのこと

1　https://chatgpt.com/（本章の URL のアクセス日はすべて 2024 年 9 月 19 日である）
2　https://openai.com/index/dall-e-3/

である．

LLMの事前学習では，ある文の断片が与えられたときに，その文の断片に続くトークンと呼ばれる単位の文字列（単語のようなもの）[3]を予測することが行われる．例えば事前学習用のデータセットに「明日の天気は晴れです」や「明日の天気は雨です」などの文章が含まれているとき，「明日の天気は」という断片をLLMに入力して，断片の続きとして「晴れです」や「雨です」を予測できるようにLLMを学習させる．こうしたトークンの予測を，ウェブ上から収集できる大量のテキスト（テキストだけで1TB以上のサイズのデータになることもある）で行うことで，LLMは言語の特徴を学習する．

次に画像生成AIのうち，拡散モデルと呼ばれるモデルは，ある学習データの画像に対して徐々にランダムノイズを付与し（拡散過程）[4]，そのようにノイズが付与された画像からノイズ付与される前の画像を予測すること（逆拡散過程）を通じて事前学習される．このノイズ除去のプロセスを繰り返すことで，ノイズ画像から望んだ画像を生成することが可能となる．こちらの事前学習でも大規模な画像データセットが用いられており，代表的なデータセットであるLAION[5]では，約55億枚の画像とその画像の説明文（キャプション）が含まれている．

テキスト生成AIや画像生成AIの利用にあたっては，それらの生成AIに何らかのデータを入力することで，その入力データに基づいたデータを生成させることになる．生成AIに入力するものをプロンプトと呼ぶ．図1の右上に示される「以下の文章は～」から始まる文章がプロンプトの一例である．この例では，AIが，ユーザーが入力したプロンプトに基づいて「2．ネガティブ」というテキストデータを生成している．このようなプロンプトを適切に設計することで，生成AIから望んだ出力を得ることができる．

以上のように，現在の生成AIのモデルは，大規模なデータセットを用いた事前学習によってテキストや画像の特徴を学習し，データを生成することが可能となっている．

3　LLMに文を入力する際，トークンと呼ばれる単位に文が分割される．トークナイザーと呼ばれる分割器によって分割の仕方が変わるため，トークンと単語は厳密には一致しない．例えば，次のサイトから，ChatGPTがどのように文を分割しているかを確認することができる（https://platform.openai.com/tokenizer）．

4　ここで「ランダムノイズの付与」とは，画像を構成する各ピクセル（画素）の一部の色をランダムに変化させることである．ノイズを付与することで，最終的にもとの画像の情報は失われる．

5　https://laion.ai/blog/relaion-5b/

2　生成AIにはどのような問題があるのか

ここまで生成AIの技術を紹介した．次に本節では，生成AIに関するELSIを，①開発からサービス展開・提供にあたって生じる問題（2.1項）と②サービス展開・提供から利用に当たって生じる問題（2.2項）に分けて論じる．またそれらの問題に対する技術的解決策について検討する．

2.1　開発からサービス展開・提供まで

(1) どのような問題があるか

開発からサービス展開までの問題の中で，特に重要な問題はデータに関する問題である．事前学習データは主にウェブ上から収集されるが，すべてのデータが等しく事前学習に用いられるわけではない．データセットの開発にはさまざまな方法，フィルタリングが存在する．ここでは，データ収集とデータの品質管理について考える．

まず，どこからデータを収集するのか決定する必要がある．ウェブ上，といっても，複数のウェブサイトが存在するため，どのようなウェブサイトからデータを収集するのかを決定する必要がある．言語データとして収集される代表例はWikipediaなどの無料で公開されているものだが，時には有料サイトや著作権侵害のリスクがあるサイトからも収集してしまう可能性がある．例えばNew York TimesはOpenAIとMicrosoftを著作権侵害で訴えている（Grynbaum & Mac 2023）．そのため，収集するウェブページを事前に決定し，こうした問題を回避する必要がある．

次に，収集したデータのすべてが事前学習に有用なわけではないため，データの品質管理をする必要がある．これには不要なデータと有害なデータの除去が含まれる．例えばウェブページからテキストデータを収集すると，LLMの学習には不要なHTMLのコード（ウェブページを構成する文字列）が含まれていることがある．そのため，こうした不要なデータを取り除く必要がある．さらに有害データや個人のプライバシーに関わるデータが含まれている可能性が高いため，差別的文章やヘイトスピーチを含む有害なデータや性的コンテンツ，個人のプライベートな情報の除去などを行う必要がある．

こうした意思決定は，モデルを開発する人々，チームによって行われるが，その意思決定を行う上での基準の適切さが問題となる．例えば，露骨なポルノ画像を除去するのはいいとしても，性的コンテンツかどうか判断に迷うケースがある．性的マイノリティやクィアの人々を表すデータは性的であると過剰に判断される傾向にあり，それによって性的マイノリティやクィアのデータが過剰に除去されるリスクがある（Dev et al. 2021）．こうしたことはモデル開発後に生成されるデータにおいてかれらを適切に表現することを困難にする（Ungless et al. 2023）．さらに，そうした有害データの除去や生成AIの有害な振る舞いを見つけるために低賃金で雇われて作業させられ，精神的な危害を受けている人々もいる（Perrigo 2023）．そのため，生成AIはそのままでは有害な振る舞いをする可能性がある一方で，有害さを減らすためには一部の人々に危害が加えられてしまう，というジレンマ的問題が生じている．

(2)　どのように問題に対処できるか

一部の問題については法規制，ガバナンスのレベルで対処できるかもしれない（第4節も参照）．とはいえ，AI開発者の意思決定のすべてを規制できるわけではないため，法規制以外でさらに適切にする必要がある．そのような代表的な実践の一つとして，参加型実践と呼ばれるものがある（Delgado et al. 2023）．これは，サービスの利害関係者に開発の初期から参加してもらい，サービス開発の方法，提供のあり方などを開発者とともに検討するような実践である．これによって，そのサービスを利用する人々にとって有用なサービスの開発につなげることができる．参加型実践によって，そもそもAIモデルを開発すべきかどうかも含めて，開発方法やサービス展開の方法を検討することが望ましいだろう（Delgado et al. 2023）．

しかし，LLMを代表とする基盤モデル（foundation model）の開発では参加型実践は困難かもしれない．基盤モデルとは，広範なデータを用いて事前学習され，その後，微調整（fine-tuning）によってさまざまなタスクに適応させるための基盤として機能するモデルのことであり（Bommasani et al. 2022），現在の生成AIの多くが基盤モデルに分類されると思われる．こうした基盤モデルの開発段階ではなく，基盤モデルをその後のさまざまなタスクに適応する段階で参加型実践をすることは可能だろう．そうした具体的なタスクでは，利害関係者の特定が可能であり，またタスクの目的，基盤モデルを微調整するためのデータ収集などを，参加型実践を通じて設計することができる．しかし，基盤モデルの開発それ自体は特定の課題解決を目標としておらず，開発後の段階で目的に応じてさまざまなタスクに適応されるため，基盤モデルそれ自体の利害関係者はAIに関わるほとんどすべての主体になり，参加型実践の対象者が膨大となってしまう．また特定の課題解決のための開発ではないため，どのように参加型実践を遂行すればいいのかもわかりにくい．したがって，基盤モデルの開発より，基盤モデルを利用した特定の課題解決におけるAI開発において参加型実践を実施するのが現実的に可能だと筆者は考える．

2.2　サービス展開・提供から利用まで

(1)　どのような問題があるか

次に，開発後のサービス展開から利用までの問題を検討する．まず，現時点で生成AIがどう悪用されているかを確認する．Marchal et al. (2024)は，2023年1月〜2024年3月に行われたメディア報道やSNS，信頼できるブログ・ニュース記事などから生成AIの悪用事例を収集，分析し，次のような結果を得た．まず，生成AIを用いた悪用方法として，なりすましが約22%，合成ペルソナを作って演出させる自作自演（sockpuppeting）が約19%と多く[6]，これらに加えて成人および児童の性的虐待コンテンツの生成も多かった（Marchal et al. 2024: sec. 4.1）．またこのような方法を用いた悪用の目的としては，意見操作が約25%，製品サービスの収益化が約21%，詐欺が約18%となった（Marchal et al. 2024: sec. 4.2）．Marchalらも認識しているように，これは現在の生成AIの技術・サービスのスナップショットとして考えるべきである．今後，テキストや画像生成だけでなく，音声や映像の生成技術が向上した場合には，悪用の分布や種類が変わる可能性がある．

このような悪用以外の問題として，AIの社会的バイアス（例：ジェンダーバイアス）の問題がある．ここでバイアスの問題は二種類ある（Blodgett et al. 2020）．第一に，AIが何らかのバイアスをもつことで，リソースや価値の割り当てにバイアスが生じることによる危害がある．これは例えば，雇用における履歴書フィルタリングシステムにAIを用いて，特定の性別の応募者を不適切に落としすぎる際に生じる．このような問題は生成AIというより従来の識別AIの問題としてよく知られているものである．

第二の問題は表象の問題である．すでに論じたように，現在の生成AIの多くはクィアの人々を適切に表現できていない（3.1（1）を参照）．加えて，

6　これらの問題はいわゆるディープフェイクとして知られている．

このような誤った，あるいは偏った表象は，それが生成 AI によってさらに増幅・拡散されることで，現実世界における偏見や差別を助長する危険がある（Bender et al. 2021）.

さらに，生成 AI によって作られたデータがウェブ上に大量に流通することで，AI モデルの学習データが汚染される懸念もある．これによって，例えば，AI が生成したデータを再度 AI の学習データとして用いることで，AI モデルの性能低下のリスクがあること（Shumailov et al. 2024）や，またバイアスをもつ生成 AI の生成データを利用することでさらにバイアスが増幅されたモデル開発につながるリスクがある．加えて，生成 AI は，事実に即してないデータを生成すること（ハルシネーション）があり，このような事実と異なる生成データもまた将来の学習データを汚染することになる．

(2) どのように問題に対処できるか

悪用やバイアスなどの問題への対処としてまず考えられるのは，生成されるデータに対するフィルタリングである．これは一部の生成 AI サービスですでに実施されている．もし差別的・有害なデータが生成されそうになれば，それを検出し，フィルタリングすることで，有害なデータの生成を防ぐことができる．しかし，どのようなデータが有害なデータであるかを自動で認識することは困難であり，また場当たり的であるため，他の手法によって補完される必要がある．

そうした他の手法として，生成されるデータではなく，入力の方を制限することが考えられる．プロンプトへの入力を通じて生成 AI を悪用する手法はプロンプトハッキング，またはプロンプトインジェクションと呼ばれる．このプロンプトハッキングを防ぐために，特定の単語が含まれる入力を受け付けないなどの方法をとることができる．しかし，かなり強い制限下でもプロンプトハッキングが可能であることが示されており（Schulhoff et al. 2023），この方法も不十分である．

プロンプトハッキングの手法を利用して，生成 AI がどのような入力に対して危険なデータを生成するか調査・対処する方法として，レッドチーミング（Red Teaming）がある．レッドチーミングの方法としては，クラウドソーシングで人々を集めて有害な生成をさせるようなプロンプトを集めることや（Ganguli et al. 2022），別の生成 AI にレッドチーミング用プロンプトを生成させ，自動的に評価するという自動化手法（Perez et al. 2022）などが考えられる．しかし，前者の手法はその時点での生成 AI モデルに対して有効なプロンプトを集めるにすぎず，また資金的に大きなコストがかかる可能性がある．後者の手法についても，自動化するにあたってレッドチーミング用の生成AIや自動評価用のAIの性能に依存してしまうため一定の限界があるという問題が考えられる．とはいえ，さまざまなレッドチーミングの方法を組み合わせることで，生成AIの有害な振る舞いを特定し，対処することは重要だろう．

3　生成AIの法規制・ガバナンスの動向

ここまで生成AIのELSIと，それに対する技術的な対処法を検討してきた．本節では，技術的な対処法ではなく，法規制やガバナンスによる取り組みを紹介する．特に本節では，生成AIの規制について世界をリードしているEU，AI開発をリードする企業の中心地である米国，そして日本の取り組みを紹介する．

EUは，2024年5月にAI規則（AI Act）を承認し，徐々に適用することを予定している[7]．このAI規則では，AIシステムをリスクレベルに応じて4段階に分類している（表10-1）．

表10-1の内容を補足する．まず高リスクAIについて，これは① EUの一般製品安全規則に該当する製品に使用されるAIシステム（例：航空産業，自動車など），または② EUのデータベースに登録しなければならない特定

表10-1：EUのAI規則におけるAIシステムのリスクレベルの概要

リスクレベル	概要	具体例	規制方針
許容できないリスク	基本的人権を阻害するAIシステム	潜在意識への操作，生体情報による個人識別システム	禁止
高リスク	既存の規制に該当，または特定分野のAIシステム	自動車，インフラ管理システム	厳格な規制
透明性要求レベルのリスク[8]	人と直接対話するAIシステムなど	LLMなどの生成AI	透明性の確保等の義務
最小リスク	上記以外	上記以外	制限なし

7　https://www.europarl.europa.eu/topics/en/article/20230601STO93804/eu-ai-act-first-regulation-on-artificial-intelligence

8　許容できないリスク（unacceptable risk）や高リスク（high risk）と異なり，このレベルのリスクはAI規則で固有の名前が与えられてないため，本章の説明のために便宜的に名前を与えた．

分野（例：インフラの管理と運用，教育，雇用へのアクセスなど）のAIシステムのいずれかに該当するAIシステムのことである．またChatGPTのような生成AIは高リスクに分類されず，透明性要求レベルのリスクに該当し，透明性要件とEU著作権法を遵守することが求められる．ここで透明性要件は，①コンテンツがAIによって生成されたことを開示すること，②違法なコンテンツを生成しないようにモデルを設計すること，③トレーニングに使用された著作権保護されたデータの概要を公開することを求めている．

他方米国では，2023年10月に「人工知能の安心，安全，信頼できる開発と利用に関する大統領令」[9]が発令され，AI規制への取り組みを進めている．基盤モデル（Bommasani et al. 2022: 4.1.2も参照）の開発を報告することを義務づけることや，AI利用に関するガイダンスの発行を求めていることに加え，今後のAI開発をより「安心，安全，信頼できる」ものにするために，さまざまな規制の方針，安全技術開発の方針などが示されている．これ自体はまだEUのAI規則と比べると具体性に欠けるが，AIに対する今後の方針が示されている．

最後に日本では，経済産業省と総務省が2024年4月に「AI事業者ガイドライン（第1.0版）」[10]を公開し，AI規制への取り組みを進めている．このガイドラインに法的拘束力はないが，AIやAIに関わる主体の分類（AI開発者，AI提供者，AI利用者）などの定義を定めつつ，どのようにAIを開発，提供，利用すべきかの指針を示している．

このガイドラインでは，まず基本理念として①人間の尊厳が尊重される社会（Dignity），②多様な背景をもつ人々が多様な幸せを追求できる社会（Diversity and Inclusion），③持続可能な社会（Sustainability）の三つが掲げられている．これは日本政府が2019年3月に策定した「人間中心のAI社会原則」をベースとしたものである．また各利害関係者に共通の指針として，人間中心や安全性，公平性などを代表として10個の指針を掲げ，どのようにAI開発，AI利用を進めるべきかを示している．

以上のように，それぞれの政府はAI規制，ガイドラインを提示し，今後のAI分野の進むべき方向性を示している．もちろん，こうした法規制だけで生成AIのELSIが解決されるわけではなく，また強制力を伴う法的な規制を強くしすぎることはAI研究の発展を大きく阻害するだろう．そのた

9　https://www.whitehouse.gov/briefing-room/presidential-actions/2023/10/30/executive-order-on-the-safe-secure-and-trustworthy-development-and-use-of-artificial-intelligence/

10　https://www.meti.go.jp/shingikai/mono_info_service/ai_shakai_jisso/20240419_report.html

め，法規制に頼りすぎるのではなく，AI開発・研究者自らが適切な倫理的態度を身に付け，開発や研究を望ましい方向に発展させる必要がある．

4　全体を通しての問題：「人間中心」という理念

ここまで，生成AIの開発から利用までのELSI，およびその対処方法と法規制の動向を議論した．最後に，一歩引いた視点から，生成AI研究や開発，規制に関わる全体的な問題として「人間中心」という理念について論じる．

4.1　「人間中心」という理念の目指すところ

現在のAI規制や生成AIのELSI研究は主に人間を中心的に扱っている．多くのガイドラインでは「人間中心」が強調されており，例えば日本のAI事業者ガイドライン（第1.0版）では，「人間の尊厳が尊重される社会」が基本理念に含まれている（第3節参照）．このように，AIの技術開発の中で人間の尊厳を重視するような視点が提示されることは重要な一歩である．この理念によれば，あくまでもAIが人間の道具として機能することで我々の社会をより良くするべきであって，人間がAIに依存したり代替されたりすることによって人間の尊厳や幸福（well-being）が損なわれるべきではない．

したがって，「人間中心」の理念は，AIが人間社会に不利益をもたらさないようにするために重要であり，評価に値すると思われる[11]．しかし他方で，「人間」を強調することによって不可視化，排除されている者がいる．ここでは環境と非ヒト動物を取り上げる．

4.2　排除されている者1：環境

まず考えられるのは環境である．現状のガイドラインの多くで環境問題への言及が少ないが，環境問題はAI開発・利用において重要な問題である．例えばAI開発には高性能なコンピュータの長時間運用が伴うが，これに大きな電力が必要となる．そのため，これをまかなうために発電量が増加し

11　とはいえ，「人間中心」の理念はいささか個人の尊重のレベルに偏っている．日本のAI事業者ガイドラインでも，理念レベルでは社会システムの変革への言及もあるが，実務レベルでは不正な社会構造の変革にまで及んでいないようにみえる．しかしAIは不当な権力行使や社会構造への挑戦にも使える．例えばD'ignazioとKlein（2020, 2024）は「データ・フェミニズム」を提唱し，既存の社会構造や権力に挑戦するためにデータサイエンスやAIを活用できるということを，具体例を用いて論じている．

CO_2の排出量増加につながるという懸念があるが（Strubell et al. 2020），少なくとも数年前までに発表されたガイドラインの多くは環境問題への言及が乏しい（Owe & Baum 2021）．

ただし，現在では環境問題への言及が少しずつであるが出始めており，例えば日本のAI事業者ガイドラインでも，基本理念の一つとして「持続可能な社会」が含まれており，ここでは環境問題，気候変動への言及がある．しかし，このような理念が「人間中心」から導き出されているならば，環境はあくまでも人間にとって重要である限りで尊重されるにすぎず，環境それ自体の価値は認められていないままである．

4.3　排除されている者2：人間以外の動物

環境問題に言及するガイドラインはたしかに増加しつつある．しかし，いまだにほとんどのガイドラインで言及がないのは非ヒト動物，および種差別の問題である（Singer & Tse 2023）．種差別とは，非ヒト動物に対する不当な差別的扱いのことである（Horta & Albersmeier 2020）．動物倫理学と呼ばれる分野で，人間を非ヒト動物と比べて特権的に扱う種差別の不当性が論じられており，少なくとも人間のみを特権視する種差別を擁護することは困難であると考えられている（Kymlicka 2018）．

ここで，AIは人間が利用するのだから非ヒト動物は無関係だと思われるかもしれないが，それは間違いである．例えば，自動運転車の操縦等にLLMを用いることが研究されているが（Yang et al. 2024），自動運転技術開発や生成AI研究が種差別的である場合[12]，自動運転車に種差別的なLLMが組み込まれることで，非ヒト動物のロードキルは増えてしまうかもしれない（Singer & Tse 2023）．また2.2項で紹介したように，バイアスをもつ生成AIの利用は誤った表象を増幅させるリスクがある．そうであれば，種差別的生成AIの利用は，非ヒト動物に関する誤った表象を増幅し，間接的に有害な影響を及ぼすかもしれない（Coghlan & Parker 2023）．そのため，非ヒト動物は直接的にも間接的にも利害関係者である．

非ヒト動物は人間ではないから重要ではない，という理由で生成AIのELSIにおいて考慮しないことは，種差別そのものであり，間違っている．したがって，今後のAI倫理，および生成AIのELSIにおいても，非ヒト動物に関する問題についてより真剣に考慮すべきである．

12　例えば筆者の研究では，自然言語処理研究分野における種差別を明らかにしている（Takeshita & Rzepka 2024）．

5　おわりに

本章では生成AIのELSIを論じた．生成AIは近年急速に発展してきた技術であり，本章ではそれに伴うさまざまな問題と解決の方針を検討した．開発段階では，著作権侵害，差別的バイアス，有害データの品質管理などが懸念され，サービス展開や利用の段階では，なりすましなどの悪用や差別的バイアスを含むデータ生成などが問題となり，さらには将来の生成AI開発への悪影響も懸念される．また全体を通した問題として，生成AIのELSIにおいて環境問題や非ヒト動物への配慮が見過ごされていることを指摘した．今後，生成AIがさらに社会に浸透していく中で，これらの問題への対策が求められる．［竹下昌志］

＊　　＊

【読書ガイド】

今井翔太『生成AIで世界はこう変わる』SB新書，2024年

生成AIに関して最初に読む一冊としておすすめできる．本書はAI研究者によって書かれており，生成AIの技術や使われ方などを概観しつつ，その社会的な影響も論じている点で，生成AIのELSIを考える上で有用である．

江間有沙『AI社会の歩き方：人工知能とどう付き合うか』化学同人，2019年

著者は科学技術社会論を専門としつつ，人工知能学会の倫理委員会の委員を務めるなど，人工知能研究者と実際に関わりながらAIに関する科学技術社会論を研究している．本書は，AIのステークホルダーを技術開発者，政策立案者，ユーザ・法・倫理関係者の三つに分け，AI技術と社会との関係性について論じている．

岡野原大輔『ディープラーニングを支える技術：「正解」を導くメカニズム［技術基礎］』技術評論社，2022年

岡野原大輔『ディープラーニングを支える技術〈2〉：ニューラルネットワーク最大の謎』技術評論社，2022年

現在のAIの基礎技術であるディープラーニング（深層学習）の技術的側面について，数式を適度に用いながら体系的に説明しており，AIの技術的な部分の見通しを与えてくれる．

第11章

エドテック

教育データ利活用に特有のELSI

本章では，テクノロジーを用いて教育を支援するエドテック（Educational Technology: EdTech）の社会実装の事例を紹介し，エドテックに特有，特に教育データの利活用にあたって着目すべきELSIの論点を概観する．本章では，教育データとは児童・生徒のデジタルドリルでの答案や授業アンケートなど学習に関する記録を扱う「学習データ」，学籍情報やテスト結果など教育内容に関する「教育データ」，そして人的管理に関する記録を扱う「校務データ」などを総じたパーソナルデータ[1]とする．これらは社会的価値の大きなパーソナルデータであると同時にデータ主体が子どもであるため，プライバシー保護や未成年の意思決定について慎重に議論される必要があることが焦点となる．

1　はじめに

エドテックとは科学技術（Technology）を活用した教育（Education）を意味する造語であり，例えばコロナ禍には情報通信技術の活用によるオンライン授業が広まるなど，教育へのテクノロジー応用の目的や市場は年々広まりをみせている．日本ではGIGAスクール構想による初等中等教育での一人一台端末環境の整備，学校や家庭でのタブレットやパソコンを用いた学習が実現されている．また，2022年に教育のデジタル化や個別最適化学習などを目指す取り組みとして教育データ利活用ロードマップ[2]が策定されて以

1　個人情報保護法で定義される個人情報に加えて，教育データや生体データなど，個人にかかわるデータ全般.

2　デジタル庁・総務省・文部科学省・経済産業省“教育データ利活用ロードマップ”2022年. https://www.digital/.go.jp/assets/contents/node/information/field_ref_resources/0305c503-27f0-4b2c-b477-156c83fdc852/20220107_news_education_01/.pdf（アクセス日2024年11月10日）

降，学校現場でのオンライン環境の整備や教育データの標準化などが推進されている．このように，テクノロジーを用いた教育支援にはデータ分析に基づく個別最適な教育・学習支援への期待も高まっている．

米国・欧州をはじめとした諸外国ではすでに，AIによる能力測定や評価，生体データを用いた感情・集中力といった内面の推定など，萌芽的な科学技術を内包するものも含めたエドテックの社会実装が進んでいる．それに伴ってELSIの顕在化・兆候がみられる事例もすでに多く存在しており，エドテックによって顕在化したELSIへの対応が進められている．これらは法規制によるものや，規制当局とエドテック企業との共同規制によるもの，業界団体や事業者による自主的取り組みによるものなど多岐にわたり，いずれも萌芽的課題に現在進行形で取り組んでいるものである．

一方で日本ではこれらの諸外国に遅れる形でエドテックの社会実装が進められており，米国・欧州をはじめとした先進諸外国と同様のものも含めたELSIが今後顕在化することが予見される．そのため諸外国で先行する事例を通して日本の社会背景に合ったELSI対応方策を早期かつ予見的に検討することで，児童・生徒や保護者・教育現場の安全，さらには教育データ利活用の推進を目指す事業者への社会的批判などのリスクを低減することが望まれる．

本章では，エドテックの社会実装によってELSIが顕在化した事例を概観し，主要な論点やELSIが顕在化しやすい場面・用途を整理する．特にエドテックの事例では，児童・生徒・学生や保護者は学校や企業より弱い立場にあり，エドテックに対する意思決定の際には個人が負う進路などへの機会損失が伴う場合があるなど，学校・企業との立場の非対称性にも着目する．なお本章で扱う事例は「教育データ利活用EdTech（エドテック）のELSI対応方策の確立とRRI実践」プロジェクトが整理した「ELSI NOTE 31」をもとにしている（若林・岸本 2023）．

2　データ取得の同意や通知をめぐる課題

エドテックでELSIが生じやすい場面の一つはパーソナルデータを取得する場面であり，十分な同意取得や通知が行われないままデータ取得が行われる事例が多くみられる．代表的なものとして，米国での軍事職業適性バッテリー（ASVAB）テストに関する事例が挙げられる．ASVABは高校生を対象として，米軍の入隊における適正検査を主な目的として科学的知識や論理的思考力などを測るテストだが，実質的には米軍への入隊を希望する生徒に限らず，職業適正や学力を測るために広く受講されている．2010年にメリーランド州では，多くの高校が保護者の同意なしにテスト結果と生徒に関する詳細情報を米軍のリクルーターへ送信していた．これを受けて同州では，保護者の承認なしに生徒にASVABを実施・米軍へ公開することを認めない法案が可決された[3]．また米国全体でも，2013～2014年度の高校生のASVABの受講データのうち81%が，保護者の同意なしに高校から米軍のリクルーターに送信されていたことが明らかとなった[4]．これを受けて2013年に国連の子どもの権利委員会は，学校からASVABの受講が義務づけられるにもかかわらず親や生徒はASVABの性質や軍との関連性を知らないケースが多く，場合によっては単なる学力試験であると通知されていたと報告し，実質的に軍事検査を強制することは「武力紛争における児童の関与に関する選択議定書」に違反していると批判した[5]．この事例に代表されるように，データの所有者への十分な通知が積極的に行われないことは広い傾向としてみられることも指摘されている．米国の「家庭教育の権利とプライバシーに関する法律（Family Educational Rights and Privacy Act: FERPA）」では，児童・生徒が学校にオプトアウト[6]を申請することで自身の個人情報に制限を加えられることを前提として，学校は事前の同意なしに児童・生徒の個人情報の含まれる名簿情報を公開できる免除規定が設けられている．しかしWorld Privacy Forum（2020）の調査報告では，学校はそのオプトアウトの権利についてウェブサイトの目立つ場所に掲載しない・積極的に情報を提供しないなど，保護者や児童・生徒に十分に通知を行わないケースが多くみられたことが報告された．

オプトアウトの権利が提供されていたとしても，児童・生徒と学校・企業の立場の非対称性によって，本人や保護者がデータの提供に同意せざるを得ない状況に置かれてしまう事例も多く存在する．2018年にスウェーデンのフェレフテオ市の高校で顔認証技術を用いた出欠管理システムを試験運用し

3　Sanchez, C. "Looping Parents In On Armed Services Test." National Public Radio, 2010 https://www.npr.org/2010/07/30/128777298/looping-parents-in-on-armed-services-test（アクセス日2024年11月10日）

4　Elder, P. "High School Students' Test Results Are Being Sent to Military Recruiters Without Consent." Truthout, 2016 https://truthout.org/articles/u-s-military-releases-high-school-testing-data/#:~:text=The%20Pentagon%20says%20ASVAB%20results,without%20providing%20for%20parental%20consent（アクセス日2024年11月10日）

5　武力紛争における児童の関与に関する選択議定書　全文（政府訳）https://www.unicef.or.jp/about_unicef/about_rig_pro.html（アクセス日2024年11月10日）

6　当事者がパーソナルデータの第三者提供やサービスの利用などを拒否する権利．

た事例では，同国のデータ保護局（DPA）は顔認証技術の導入にあたる同意取得プロセスがGDPR（一般データ保護規則）[7]に違反するとして，高校を管轄する自治体に20万クローナ（約260万円）の罰金を科した[8]．その際の論点の一つとして，出席管理システムの利用を拒否することは学業上の不利益に働くことが想定されるために「実質的」に同意せざるを得なかった可能性があることから，同意の有効性が認められなかったことが挙げられている．

米国ではクリーヴランド州立大学においてオンライン試験を実施するにあたり，不正防止のために受験者の部屋のスキャンを行う遠隔試験監督システム“Room Scan”が導入されている．2021年に，ある学生がRoom Scanで自分の寝室をみせるように指示されたことを受け，部屋のスキャンは「不当な捜索や押収」から米国市民を守る憲法修正第4条の権利に違反するとして当該学生は大学を訴えた．弁護側や学校は，試験の単位を取得できないとしてもテストを受けることを拒否することもできた，とオプトアウトの権利を提供していたことを主張した．しかし，権利上オプトアウト可能であっても，それによる不利益によって拒否しないことを「暗に強いられる」可能性が指摘された．

これらの事例からは，エドテックの社会実装にあたる同意取得では単にオプトアウトの権利を提供するのみではなく，個人が負う進路などへの機会損失の大きさを踏まえた実質的な同意の有効性が論点となった．教育データを含むパーソナルデータの取得にあたっては，当事者の権利に関する適切な通知および同意取得はもちろん，その背景にある児童・生徒や保護者と学校・企業の立場の非対称性なども踏まえて実質的な意味での意思決定・合意形成が行われたか否かが論点となる．

3　アルゴリズムのバイアスや不正確性

AIを用いたエドテックの開発や社会実装も進められており，それに伴ってAIがもつアルゴリズムの不透明性やバイアスも教育に特有なELSIを生じさせている．教育でのAIの代表的なユースケースには成績の評価や予測

7　EU域内の個人のデータ保護を目的とした規則．“General Data Protection Regulation.” An official website of the European Union https://eur-lex.europa.eu/eli/reg/2016/679/oj（アクセス日2024年11月10日）

8　Integritetsskyddsmyndigheten “Tillsyn enligt EU: s dataskyddsförordning 2016/679 - ansiktsigenkänning för närvarokontroll av elever.” 2019.8.20 https://www.imy.se/globalassets/dokument/beslut/beslut-ansiktsigenkanning-for-narvarokontroll-av-elever-dnr-di-2019-2221.pdf（アクセス日2024年11月10日）

がある．特にコロナ禍にはオフラインでの試験の代替方策として，既存の成績データとアルゴリズムによる成績判定が行われた．

2020年に英国では，大学入試に相当する「Aレベル」試験が新型コロナウイルスの影響で中止となった代替案として，生徒，およびその生徒が所属する学校全体の過去の成績などを用いて試験の成績を予測する成績評価アルゴリズムで算出された得点が英国政府によって採用された[9]．その結果，生徒の40%近くが成績を落とすこととなり，大学から入学許可を取り消される生徒も現れた．しかし，この成績評価のアルゴリズムは生徒自身の成績のみならず学校や地域のこれまでの成績などの影響を強く受けることや，今年良い成績を取れたとしても前年の成績に丸め込まれることなど，不明瞭でバイアスのある評価である可能性が指摘された．これにより，私立の名門校や裕福な地域の生徒に有利な評価システムであったことや，本来であれば合格できたはずの大学への進学が困難になった生徒が存在することなどが批判された．これらの批判や，実際に多くの生徒が進学に大きな影響を受けたことを受けて，スコットランド政府が教員に推定算出された成績での評価に戻す旨を発表したことを封切りに，英国内の各構成国は（アルゴリズムに算出された成績が教員の成績評価を上回る場合を除き）自動算出された成績を撤回することを発表した[10]．

AIを用いた教育データ利活用には，成績評価に留まらず，ドロップアウト（中途退学や留年）や犯罪行為への関与などが予想される“ハイリスクな”個人をラベリングする需要も存在する．米国では2012年にウィスコンシン州公教育部（DPI）が中学生のドロップアウト早期警告システム（DEWS）を開発・導入し，2023年には八つの州がDEWSを導入，もしくは導入を検討していた．DEWSはテストの点数，規則違反に伴う停学などの記録，人種などのデータに基づいて各生徒のドロップアウトのリスクを予測するシステムであり，同州のいくつかの高校ではこのスコアに基づいて要注意生徒と評価された生徒への介入が行われた[11]．しかし，ウィスコンシン

9　Hern, A. “Ofqual’s A-level algorithm: Why did it fail to make the grade.” The Guardian 21, 2020 https://www.theguardian.com/education/2020/aug/21/ofqual-exams-algorithm-why-did-it-fail-make-grade-a-levels（アクセス日 2024年11月10日）

10　“A-levels and GCSEs: U-turn as teacher estimates to be used for exam results.” BBC News, 2020.8.10 https://www.bbc.com/news/uk-53810655?intlink_from_url=https://www.bbc.co.uk/news/topics/cwlw3xz01e5t/gavin-williamson&link_location=live-reporting-story%EF%BC%89（アクセス日 2024年11月10日）

11　Evers, T. “Wisconsin Dropout Early Warning System Action Guide.” Wisconsin Department of Public Instruction, 2015 https://dpi.wi.gov/sites/default/files/imce/dews/pdf/DEWS%20Action%20Guide%20

州での過去10年間のドロップアウト予測のうち4分の3は誤りであったこと，黒人やヒスパニック系の生徒は白人の生徒よりも高い割合でドロップアウト警告がされたことが明らかとなった．さらに米国の非営利出版団体The MarkupがDEWSの影響を整理するため行った生徒や学校関係者へのインタビュー調査[12]では，生徒はDEWSの存在を知らなかったこと，学校はDPIからDEWSの予測アルゴリズムの開示やドロップアウトのリスクが高い生徒への適切な介入方法の説明を受けていなかったことも明らかとなっている．

また，学校現場では生体データを用いた児童・生徒の内面のモニタリングや監視技術も導入されつつある．感情認識技術（Emotion Recognition Technology）は生体データを用いて「感情」を推測する技術であり，トレーニングデータセットとアルゴリズムさえあれば扱えてしまうことから，研究レベルではすでに数多くの利用方法が提案されている．しかし実際に学校の現場に適用する場合はさまざまなELSIを生じうる非常にセンシティブな技術である．McStay（2020）は感情認識技術のエドテックへの導入について，多くの感情認識AIは標準的な顔を西洋白人男性にしているデータセットの人種バイアスがあること，感情についての解釈や普遍化の困難さ自体に議論の余地が残されていることなどから，バイアスや不確実性を内包した上に過度に単純な感情分類法とデータ可視化を通じて感情を定量的に解釈してしまう「測りすぎ」のリスクを指摘している．そのためグローバルな動向としては学校現場への感情認識技術の導入には慎重であり，例えば2023年6月に欧州議会で可決されたAI規制法案修正案[13]では教育機関における感情認識システムが禁止事項に含まれている．

一方でアジア圏では感情認識技術を学校現場へ積極的に導入する傾向がいくつかみられ，経済協力開発機構（OECD）は，児童・生徒のリアルタイムのプロファイリングのための生体データ分析はアジア圏に先進的な事例が多いとの見解を示している（若林ほか 2024）．2019年に中国 浙江省金華市の金東区の小学校である孝順鎮中心小学は，児童の授業中や作業中の集中レベルを測定・評価して教師と保護者グループに転送・表示する脳波測定用ヘッ

2015.pdf（アクセス日 2024年11月10日）

12 Feathers, T. “False Alarm: How Wisconsin Uses Race and Income to Label Students “High Risk”.” The Markup, 2023 https://themarkup.org/machine-learning/2023/04/27/false-alarm-how-wisconsin-uses-race-and-income-to-label-students-high-risk（アクセス日 2024年11月10日）

13 “Texts adopted - Artificial Intelligence Act.” European Parliament, 2023.6.14 https://www.europarl.europa.eu/doceo/document/TA-9-2023-0236_EN.html（アクセス日 2024年11月10日）

ドバンドを導入した[14]．これを受けて中国の保護者やインターネットユーザーは，このヘッドバンドが児童を監視し保護者と教師が子どもたちを縛る道具になることや，プライバシー侵害，生体データ流出の懸念を示した．最終的に金東区教育局は状況の調査を行い，各学校に対して監視ヘッドバンドの収集データや児童のプライバシーが流出しないよう自主監査を命じ，一時的に使用を禁止した．

これらの事例からは，児童・生徒を評価することは進路や将来への影響が大きく，また児童・生徒自身や教師が評価を通して自己形成や他者理解におけるバイアスを抱いてしまうリスクも指摘される．特に感情認識技術を教育に導入して弱い立場にある児童・生徒の内面をプロファイリングするリスクを議論する際は，アルゴリズムの不確実性や偏りが内包するリスクに留まらず，技術的に実現可能なことと倫理的に社会的に行ってよいことが必ずしも一致しないことへの注意が必要である．

4　プロファイリングによる監視やハイステークス化の促進

教育データによる評価は児童・生徒だけでなく，教員や学校全体も対象になりうる．教育成果の評価はハイステークス[15]な活用につながりやすく，また教員の行動の動機づけ（インセンティブ）を歪めてしまう可能性がある．前節で示したアルゴリズムのバイアスがもたらすELSIが軽減されたとしても，教育における「測りすぎ」の問題は，教師や学校，ひいては生徒自身の競争を加速させるハイステークス化をもたらすリスクも考える必要がある．

成績の過度な定量化とそれによるハイステークス化がもたらす社会的影響は米国の教育政策から顕著にみることができる．米国では2002年の「No Child Left Behind Act of 2002（NCLB）」によって，州統一学力テスト（Standardized Test）を通してすべての公立学校は2014年までに各州が定めた「習熟レベル」に到達する義務が課された．生徒の成績に応じて各学校や教師は評価され，目標とする「習熟レベル」に達しない学校は要改善の状態であるとして罰則が規定された．その後，オバマ政権は期限の切れたNCLB法を

14　徐宙超“小学生戴头环监控走神被指“紧箍咒”智慧产品进校园缘何饱受争议？”新華通訊社，2019.11.10 http://www.xinhuanet.com/politics/2019-11/10/c_1125214619.htm（アクセス日2024年11月10日）

15　ハイステークス（high stakes）とは，良い影響・悪影響を問わず，結果が重大な帰結につながるような状態を指す．

改善した成績不振校再建プランの一つとして2009年にRTTT政策を打ち出した．これは教師や学校の評価を通して罰則ではなく報酬を与える競争型資金プログラムであったが，いずれにせよ州統一学力テストで生徒の学力を絶対評価し，教師や学校，ひいては生徒自身の競争を加速させるハイステークスな活用であった．

このハイステークス化が招いた悪影響の事例として，教員評価の結果を理由とした教師の自死が挙げられる．2010年8月にLos Angeles Times紙は，ロサンゼルス統一学区の教員の教育成績を評価したLos Angeles Teacher Ratings[16]を公開した．これは公的記録の請求を通して入手した英語と数学のカリフォルニア標準テストにおける生徒の7年分のテストの点数からデータベースを作成し，生徒が数年の間に期待された成長と実際の成績の差から，教師が与えた「教育的付加価値（value-added scores）」を分析するものであった．このvalue-added scoresに関する評価は連邦の教育省の支援のもとで行われ全国的に広まったものであり，教育省はこの評価をRTTT政策プログラムに結びつけた．一方で，この評価方法の実施時には教員の労働組合（teachers' unions）は「不公平で不完全な方法である」として抵抗運動を行うなど，教員の量的な価値づけと評価に対する批判も向けられた．2010年9月には生徒との関係性や周囲の評価も優れていたとされる教師が「平均よりも効果的ではない」と評価されたことを理由として自死を招いた[17]．教師の家族はその評価が原因となったのではないかと考えており，評価の妥当性についての批判が寄せられた．

一方で教育データに基づく評価の公開には，教育の妥当性に関する説明責任の観点からの社会的要請も強い．米国メリーランド州教育省では，教育関係者・保護者・市民に向けて各学校の情報を提供して改善することを目的として，各学校の生徒のテストの点数などに基づき測定された「学校の成績」をMaryland Public Schools Report Card[18]に公開している．しかし2023年1月に，同州のテレビ局が公開されたデータを分析することで「数学のテストが全員不合格だった学校」を特定できることを示し[19]，これを受けて同年3

16　"FAQ & About - Los Angeles Teacher Ratings." Los Angeles Times https://projects.latimes.com/value-added/faq/（アクセス日2024年11月10日）

17　Lovett, I. "Teacher's Death Exposes Tensions in Los Angeles." The New York Times, 2010 https://www.nytimes.com/2010/11/10/education/10teacher.html（アクセス日2024年11月10日）

18　Maryland State Department of Education "2022 Maryland School Report Card." https://reportcard.msde.maryland.gov/（アクセス日2024年11月10日）

19　Papst, C. "23 Baltimore schools have zero students proficient in math, per state test results." 2023.2.7

月にメリーランド州教育省は，所属する学校が知られている生徒は自身の学業成績が悪かったことを知られてしまう可能性があることがFERPAに違反するとして，テストが不合格だった生徒が特定されうる学校の一部生徒の成績を非公開情報に変更した．

また過度なプロファイリングによる「測りすぎ」の問題として，児童・生徒の自己監視・相互監視を助長することによる発達への影響も指摘される．デンマークでは若年層のうつ病が増えていることなどの背景から，2018年頃より公立小学校で児童が睡眠時間や気分などのヘルスケア情報を主体的に自己報告するアプリケーションの導入が進んでいる．このアプリケーションを通して，例えば睡眠習慣の改善が必要であると明らかになったクラスでは，児童同士で改善方法を話し合い，それをお互いに実現できているか確認しあうなどの方法で活用されている．一方で一部の専門家からは，感情や精神状態の定量化の妥当性への懸念や，幼い頃から自己監視・相互監視の習慣を育むことによって自己形成や他者との関係性を悪化させてしまう懸念が示されている[20]．

5　想定外の利用

教育データは，たとえ最大の目的が子どもの利益だとしても教育以外の用途「にも」活用する価値が大きいことから，児童・生徒の同意なく目的外利用が行われてしまう事例も多くみられる．特に金銭的な利益を得る必要があるエドテック企業は，教育に限らない生体認証技術を発展させる価値の大きさから，エドテックサービスで取得した生体データをトレーニングデータにも活用したいという動機が生まれうる（McStay 2020）．また米国においては，教育データが軍事目的（第2節 ASVABの事例を参照）や未成年の監視目的に流用される事例もみられる．

エドテック企業が営利企業であることから，想定外利用には教育データを含むパーソナルデータが広告表示などに流用される事例も多くみられる．英国内でコロナ禍に導入されたオンライン授業に利用されるGoogle Class-

---

https://foxbaltimore.com/news/project-baltimore/state-test-results-23-baltimore-schools-have-zero-students-proficient-in-math-jovani-patterson-maryland-comprehensive-assessment-program-maryland-governor-wes-moore（アクセス日2024年11月10日）

20　Khameneh, A. “Teachers in Denmark are using apps to audit their students’ moods.” MIT Technology Review, 2023.4.17 https://www.technologyreview.com/2023/04/17/1071137/denmark-teachers-apps-student-mood-audit-software/（アクセス日2024年11月10日）

room の利用状況の調査では，Google Classroom 内でのトラッキングデータは教育目的のみに利用される一方で，Google Classroom を通して YouTube など Google の関連サービスを利用した際には通常のサービス利用時と同様にトラッキングデータが広告最適化に使用されてしまうこと，教員も外部サービスへ移動することで匿名化の規約から外れてしまうことを知らないまま外部サービスへの移動を促す URL をシェアしてしまうことから，児童・生徒が想定外に企業へ自身の情報を提供してしまうリスクが指摘された（Hooper & Kruakae 2022）.

6　エドテックで重要な ELSI 論点

前節まででは エドテックにまつわる ELSI の主要な論点を①データ取得の同意や通知をめぐる課題，②アルゴリズムのバイアスや不正確性，③プロファイリングによる監視やハイステークス化の促進，④想定外の利用に大別して概観した．エドテックが用いられる場面には主に教室内－学校内－学校外（家庭，オンライン空間，学校外での試験）があり，その場所やサービスに応じて取得・利活用されるデータや用法にも特徴がみられた．図 11-1 に，エドテックの用いられる場面とデータの種類と用法の一覧，およびそれぞれの用法に関連する主な ELSI 論点をグループ化した（若林・岸本 2023）．ただし実際にはそれぞれのケースは時間・空間や論点同士をまたがっており，それぞれの要素に完全に分解して課題解決を目指すことは困難である．

一方で，それぞれのケースはデータの取得・利用に関する同意や通知が発端となって ELSI が顕在化することが多い．例えば第 3 節の DEWS の事例では，生徒は DEWS の存在を知らなかったこと，学校は DPI から DEWS の予測アルゴリズムの開示やドロップアウトリスクが高い生徒への適切な介入方法の説明を受けていなかったことも明らかとなっている．第 5 節での教育データが教育以外の用途に想定外利用されてしまう事例も，十分な同意取得や通知が行われないことを発端として発生する．そのため実践的には，まずは子どもの権利とプライバシーについて慎重に議論され，データの所有者が自身のデータについて十分な意思決定を行える制度設計が行われることが ELSI を未然に軽減する上で有用となるだろう．そこで先行する欧州では，児童・生徒や保護者が積極的に意思決定に関与するための取り組みにも注目されている．例えば OECD では Student Agency（生徒エージェンシー）と

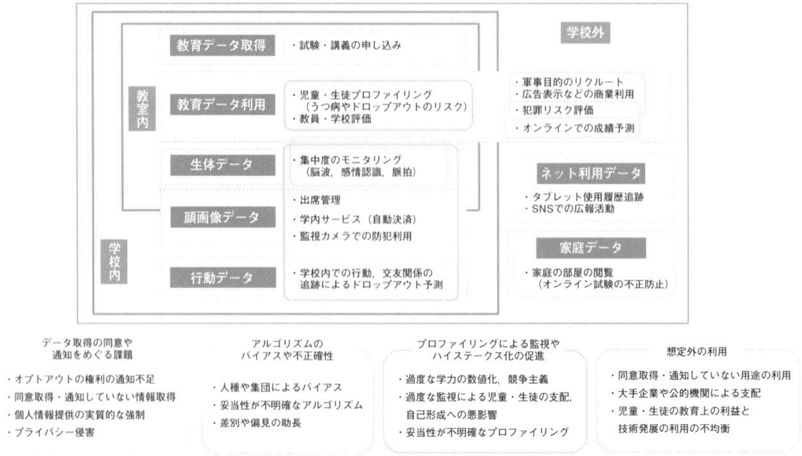

図 11-1：エドテックで扱われるパーソナルデータと用法，ELSI 論点のマップ（出典：若林・岸本 2023）

呼ばれる，生徒自身の主体性によって自分の人生および周りの世界に対して良い方向に影響を与えるための能力が重視されており，児童・生徒や保護者が自身のデータに関する意思決定をするための生徒エージェンシーの養成とデータリテラシー教育が推進されている（OECD 2019）．

7　おわりに

本章ではエドテックの社会実装の事例を紹介し，エドテックに特有，また特に着目すべき ELSI の論点を概観した．ELSI 論点はそれぞれの地域の文化的・社会的背景に基づく固有のもの，文化を超えて適用可能である普遍的なものがそれぞれ数多く存在する．文化的・社会的背景の差異の例として，米国や欧州の事例では教育データの不適切な収集が行われた際には社会的批判が集まることで ELSI が顕在化している一方で，第 3 節に示した感情認識技術のグローバル動向などからは，日本を含むアジア圏ではパーソナルデータの取得に対する社会的受容性が（倫理的課題が顕在・潜在的に存在する場合にも）相対的に高い可能性も示唆される．従来，日本では個人情報取得に関するオプトアウトの権利は多くの場合に行使されないことが多く，その背景として，プライバシーが日本人にとっては輸入された概念であり，集団的な意思決定プロセスを必要とすることの多い日本の価値体系においては「自分に関する情報の流通をコントロールする」という（ある意味で社会への非協力を意味する）個人の権利の価値は重視されていない可能性も指摘されている（Orito & Murata 2006）.

諸外国の事例や日本の文化的・社会的背景を踏まえて予見されるELSI論点については「学習データ利活用EdTech（エドテック）のELSI論点の検討」プロジェクトが整理した「EdTech（エドテック）ELSI論点101」が公開されている（Kano et al. 2022）. 現在進行系でエドテックの社会実装が進められている日本においては，先行する諸外国の事例では予見的な対応が不十分だったリスクを踏まえた検討を慎重に行った上で，日本の公教育に適した研究，実証，そして実装を進めていくことが期待される．これは児童・生徒や保護者・教育現場を保護するのみならず，教育データ利活用エドテックの推進を目指す国内ベンダーにとっても，あらかじめ国外での規制に整合したサービス開発が行われることが国外への市場展開を目指す助けとなる.

また，エドテックは「子どもの教育のため」という名目が強い説得力をもちやすい一方で，ベンダーの経済活動の合理性との共存が求められる分野でもある．エドテックでの生成AI利活用が広まる動向を受けて，2023年5月に教育テクノロジー分野の市場分析を行うPhil Hill & Associatesは，これまではVR・AR技術に注力していた多くの企業が現在は生成AIの活用に注力しているように，エドテック企業が新興技術のトレンドに目移りしてゆくという特徴を示唆している[21]. 持続的に分析されなければ教育効果は検証できないにもかかわらず次々と新興技術を取り扱うことは「エドテック」と「教育」が十分に接続されていないという見方もありうる．エドテックのELSIを検討する際には，エドテックや内包される科学技術そのものの社会的受容やリスクのみではなく，教育自体がいかなるものであるべきかが議論される必要があり，むしろエドテックを介して「より良い教育」に関する議論こそが深化することが期待される.

［若林魁人］

＊　＊

【読書ガイド】

磯部哲編集代表，河嶋春菜・柴田洋二郎・堀口悟郎・水林翔編『プラットフォームと社会基盤：*How to engage the Monsters*』慶應義塾大学出版会，2024年

エドテックを含むデジタルプラットフォームの健康・教育・労働への参入による新しい社会システムを踏まえたウェルビーイングの課題，健康・教育・労働と法のあり方を提言する.

21　Morgan, G. “The Five Pathologies Of EdTech Discourse About Generative AI.” Phil Hill & Associates, 2023.5.4 https://philhillaa.com/onedtech/the-five-pathologies-of-edtech-discourse-about-generative-ai/（アクセス日2024年11月10日）

第12章

サイバネティック・アバターのELSI

技術哲学からの検討

私たちは身体なしに生きられない．好きなものを食べて美味しいと感じたり，楽しい時間を過ごして幸せだなと感じたりできるのも，（何らかの形で）身体があってこそである．他方で，身体は私たちの限界を定め，ときに私たちに厳しい現実を突きつける．例えば，遠い土地に住んでいる大切な人に今すぐにでも会いたいと思ったとき，それが難しいのは，ひとえに私たちの身体が常にどこかに存在しなければならないからだ．また，怪我や病気，障害などによって身体機能が低下し，それが原因でままならない働き方や生き方を余儀なくされることもあるだろう．

こういった限界を超えるための技術として現在注目されているのが「サイバネティック・アバター」である．仮想空間上の自分のアバター（分身）を作り，それを操作して遠くにいる人とコミュニケーションを取ったり，あるいはサイバー空間・フィジカル空間を高度に融合させ，より豊かな経験を得たりすることが可能になると期待されている．

サイバネティック・アバターはまだ発展途上の計画であり，これが広く社会で使われるのはまだ先のことである．技術的な課題はもちろんだが，それと同じくらい，いやそれ以上に難しいかもしれないのが，この技術を使用する際に生じうるELSI的な課題である．「アバターによる時空間・身体性からの解放」というビジョンはたしかに魅力的だが，これはサイバネティック・アバターの理想化された描像にすぎない．

サイバネティック・アバターとのより良い共生の道を作るために必要なことは何か．さまざまなELSI的課題を乗り越えるためのスタートポイントとして，ここでは技術哲学の立場からサイバネティック・アバターという新しい技術に切り込んでいく[1]．

1　本書の趣旨に従い本章のタイトルでも「ELSI」という語を用いているが，紙幅の都合による ELSIのすべてを網羅的に扱うことは難しい．したがって，本章では哲学的分析を行うことで

1　何かを「実質的に」行うこと：サイバネティック・アバターの可能性

1.1　卓球の練習に卓球台は必要か？

話の導入として個人的な経験を紹介させていただきたい．先日，勤務先の大学で学生のフィールド研修の引率を担当した際，学生と卓球で遊ぶ機会があった．私は卓球の経験がなく，高校のときに少し遊びでやっていた程度だったので，学生にはまったく歯が立たないだろうと思っていた．

しかし，一度ラケットを握って私は驚いた．10年ぶりどころか昨日も触っていたかのような感覚を覚えたからだ．それだけではない．相手のボールの軌道に体が素早く反応し，思い通りの場所に返球することができた．また，現実では一度もやったことがない，カットやツッツキ，ロビングといった技術も（最低限だが）できるようになっていたのだ．そういうわけで，遊びとはいえ，私は練習もなしに卓球の試合に勝利してしまったのである．

なぜ私は練習もなしに卓球が上達していたのか．その理由は，私がMeta Quest[2]で「Eleven Table Tennis」という卓球ゲームを日頃から遊んでいたからだ．このアプリでは仮想空間上の卓球台でリアルな卓球が体験できる．ラケットもボールもいらず，必要なのはヘッドセットと両手でもつコントローラーだけだ．そこに搭載されているハプティクス技術[3]のおかげで打球感は本物のそれに近い．オンラインで友人や世界中のプレイヤーと通話しながら遊べるため，わざわざ友人とどこかで待ち合わせする必要もない．また，AI相手の練習もできるため，決まったコース・回転のボールを無限に出してもらうといったような現実では難しい練習も可能だ．

「卓球やってたんですか」と学生に聞かれ，私は返答に困ってしまった．私は卓球の練習をしていたのだろうか？　一方で，実際のラケットを握っていなかったのは事実だ．また，ヘッドセットをつけてゲーム内で練習している私も，外から見ればただ何もないところで腕を振り回しているだけにすぎ

ELSIの「E（倫理）」を中心に議論し，そこから社会的課題（「S」）を分析するための基礎を提供することを目指す．ここでの議論は具体的な法制度上の課題（「L」）にも応用させることができるだろう．なお，アバター技術のELSIのうち，法制度側についての検討は国内を中心に多数ある（新保 2021, 2023; 尾上・発田 2024; 出井ほか 2024; 中川 2022, 2023）．

2　Meta社が提供するVRヘッドセット機器．

3　ここでは（主に）振動を与えることで仮想空間での出来事をリアルに再現するための技術のことを指す．

ない．それを指して「卓球の練習をしている」と表現するのは奇妙に思われる．他方，私がゲーム内でやっていたことは，ボールに対して腕をどう振るとよい返球ができるのかの学習だった．その仮想空間での物理的条件が現実のそれと近かったため，その学習が現実の卓球でも活かすことができた，というわけだ．「卓球の練習」を「実際の卓球台で適切な返球をして対戦相手に勝利すること」と考えれば，私は「実質的に（virtually）」[4] 卓球の練習をしていた，と言ってもいいのかもしれない．

このように，今日では情報技術を使いこなすことで，物理的・身体的制約を克服し，特定の行為や活動を「実質的に」行うことができる．では，そのような「バーチャルへの転換」はどこまで可能なのだろうか．学校の授業，仕事での会議，家族との団らんなど，あらゆる活動が転換できるのだとすれば，私たちは身体的な限界に囚われない，より自由で快適な人生を送ることができるだろう．

1.2　サイバネティック・アバターの登場

以上のような話は趣味でVR機器を使うような人々やコミュニティに限定される話ではない．現在，VRだけにとどまらない多様な形式で仮想空間から現実空間に働きかけるような仕組み作りが進んでおり，娯楽だけでなく教育や労働の現場においてもその社会実装が取り組まれている．特に，自分自身の分身を介して仮想空間上で何かを行い，それに連動して現実空間に影響を与えたり，価値を創出したりする技術は「サイバネティック・アバター（CA，以下「アバター技術」）」と呼ばれ，仕事やプライベートの両面で身体や空間的制限を超えて活動を行うための技術として注目されている．

例えば，株式会社オリィ研究所が運営するカフェ「分身ロボットカフェDAWN ver. β」（東京都中央区）では，一部のゾーンで人間の代わりにロボットが接客対応してくれる．しかし，彼らはAIではない．何らかの理由で外出が困難な人々が遠隔地からロボットを操作しているのだ．このような取り組みは，これまでは身体的制約によって働きたくても働けなかった人々に新しい働き方を提案するものだといえる．

4　「VR（virtual reality）」などで用いられる「virtual」という語は，日本語では「仮想的」と訳されることが多い（例：「仮想現実」）が，「実質的」という意味合いもある．アバター技術は現実世界への実質的な参加をめざすものが多いため本章では基本的に「virtual」を後者の意味で用いるが，必ずしもすべてのアバター技術が「実質性」に還元できるわけではない（本章の3.2を参照）ため，前者の意味合いも含んだものとして用いる．

私たちが働く理由は人それぞれだ．とはいえ，可能であるなら賃金を得るだけではなく，働くことを通じて自己肯定感や社会に参加している実感を得たいと思う人も少なくないはずだ．アバター技術によって自分らしく働くことができることで，より多くの人が生きる実感や働く楽しさを感じることができるようになるかもしれない．

1.3　サイバネティック・アバターの目指すところ

アバター技術は現在世界中で開発が進んでいるが，特に日本では内閣府の「ムーンショット型研究開発制度」でアバター技術が目標として設定されたことで，技術開発やELSI的な検討が急速に進みつつある．ムーンショットは従来の技術開発や研究とは大きく異なる大胆な発想に基づく研究開発を意味しており，特に人類の幸福（well-being）に向けた長期的な達成を目指す目標や計画が立てられている[5]．そのいくつかの目標の一つがこのアバター技術に関するもので，そこでは「2050年までに，人が身体，脳，空間，時間の制約から解放された社会を実現」することが目標として掲げられている．

なお，内閣府によればサイバネティック・アバターは「身代わりとしてのロボットや3D映像等を示すアバターに加えて，人の身体的能力，認知能力及び知覚能力を拡張するICT技術やロボット技術を含む概念」と定義されている[6]（本章においてもこの定義に従う）．特にここではサイバー空間・フィジカル空間のどちらかに限定せず，両者を高度に融合させたアバター技術も含めた検討が進んでいる．

このような目標は夢を語るような現実離れしたものに思われるかもしれないが，先ほど言及した分身ロボットカフェをはじめ，アバター技術は部分的に社会実装され始めている．ムーンショットでアバター技術が目標の一番目として設定される背景にあるのは，少子化による働き手の不足と，多様な価値観に基づいた生き方を実現する必要性だ．もしこれらの課題が私たちの身体の制約によって生じるものと考えることができるのならば，たしかにアバター技術はその解決に貢献しうるものとなるだろう．

5　「ムーンショット型研究開発制度」（内閣府公式Webサイト）https://www8.cao.go.jp/cstp/moonshot/index.html（アクセス日2024年10月9日）

6　「ムーンショット目標1 2050年までに，人が身体，脳，空間，時間の制約から解放された社会を実現」（内閣府公式Webサイト）https://www8.cao.go.jp/cstp/moonshot/sub1.html（アクセス日2024年10月9日）

しかし，残念なことに，たとえ技術的にこれが可能であったとしても，アバター技術を誰もが使える社会がただちに到来するわけではない．というのも，アバター技術を使う上ではすでに多くのELSI的な課題が指摘されており，これらの検討を待たずに見切り発車で社会浸透させるわけにはいかないからだ．Cybernetic being「アバターロボットを用いた働き方の導入ガイドライン2024」では以下のような「ELSI課題」が指摘されている[7]．

・通信環境の課題
・環境・インフラ的な課題
・プライバシーの問題
・外見がもたらす人権的な課題
・職場におけるハラスメントの問題

これらのうち，通信環境の課題やプライバシーの問題など，いくつかについては既存の情報技術のELSIや労働における倫理の延長線上で議論することできるように思われる．しかし，他方でアバター技術だからこそ起こりうる問題，というのもあるかもしれない．

以上のような問題は，倫理や法制度，社会的な論点が複雑に絡み合うELSI的領域の問題だといえる．ここでそのすべてを網羅的にカバーすることはできないが，その第一歩として本章ではアバター技術の技術哲学的分析を試みたいと思う．これにより，アバター技術とはいかなる技術か，そのより良い社会浸透のためには何が必要か，という将来的な議論の基礎を提供したい．

2　アバター技術はどのような種類の技術なのか：技術哲学的特徴づけ

アバター技術が実現したらどれほど良い生活が待っているだろうか．私たちは身体を乗り物にして生きており，しばしばそれが原因でままならない現実に直面し，絶望することも少なくない．アバターで自己表現ができれば自分のプライバシーを守ったり，好きな自分の姿で生きることも可能になるだ

7　アバターロボットを用いた働き方の導入ガイドライン2024, p.42より（以下のリンクからフォームを記入することでダウンロードが可能．該当箇所はリンク先で読むことができる）https://cybernetic-being.org/activities/avatarrobot_workdesign_guideline_2024/（アクセス日：2024年10月9日）

ろう．日常的に仮想世界と現実世界を行き来することができれば，毎日のつらい通勤や遠方の友人や家族に思いを馳せることなく気軽に会うこともできるようになるかもしれない．ただし，すでにみたように検討しなければならない社会的・倫理的課題も多くある．それらのうち，アバター技術特有の問題があれば，それらを網羅的に検討するのが「アバター技術の倫理」の通常の議論の進め方ということになるだろう．

しかし，ここではそのような方向には進まないことにしたい．というのも，アバター技術の実用化はまだ始まったばかりであり，現在指摘されている懸念の多くは，ありうる未来から想像されているものだからだ．技術は設計の段階やそれが使われる段階で幾重にも解釈されうる．技術が実際に使用者との間に結ぶ関係は，（例えば設計段階で想定された）単一のものではない．例えば腰を休めるための椅子が引越しの際には物を置いておくテーブルにもなるように，物質性を備える技術のあり方は使用者との相互作用の中で複数存在しうる．こういった性質は技術の「複数安定性（multistabilities）」と呼ばれる[8]．したがって，アバター技術についても，現在懸念されている問題のみに限定した考察は，実際にそれが日常に溶け込んだときに的外れなものになってしまうおそれがある．

そういうわけで，ここでは別の角度からのアプローチを試みたい．すなわち，技術哲学の知見をもとにアバター技術一般の技術哲学的な特徴づけを行うことを試みる．アバター技術とはどのような技術なのか．もしそれが眼鏡や補聴器のような身体拡張の技術として特徴づけられるのなら，そういった技術の倫理やエンハンスメントをめぐる議論の延長線上で語ることができるだろう．しかし，もしそれだけではアバター技術の重要な特徴を掴みきれないとすれば（これが本章の結論なのだが），むしろその特殊性に由来する問題を論じるほうがよい，ということになる．これを明らかにすることで，アバター技術のどの要素がELSI的な問題につながるのかの説明を試みたい[9]．このようなアプローチであれば，アバター技術が実際に広く使われるようになった際に現在ではまったく想像がつかないような問題が出てきたとして

8　ドン・アイディによる用語．教科書的な解説についてはクーケルバーク（2023: 65）を参照．

9　以上のような理由で本章では技術哲学的なアプローチを取るが，それ以外の哲学的分析は主に海外においてすでに行われている．「サイバネティック・アバター」はあくまで国内のムーンショット目標で主に用いられる語であるため，それらの文献では「メタバース」の語が用いられていることが多い．例えば，心の哲学からの検討（Smart 2022）や形而上学的な検討（Chen 2023），メタ倫理的な検討（Spence 2008），メタバース自体の哲学的検討（Huang 2022; Allouche & Guillermin 2024）等がある．国内では大陸哲学からの分析として『メタバースの哲学』（戸谷 2024）等がある．

も，ここでの議論を参照することである程度の対処ができるはずだ．

2.1　ポスト現象学による志向性に基づく技術の分類

技術の本質を明らかにしようとする技術哲学は，その初期においては文明論的な観点で「これまでの人間性を脅かしうる技術（文明）」というような，ある種の「人間 vs. 技術」という対立構図において議論が進められる傾向にあった．しかし，それでは技術が社会で実際に起こす問題が捉えきれないという批判が起こり，特に 1980 年代以降の技術哲学では，技術一般ではなく，むしろ個別具体的な技術的人工物が（それを使用する場面で）私たちにもたらす経験に考察が移っていった[10]．

では，現在私たちの日常を取り囲んでいる技術的人工物[11] は，どのように分類することができるのだろうか．一つの方法は，人間の志向性に着目する方法だ．「志向性（intentionality）」は現象学の言葉だが，本章の議論においては，私たち人間の意識がどこかに向かっていく意識の性質，という程度に理解しておけば問題はない．1980 年代以降，ドン・アイディをはじめとする哲学者たちは，それまで技術哲学の主流であった現象学的なアプローチを批判的に継承し，「人間 – 世界」の二項関係の考察を「人間 – 技術 – 世界」の三項関係の考察へと拡張させた．これは現在「ポスト現象学（postphenomenology）」と呼ばれている．

人間と技術と世界の三項それぞれを結びつけるのが，私たちのもつ志向性だ．最近の技術哲学では，技術を考察する際には，より個別具体的な技術の経験を問うことが重要だとされている．「ポスト現象学」の代表的論者として知られるアイディは，技術と人間の結びうる関係を以下の四つに分類した（Ihde 1990）[12]．

1. 身体化関係：　（人間 – 技術）→ 世界
2. 解釈学的関係：　人間 →（技術 – 世界）
3. 他者関係：　人間 → 技術（– 世界）
4. 背景関係：　人間（– 技術 – 世界）

10　これは技術哲学における「経験的転回（empirical turn）」と呼ばれる．この周辺の歴史的経緯についてはクーケルバーク（2023）の第 2 章や古賀（2019）が詳しい．

11　「技術的人工物（technological artefacts）」は，技術哲学において物質性を伴う技術を指して用いられる言葉である．本章の議論では（仮想空間でのアバターのように）物質性を備えないものも含むため，以降は両者をまとめて「技術」と表記することがある．

12　なお，以下の図式はフェルベーク（2015）の再構成による．

上の分類において，矢印は志向性の向きを，ハイフンはゆるやかなつながりを表している．それぞれを簡単に説明すると，まず身体化関係は使用者の身体の一部となるものだ．例えば，眼鏡は使用者の顔の一部となって視力を強化する．このとき，使用者が何かを見る際の志向性は，眼鏡という人工物と合成され，世界に向かっている．解釈学的関係では，技術は人間の志向性の対象となる世界と組み合わさり，何らかの観点で世界を「解釈」する．温度計や気圧計がその例だ．他者関係は銀行のATMのように私たちの志向性が技術的人工物そのものに向かうような関係である．さらに，私たちの生活の背景に溶け込んでいるような技術の関係性が背景関係として分類される．

2.2　アバター技術は単なる能力拡張か？

こうしてみたときに，アバター技術はどのタイプの技術に分類可能だろうか．まず考えられるのは，身体化関係を結ぶ技術として理解する道だ．身体化関係においては人間が技術と結びついた状態で世界に対して志向する，という関係を取る．例えば，アバター技術を用いた遠隔地での労働においては，パイロット（操作者）はアバター技術と組み合わさって遠隔地の世界にアクセスし，仕事に必要なものに意識を向けることになる．それが接客であれば，パイロットは現実空間で対面している利用者に意識を向けることになる．そういう意味で，現在想定されているアバター技術の多くは身体化関係の技術として特徴づけることが可能かもしれない．

しかし，これはあくまでパイロット視点での特徴づけにすぎない．先程の接客の例であれば，接客される側（カフェの利用者）からの志向性も無視できない重要な要素ではないか．そして，ここにこそ，眼鏡や義足のような典型的な身体化関係とは異なる性質が潜んでいるように思われる．

あるカフェで働く人が，眼鏡を着用してその場で接客する場合と，（眼鏡なしで）アバター技術を使って遠隔で接客する場合を比較してみよう．カフェの従業員が眼鏡をかけて接客する場合，その従業員の志向性は眼鏡と組み合わさって（「従業員－眼鏡」の結合体として）利用者（客）に向かうことになる．他方，利用者側の志向性は「従業員－眼鏡」の結合体に向かうことになるが，よほど眼鏡がおしゃれだったとか，ごみがついていたとかでない限り，利用者の志向性はあくまで従業員に向くはずだ．

他方，アバターロボットをパイロットが操作し，遠隔地のカフェで接客する場合はどうだろうか．パイロット（先の例では従業員に相当）の志向性は，アバターロボットと組み合わさって（「パイロット－アバター」の結合体として）利用者（客）に向かうため，ここは先の例と同じ構造を取る．利用者側の志向性も「パイロット－アバター」の結合体に向かうため，一見こちらも同じ構造を取っているように思われる．しかし，眼鏡の事例とは異なり，ここで利用者の志向性はパイロットではなくむしろアバターロボットに向くことが予想される．というのも，利用者側からはあくまでロボットと接客しているように見えているからである[13]．

たしかに，技術を用いる際の志向性に着目した場合には，アバター技術は，パイロット視点で身体化関係の役割をもつことになる．だが，実際の使用の場面を考えたとき，技術の「使用者（user）」はそれを直接操作する人間だけに限られない．そこにはアバター技術に対面して利益を得る人間もいて，そしてその志向性はアバターロボットに向かっているのだ．この点において，アバター技術がその使用において使用者と構築する関係性は単なる身体化関係ではない．むしろ，パイロット視点では身体化関係を，アバター技術に向かう人間視点では他者関係を構築する，より複雑な性質をもつ技術なのである[14]．

2.3　扱われ方の違いがもたらす影響

では，アバター技術が単なる身体化関係の技術ではない，ということは何を意味するのだろうか．一つありうる論点は，今後パイロット視点で満足いくアバター技術なるものが利用可能になったとしても，それが直ちに「身体の限界の克服」を謳う技術としての役割を担えるかはわからない，ということだ．

眼鏡の事例で考えてみよう．今の社会において，視力の弱い人が眼鏡やコンタクトレンズを着用して通常の視力の人と同様に生活することは何ら不思議なことではない．私も眼鏡をかけて授業をしたり，原稿に向かったりして，（何かを見ることについては）問題なく生活を送っている．これが可能なのは，一つには眼鏡が自分の身体と馴染んでいるからだといえる．何かを見るとき，私の志向性は見る対象に向かっており，眼鏡の物質性はそれを妨げていない（つまり通常は志向の対象にはならない）．しかし，もう一つ重

13　以上の議論についてはファッション研究を対象に似たような分析を行っている（水上 2023）．この意味において，アバター技術は技術哲学とファッションの哲学的研究とゆるやかなつながりをもっているように思われる．

14　もちろん，以上の比較は恣意的な想定に基づくものだが，現在想定されているアバター技術の利用形態が概ねこれに近いと考えれば，今後のアバター技術の利用についても以上のような分析がある程度適用できるだろう．

要なのは，私に向かう他者の志向性が（眼鏡ではなく）私自身に向いていることだ．私と相対する人間の志向性の着地点は，眼鏡をかけていても裸眼であっても私自身であり，よほどの眼鏡好きでない限り私の扱われ方は変わらないはずだ．もし眼鏡をかけただけで私の存在論的地位が変わってしまうようであれば，一人でいるときにしか眼鏡を使うことができないだろう．

つまり，プラグマティックな観点において，眼鏡による視力の増強は，眼鏡を着用する者の見える範囲が自然に拡張されるだけでは達成できない．着用者の扱われ方が眼鏡を使っていないときと変わらないことも同様に重要な条件なのである．

現在構想されているアバター技術の使用シーンでは，パイロットの身体は遠隔地には存在しない．他方，遠隔地にいる他者の視点で見えているものは，あくまでアバター自体である．ここでパイロットは，人間とロボットとのインタラクションにおける，ロボット側を部分的に担わなければならないのだ．

これは決して些細な問題ではない．というのも，ロボットの扱われ方は基本的に人間のそれとは異なるからだ．アバターがロボットらしい見た目であれば人間的な水準の感情をもたぬ存在として扱われる可能性があるし（Gray et al. 2007），逆に見た目を人間に寄せることがかえって不気味さの演出につながるおそれもある（Mori et al. 2012）．実際，ロボット工学においては，ロボットを街中で働かせようとする際に「ロボットいじめ（robot abuse）」という現象がみられることが指摘されている（Nomura et al. 2015）．ロボットを見かけた通行人（特に子ども）がロボットを叩いたり，進路の邪魔をしたりして，ロボットの仕事を妨害してしまうのだ．

「分身ロボットカフェ DAWN ver. β」がそうであるように，現在のアバターロボットの利用のシチュエーションはソーシャルロボットのそれに近いものが少なくないため，適切なサポートがなければ同様の現象が起きてしまうかもしれない．もしこれによってパイロットが精神的に傷つき，働くことへの自己肯定感が失われてしまうのであれば，アバター技術を「身体的限界の超越を可能にする技術」として単純化し楽観視することはきわめて危険な方向性だといえる．

以上のような議論を踏まえると，アバター技術は（眼鏡のように）使用者が気軽に単体で持ち込めるようなものではなく，むしろそれを持ち込む場全体を整える必要があるタイプの技術として理解するのがよい，ということになるだろう[15]．

2.4 アバター技術を実現するための協働

では，以上のような相違点を回避し，アバター技術を純粋な身体拡張の技術として実現させるには，どのような方法があるだろうか．

一つの方法は，アバターで遠隔地に影響を与えるパイロットをマイノリティにせず，その場の全員が同様の条件で参加することだ．先ほどの議論は物理的な空間への参加を前提としていたが，「VRChat」のような仮想空間に全員がアクセスする場合，互いにアバターの見かけをもっているため，志向性の非対称性は生じないだろう．

この場合，アバターだけでなくそのアバターたちが機能するための仮想的空間を構築する必要がある．また，パイロットだけでなく，その場に参加する人々にも，仮想的空間でアバターを動かすリテラシーが求められる．また，仮想空間に頼らない場合には，アバターロボットをサポートするスタッフを配置したり，他の利用者に対する説明や案内を設けたりするなど，場全体での工夫が求められる．

アバター技術の導入は，知識やスキルをもった特定の利用者（パイロット）が個人で勝手にできるものではなく，むしろアバター技術が利用者の分身として機能するための場の整備が重要である．その導入過程は，ある人が必要に迫られて眼鏡をかけ始めることよりも，むしろ交通整備の行き届いていない場所で車を走らせることに似ている．

では，この特徴がアバター共生社会を目指す上でいかなる示唆をもたらすのだろうか．以下ではこれについて考える．

3　アバター技術の協働的導入をめぐる倫理

アバター技術を実現させるためにはしかるべき交通整備が必要だ，ということであれば，それを早く急げばよいと思うかもしれない．しかし，そこには少なくとも二つの問題がある．一つは，そもそもアバター技術の導入のための交通整備自体が難しく，場を整えること自体が実現可能かわからない，ということだ．もう一つは，仮にそのような交通整備が達成できたときに，

15　この性質自体は，技術や人工物を使った問題解決一般においても広く確認できる．例えば，東京の渋谷センター街では2022年，タバコのポイ捨てを防止する目的で，「投票型」喫煙所が設置された．これは二つの吸い殻入れを投票箱に見立て，「永遠の愛 vs. 一攫千金」といったテーマを提示し，吸い殻を「投票」させるという取り組みである．このとき，喫煙所にはポイ捨て禁止を呼びかけるスタッフはおらず，あくまで投票箱と喫煙者の相互作用によってポイ捨てが抑制される．

そのような場を整えてしまったがゆえに社会全体が望ましくない方向に進んでしまう可能性がある，ということである．以下ではこの二つについてそれぞれ検討することで，アバター技術を社会に導入することの難しさを示唆したい．

3.1　アバター技術が機能する場を準備すること自体の難しさ

まず考えたいのは，アバター技術が私たちの日常に浸透するための交通整備はそもそも可能なのか，という問題だ．

アバター技術が機能するために必要な周囲の協力や環境整備は，特定の職場や特定の店舗に限定した運用であれば不可能ではないように思われる．実際，最初に紹介した分身ロボットカフェ「DAWN」では，現地のスタッフが適宜サポートに入ったり，カフェ全体でのコンセプトの説明・案内を行ったり，またアバターロボットにはパイロットの顔写真を掲載するなど，アバター技術が機能するための工夫が散りばめられている．パイロットはこのカフェにおいて遠隔地での実質的な労働ができ，カフェの利用者側も他の店舗と同様のサービスを受けることができる．しかし，現在のムーンショット計画等で想定されているような，アバター技術を誰もがどこでも日常的に使える状態にするためには，より広い社会全体での制度・ルール作りも必要になるだろう．その際，ローカルには整備できていたルールを国全体，あるいは世界全体に拡大させることは可能なのだろうか．

もちろん，単に環境整備の大変さが問題なのであれば時間と労力を割いて徐々に達成できるだろう．現代において自動車が世界で概ね似たようなルールで走っているのは，そのような努力によるものだといえる．

しかし，アバター技術の導入の難しさは，単なる時間や労力のリソースの問題だけではない．なぜなら，アバター技術が「実質的に」実現しようとする範囲は労働からプライベートでのコミュニケーションや娯楽など，きわめて幅広いものだからだ．私たちの日常におけるさまざまな活動のそれぞれについて，多くの人が同意できる実質的な達成の基準を作ることは，簡単ではないように思われる．ムーンショットで想定されている未来のアバター技術は，特別な事情を抱えた人々だけでなく，誰もが日常的に利用できるものだ．単一の行為ならまだしも，飲み会や職場での業務など，さまざまな行為や実践の「実質的な」達成基準について，全員が同じ見解を共有することは決して容易なものではない．

例えば，新型コロナウイルスの感染対策の一環で，私たちは仕事やプライベートの活動の一部をオンラインで「実質的に」行うことを余儀なくされた．Zoom 等を用いたオンライン飲み会のような新しく広まったコミュニケーション形態については，遠く離れた人と気軽に話せるという利点もあった反面，対面の飲み会の楽しさや充実感は再現しきれなったと感じた人もいただろう．「実質的な飲み会」に対する主観的な感じ方の問題は，技術的な進歩だけでは解決が難しいと思われる[16]．

このような話は単に個人の好みや趣味に限った問題ではない．むしろ重要なのは，これが既存の権力構造や経済的格差による不利益を増大させてしまうことにある．私が実際に体験した例を挙げると，同じくコロナ対策で設けられたオンライン学会は「学会」の必要条件の多様性を感じさせるものであった．すでに職を得ている研究者にとっては，オンラインでの学会参加は便利だったはずだ．しかし，キャリア初期で人的交流を広げたい若手にとって当時のオンライン学会は「実質的な」学会としては物足りないものだったかもしれない（少なくとも当時の私はそう感じていた）．

読者が学生であれば似たような経験をしたことがあるだろう．教育機関における自宅でのオンライン授業では，PC やタブレットなどの端末，インターネット環境，家庭で集中できる環境があるかなど，生徒や学生の経済的・家庭的環境の次第で授業の質が大きく左右されてしまっていた．

こういった中で「実質的○○」の基準をトップダウンに決めてしまうことは，以上のような格差をさらに押し広げ，得られる利益よりも大きな損害が発生してしまうおそれがある．

もちろん，法的なガイドラインやルールを制定することでこうした問題をある程度解決することは可能かもしれない．しかし，この場合もやはりトップダウン的な意思決定を行うことの問題を伴うことになる．これが反発なくうまくいくのは，基本的にプラグマティックな目的が共有されているときになるだろう．例えば，擬制（legal fiction）の例として「道交法においては馬を軽車両として扱う」というものがある．これは，交通の安全と効率という目的に照らし合わせて同意が得られている例だといえる．しかし，アバター技術が「実質的に」再現する行為や営みの範囲は広く，多様なステークホルダーが異なる状況や文脈で何を重要視するかもバラバラである．そのため，こうした技術の使い方に一律の基準を適用しようとすれば，それは個人の自由を制限するパターナリスティックな決定になってしまう．学校の授業が授

16　これは本章の最初で言及した卓球の話でも同様である．私の経験したことは私にとっては「実質的な卓球の練習」として十分であったが，上級者はこれを不十分と感じるかもしれない．

業である必要条件は何か，飲み会が飲み会であるための必要条件は何か——こういったものはトップダウンで決められるものではない．

3.2　仮想現実は現実の下位互換なのか？

また，以上の議論は仮想的な現実が（実際の）現実の下位互換的な立ち位置であることを前提に進めていたが，そもそもこれ自体にも検討が必要だ．先ほどのオンライン会議の例もそうだったように，バーチャルな行為遂行は単なる再現には留まらず，むしろこの形だからこその利益を生む可能性も秘めている．あるいは，当初目指していたのが再現であったとしても，その再現が実際の使用においてまったく別の効果をもたらすこともあるだろう．

私たちの日常的な活動を仮想空間に移すことによって得られる最大の利益は，やはり私たちの身体性の制約を（部分的に）克服できることにあるだろう．これはアバター技術を使うこと自体のメリットにも合致するものだ．私たちの身体は延長し，どこかに存在しなければならないが，仮想空間でのアバターであればその物質性をオフにすることも容易だ．

例えばエンターテインメント分野ではこの性質が鑑賞体験の向上につながりうる．スマートフォンアプリ「プロジェクトセカイ　カラフルステージ！ feat. 初音ミク」では，初音ミクをはじめとするバーチャルシンガーやオリジナルキャラクターのライブを楽しめる「バーチャルライブ」がある．プレイヤーはアバターでライブ会場に行き，他のアバターとコミュニケーションを取ることで，ライブを遠隔地から楽しむことができる．リアルのライブでは前の客の身長が高く演者の姿が見えなかった，という経験をした人もいるだろう．しかしここでは前のアバターは透過されるため，誰でもステージの直前まで行って，真近でライブを楽しむことができるのだ．

ただし，仮想空間には仮想空間特有の問題も起こりうる．「VRChat」はMeta QuestなどのVRヘッドセットを使って没入感のあるコミュニケーションが楽しめるゲームである．しかし，ユーザの中には，ユーザの多くがVRヘッドセットを使っていることを逆手にとり，ユーザの視界や聴覚をジャックする「荒らし」行為をする者もおり，問題となっている．これは現実世界での回避策（目を背ける，耳を塞ぐなど）ができない点においてより凶悪なものといえる．

以上みてきたように，仮想空間を媒介したバーチャルな再現はときに再現元を超えうる．この意味において，ある行為の実質的な達成条件だけでなく，それを超えられる可能性にも留意することが重要であり，アバター技術によって何を目指しているのかをあらかじめ明確にしておくことも求められるだろう．いずれにせよ，その際の議論の基準となるのは当該の行為や実践の意義とはなにか，という哲学的な問いになるはずだ．

3.3　環境整備が達成されることによる規範形成の問題[17]

最後に，ここまで議論してきた「環境整備」が仮にうまくいった先のことを考えてみよう．結論から述べると，私は環境整備のあとで起こる問題もあると考える．それはアバター技術の使用で（望ましくない）社会規範が形成される懸念である．

ある技術が広く社会に浸透することは，ときにその技術から利益を得ること自体の条件となりうる．スマートフォンでLINE等の通話アプリで手軽にコミュニケーションを取ることができるのは，私たちの多くが現在同じ手段を有しているからにほかならない．アバター技術の場合もその利用者がマジョリティであればあるほどより大きな利益を得ることができるだろう．

しかし，技術の浸透によって特定の選択肢が標準的になったとき，それを使うことに対する規範が生まれうる．先ほどのスマートフォンの例でいえば，現在の日本で働く際，スマートフォンをもたなかったり，LINEをインストールしないことは不便であるばかりか，周囲の人間から「なぜ入れないのか」と非難混じりの詰問を受けることもあるだろう．ある選択肢を取ることが（一般的に認知されているメリットに照らし合わせて）容易であればあるほど，その選択肢を取らないこと自体が難しくなる．

こうした技術使用をめぐる規範は，ときに私たちの生死に関わる重大な選択にも及びうる．技術哲学者のフェルベークは「媒介理論（mediation theory)」という理論のもと，技術的人工物のもつ役割を「媒介」という言葉を使って描出した（フェルベーク 2015)．この理論において技術は私たちの知覚と行為を媒介する．例えば超音波技術は医療従事者の視覚を媒介し，妊娠した人の腹部の中までみられる状態にする．これにより，出生前診断が可能になり，これから産まれる子どもに「問題」があるとわかった際にはその子をどうするのかを決定することが可能になる．しかし，より重要な問題は，こういった技術の存在が私たちの実存を形作り，生き方についてのある種の規範を作り上げてしまうことにある．フェルベークはここで，超音波技術が

17　この部分の議論においては大家慎也氏（久留米工業高等専門学校）から有益なコメントと助言をいただきました．

広く一般に使えることが，出生前診断を受けずに「問題」のある子を産むことに対する批判を生じさせる危険性を指摘している（Verbeek 2014）．一個人が技術の「媒介」を利用して利益を得ることは問題ないが，それが広く使えることは，場合によっては優生学のような通常望ましくないとされる考え方の組み込まれた社会を生み出してしまう可能性をも秘めている．

アバター技術の場合も同様である．障害や病気などの事情によって動くことが難しい人がアバターによって遠隔地で活躍したり，特定のスキルや知識が不足している人がアバター技術を利用して新しいことに挑戦したりすることは，それが本人の希望で実現したことであれば美談となりうるだろう．しかし，同じ状況のすべての人がアバター技術を使って同様の選択肢を取るべきだという社会があるとすれば，それはかえって息苦しい社会を作ってしまう．つまり，私たちはアバター技術を導入すること自体のパフォーマティブな側面にも留意しなければならないのだ．

4 「アバター共生社会」のその前に

ムーンショット目標にも採用されているアバター技術は，これまでの人類史の前提であった身体性を超えた生き方を可能にするという点で，私たちにとってゲームチェンジャーとなるような新たなインフラをもたらしうる．

しかし，本章でみてきたように，この技術は単なる身体拡張のツールではない．アバターを身にまとうことは自分自身のアイデンティティや扱われ方を変えうるし，アバター技術による「実質的な」行為遂行には関連するステークホルダーの協働が要請され，そしてそれは決して簡単なことではない．私たちの日常的な実践のそれぞれについての実質的な基準について考えるためには，それぞれの実践のあり方自体を検討しなければならないからだ．

また，アバター技術の導入に重要となる社会全体でのルールや環境の整備が進むことは，とりも直さずそれを使わない選択肢を際立たせてしまうことにもなり，（例えば）現在の出生前診断の利用をめぐる問題と同様のものが発生してしまうおそれもある．

最初にも述べたように，技術にはその場その場の文脈によって別の形に「安定」する性質がある．VR をはじめ，アバター技術を使った実践はすでにもう始まりつつあることから，トップダウンの取り組みを待たずとも，アバター技術による新たな価値の創出はこれからも自由闊達に行われていくことだろう．アバター技術のあり方自体が作られる過程の中に今私たちがいるのであれば，制度やルール作りも大事だが，それ以上にこの技術を「遊び尽くす」ことも重要なのではないだろうか．［水上拓哉］

*　*

【読書ガイド】

クーケルバーク，M.『技術哲学講義』直江清隆・久木田水生監訳，丸善出版，2023 年
現代の技術哲学をリードするクーケルバークによる技術哲学の教科書．最新の理論の紹介だけでなくロボットや環境問題などの個別のテーマについても詳しく紹介されている．

鷲田清一『ひとはなぜ服を着るのか』ちくま文庫，2012 年
技術哲学をファッションの哲学に接続させることは，アバターによる自己表現の哲学的意義に迫る上で役立つだろう．本書の第一部では，なぜ人は身体の表面を加工・演出するのかが議論されており，有益な参照点となりうる．

第13章

ニューロバイオテクノロジー

研究開発，ELSI，ガバナンスの動向とこれから

ニューロテクノロジーは，バイオテクノロジーのうち脳や神経にかかわるものであり，典型的には脳や神経の活動を読み取る技術や，その活動を部分的に変えたりする技術などを含む．これらの先端技術は，神経系のしくみや機能を解明するという科学的探究に加え，神経疾患の原因を明らかにしたり，そうした疾患を緩和・治療したりする医療面での応用が期待されている(NTT データ経営研究所・応用脳科学コンソーシアム 2021; 科学技術・学術審議会 研究計画・評価分科会 ライフサイエンス委員会 脳科学作業部会 2023)．その一方で，脳は我々のこころや人格と深くかかわる器官だと考えられているため，ニューロテクノロジーには，他のバイオテクノロジーと異なる特別な懸念が提起されることがある．

本章では，ニューロテクノロジーという分野で生じる倫理的・法的・社会的課題（Ethical, Legal, and Social Issues: ELSI）と，国際的なガバナンスの動向を解説することで，「ニューロバイオテクノロジーの ELSI/RRI」の大まかな見取り図を与える．

1　ニューロテクノロジーの ELSI

ニューロテクノロジーは，脳や神経の活動を読み取ったり部分的に変えたりする技術の総称である．こうした先端技術の利活用について，さまざまな倫理的・法的な課題が指摘され，現在では脳神経倫理学（neuroethics）や脳神経法学（neurolaw）という研究領域として，互いに影響しながら成熟しつつある（Roskies 2024; Jones, Schall & Shen 2020; 小久保 2020, 2023; Ishida et al. 2003)．

ニューロテクノロジーは多岐にわたり，考慮すべき倫理的・法的な課題も技術ごとに異なる．そのため，「ニューロテクノロジーの ELSI」と一括りで

論じることは，不正確だったり，混乱を招いたりする場合がある．そこで，やや遠回りではあるが，近年研究が進んでいる代表的なニューロテクノロジー（の一部）を取り上げて整理することから始めたい．

最も身近なニューロテクノロジーの一つは，脳の電気的活動を記録する脳波（electroencephalography: EEG）であり，病院の検査等で広く使われている．このほか，脳の血流を記録して脳機能と対応づける機能的磁気共鳴画像（functional magnetic resonance imaging: fMRI）や，脳の電気的活動に伴って生じる磁場を記録する脳磁図（magnetoencephalography: MEG）も，脳活動を「読み取る」技術として，主に研究で利用されている．これらの技術は，神経活動をどれだけ空間的・時間的に高い精度で記録できるか（空間分解能，時間分解能），どれだけ利用者に身体的負担をかけるか，そしてコストに違いがあるが，いずれも，我々の動作や思考がどのような脳活動に対応しているかを解明したり，神経疾患の病態・原因を明らかにしたりするために用いられている．

そうした技術の応用として，ブレイン・マシン・インタフェース（brain-machine interface: BMI）の研究開発が進んでいる．BMIは，脳と機械をつなぎ，情報を入出力できるようにする技術である．よく知られた応用として，脳活動を読み取って外部機器を制御できるようにすることで，運動障害がある人の義肢の開発などに役立てるというものがある．接続先がコンピュータである場合には，ブレイン・コンピュータ・インタフェース（brain-computer interface: BCI）とも呼ばれる．

ニューロフィードバックという技術も研究が進展している．これは，記録した脳活動をリアルタイムで測定対象者に呈示することで，当人が自らの脳活動を調整・制御できるようにする技術である．ニューロフィードバックは，本格的な臨床応用には至っていないが，一部の神経疾患等の症状を軽減する効果が期待されている．

さらに，脳に電気・磁気などで刺激を与えて神経活動を調整する「ニューロモジュレーション」も，神経疾患を治療したり当事者の苦痛を和らげたりすることが期待されており，盛んに研究開発が進められている．非侵襲型の（頭蓋を開く手術を必要としない）技術には経頭蓋磁気刺激（transcranial magnetic stimulation: TMS）や経頭蓋直流電気刺激（transcranial direct current stimulation: tDCS）があり，侵襲型の（手術を必要とする）技術の典型例として脳深部刺激（deep brain stimulation: DBS）がある．ニューロモジュレーション技術にも，刺激の空間分解能や時間分解能，利用者への身体的負担，そしてコストなどの点で違いがある．

以下では，このような先端的ニューロテクノロジーのそれぞれについて，よく提起される代表的な倫理的課題を三つ確認する．

第一に，脳の活動を「読み取る」技術の利用には，我々の思考や精神状態が意図せず読み取られるのではないかという，精神的プライバシー（mental privacy）をめぐる懸念が提起されることがある．留意すべき点として，「街で人々の思考を監視する」ようなことは現在のところ不可能であり，そのような懸念は現実のニューロテクノロジーから乖離している．より現実的な論点は，限られた状況・目的のもとで特定の人の脳活動を（意に反して）記録することが倫理的に許されるかどうかである．例えば，犯罪捜査において被疑者の脳活動データを取得して使うことにまつわる問題を考えよう．脳活動を記録する技術を応用して，ある人が他集団に対して抱く潜在的バイアス（implicit bias）を推定することが試みられている（Molenberghs & Louis 2018）．仮にこの技術が安定的に証拠として使えるようになったとして，被疑者の脳活動データを強制的に提出させて証拠として使うことは倫理的に許されるか．例えば，重大なヘイトクライムの捜査であれば公益に照らして許されるだろうか，それとも精神的プライバシーはそうした場合でも保護すべき基本的な倫理的権利だろうか．

第二に，ニューロモジュレーション技術は我々の脳を人工的に刺激するため，いうまでもなく安全性が問題となる．ただし，DBS等の侵襲的技術と，TMSやtDCS等の非侵襲的技術では，安全性について生じる懸念の内容も深刻度も異なるはずだ．また，特殊な論点として，DBSの利用によって利用者の性格が変わってしまうとか，そうした人為的な性格変容は倫理的に問題だといった，心理的連続性（psychological continuity）にまつわる懸念が提起されることがある．この懸念は，「人格」や「アイデンティティ」の倫理的側面を考える上で興味深い問題提起である一方で，科学的エビデンスに立脚した議論を求める批判もなされている（Pugh et al. 2021）．

第三に，ニューロテクノロジーは，疾患を治療したり機能不全を補ったりするだけでなく，利用者に通常以上の能力を獲得させる「エンハンスメント」に応用されることもある．BCIやニューロフィードバックのほか，神経系に作用する薬剤を用いたエンハンスメントも，脳や神経の機能を高めるエンハンスメント（neuroenhancement）として利用・研究されている．エンハンスメントをめぐる倫理的課題の範囲は広く，また議論の歴史も長い（Juengst & Moseley 2019）．例えば，我々には科学技術を用いて能力を好きなように高める自由があるべきだろうか，それともそれは競争の公平性を歪める「チート」だろうか．また，最先端のエンハンスメント技術が高価になる場合，富裕層が先にそれを享受することは問題ないだろうか，それとも現行の不平等を再生産してしまうので望ましくないだろうか．

精神的プライバシーの保護，心理的連続性などの安全性，エンハンスメントをめぐる諸論点は，先端的ニューロテクノロジーが直面する倫理的課題の代表例である．このほか，研究開発で使った神経活動データの管理や，利用者や市民への情報公開なども，どの研究開発でもおよそ重要な論点ではあるが，ニューロテクノロジーの研究開発を取り巻く倫理的考慮事項として挙げることができる．

2　ニューロバイオテクノロジーの国際的ガバナンス

2.1　概況

科学技術の成果が社会に根づいていくためには，さまざまな倫理的・法的・社会的課題（ELSI）を考慮することが求められる．さらに，より包括的な考え方として，責任ある研究・イノベーション（Responsible Research and Innovation: RRI）という枠組みも注目されている．RRI は，ELSI の考慮を前提としつつ，さらに研究開発の早い段階から知識生産やガバナンスの望ましい姿そのものを模索していくという考え方として要約できる（Stilgoe, Owen & Macnaghten 2013; 標葉 2020; 本書第 1 章を参照）．

RRI の取り組みの一環として，近年，先端科学の大型研究プロジェクトでは，倫理学者などの人文・社会科学の専門家の能動的参加が期待・重要視されている．脳神経科学でもその状況は同じである．例えば，米国で 2013 年に始まったプロジェクト BRAIN Initiative は，先端的脳神経科学に伴う倫理的課題をいち早く整理したり，研究開発に倫理学の視点を統合する試みを進めたりしてきた（Bioethics Commission 2014–2015）．欧州で 2013 年に始まった Human Brain Project では，当初から「倫理と社会」サブプロジェクトが設定され[1]，研究開発に伴う倫理的課題について報告書を公表したり，市民対話などのアウトリーチ活動に取り組んだりしてきた（Salles et al. 2018, 2019）．このような動向は，日本国内の動向と合わせて，2022 年に JST 研究開発戦略センター（CRDS）が公表した報告書にて詳細に紹介され

1　https://www.humanbrainproject.eu/en/science-development/ethics-and-society/（アクセス日 2025 年 3 月 4 日）

ている（JST-CRDS 2022）.

それと並行して，また近年の脳神経科学の急速な発展に合わせて，主要な国際機関が，ガイドライン等の形でニューロテクノロジーのガバナンスに相次いで取り組んでいる．2019年，OECDがニューロテクノロジー分野におけるELSI対応と規制についての勧告を採択した（OECD 2019）．2021年に欧州評議会が委託した報告書では，先端的ニューロテクノロジーの利用に伴う人権上の考慮事項が詳細に検討され，以後の議論の参照点となっている（Council of Europe 2021）．UNESCOは，2023年にニューロテクノロジーの研究開発動向と政策・ガバナンス上の論点をまとめた報告書を公表した（UNESCO 2023）ほか，2024年10月現在，ニューロテクノロジーの利用にまつわる倫理的提言の編纂を進めている（UNESCO 2024）．UNICEFは，ニューロテクノロジーの研究開発と利用がとりわけ子どもにもたらす利益と懸念点に注目し，考えるべき論点と暫定的な提言をまとめたワーキングペーパーを2024年6月に公開している（UNICEF 2024）．国連人権理事会は，ニューロテクノロジーにかかわる人権上の考慮事項を明らかにするよう諮問委員会に求める決議を2022年10月に採択し（UN General Assembly 2022），2024年9月には諮問委員会の報告書が提出された（UN General Assembly 2024）.

2.2　脳神経関連権をめぐる動向

このような潮流の中で，一際注目を集め，また論争を呼び起こしているのが，脳や精神に特化した人権枠組み，つまり脳神経関連権（neurorights）である．主要な国際機関では，欧州評議会，UNESCO，また国際人権理事会諮問委員会が，レポート等の中で“neurorights”という表現を使い，先端的ニューロテクノロジーにまつわる人権上の考慮事項を取り上げてきた.

脳神経関連権は，単一の権利ではなく，脳や精神にかかわるさまざまな権利の総称である．例えば，第1節でみた精神的プライバシーや心理的連続性への権利は，脳神経関連権を構成する権利の例である．また，自らの精神的活動などを自由にコントロールする「認知的自由（cognitive liberty）の権利」や，自らの精神的活動が悪意のある介入から守る「精神的不可侵（mental integrity）の権利」なども，脳神経関連権に含まれる権利として挙げられる（Council of Europe 2021）．なお，脳神経関連権に含まれる一つひとつの権利は，理論的には決して新しいものではなく，プライバシー権や自由権など伝統的な人権を拡張したものである（Ienca 2021）.

脳神経関連権の興味深い点は，科学者が，人権枠組みの提唱という形で価値提案に関与していることである．脳神経関連権をめぐるアドボカシーの拠点の一つは，米国コロンビア大学に本部をおくニューロライツ・イニシアチブ（Neurorights Initiative），現在のニューロライツ財団（Neurorights Foundation）であり，その活動の中心人物は著名な脳神経科学者ラファエル・ユステである．また，理論的・学術的な論争と政策的展開が同時に進んでいること，つまり，学術的なコンセンサスが得られていない「脳神経関連権」が（良し悪しはともかく）すでにニューロテクノロジーガバナンスの主要キーワードの一つになりつつある点も，脳神経関連権をめぐる動向の特徴である（石田・標葉 2024）．

一部の国では，脳神経関連権の制度化をめざす動きがある．最もよく知られた事例は，2021 年以後のチリの憲法改正案（最終的には国民投票で否決された）である．そのほか，スペインの「デジタル権利憲章」や，米国コロラド州の「プライバシー法」でも，脳神経関連権への直接の言及こそないものの，類似の内容が言及されている．

こうした動向には批判的な見解もある．例えば，先述したように，脳神経関連権に含まれる一つひとつの権利は，すでに認められた人権を拡張したものであるから，既存の国際人権法の枠組みがあれば十分だという見方がある（Bublitz 2022）．また，先端的ニューロテクノロジーの意図しない利用や影響から我々の人権を守る新たな法律が仮に必要だとしても，新たな人権概念まで必要だとはいえないとする見方もある（Ligthart, Bublitz & Alegre 2023）．ただし，脳神経関連権の制度化に批判的な論者たちも，先端的ニューロテクノロジーの意図しない使用・効果から人権を守ることが重要な考慮事項だという点は否定していないことに留意する必要がある．

脳神経関連権という言葉を使うにせよ使わないにせよ，人権保護は，国際社会が目下取り組んでいるニューロテクノロジーのガバナンスにおける主要な考慮事項である（UNESCO 2023）．それを背景として，脳神経関連権をめぐる議論もさまざまな形で続いている．例えば，脳神経関連権に含まれる一つひとつの権利（認知的自由の権利など）について，それぞれ一定の共通理解を得ようとする試みがある（Ligthart et al. 2023）．また，精神やこころの考え方は文化的影響を強く受けることから，ニューロテクノロジーの国際的なガバナンスにはとりわけ文化的・社会的背景の多様性に対応したアプローチが求められるとする見方がある（Herrera-Ferrá et al. 2023）．これに関連して，脳神経関連権に含まれる一つひとつの権利は内容上それほど新しくないため，もっと斬新な人権構想を提案するよりも，国際的な合意が得やすい点で有益ではないかという提案もある（石田・標葉 2024）．このように，脳神経関連権をめぐる議論は，「脳神経関連権を制度化するべきか，しないべきか」という大振りで二者択一の論争から，脳神経関連権に含まれる一つひとつの権利をどのように理解し保護するかというきめの細かい論点に移行しつつある．

3　ヒト脳オルガノイド研究の ELSI

ヒト神経オルガノイド（human neural organoid），またはヒト脳オルガノイド（human brain organoid）の技術は，狭義のニューロテクノロジーに含めないことが多いものの，脳や神経にかかわる先端的なバイオテクノロジーの一つである．ヒト神経オルガノイド技術は，幹細胞・再生医療分野における先端技術であり，主に神経疾患の病態・原因を解明したり予防法・治療法を開発したりする上で大きな期待が寄せられている（科学技術・学術審議会 研究計画・評価分科会 ライフサイエンス委員会 幹細胞・再生医学戦略作業部会 2017）．そこで本章では，この分野における ELSI/RRI の議論や国際的ガバナンスの動向を，ごく簡単に紹介したい．

オルガノイドとは，幹細胞をもとに生体外（試験管内）で作製した三次元的な組織のことである．そのうちヒト神経オルガノイドとは，ヒトの幹細胞から作製した三次元的な神経組織である．

ヒト神経オルガノイドはしばしば「ミニ脳」と喩えられるが，これは正確な表現ではないことに留意する必要がある．ヒト神経オルガノイドは幹細胞から一部の神経組織を作製したものにすぎず，血管をもたないことから，大きく成長せず，（現在のところ）直径数ミリメートル程度の小さな組織に留まる．そのほかの点でも，機能や成熟度などが通常のヒト脳とヒト神経オルガノイドは大きく異なっている．ヒト神経オルガノイドは，ヒト脳の発生初期の各段階（例えば神経管形成やニューロン新生）を部分的に再現するものであって，これをヒト脳全体のミニチュア版であるかのように表現することには大きな課題がある（Kataoka et al. 2023）．

それでも，ヒト神経オルガノイドがきわめて期待の大きい先端科学技術であることに変わりはない．ヒト神経オルガノイドは，脳のしくみや機能を明らかにする上で大きな役割を期待されており，実際に一部の神経疾患の原因・病態の解明に使われている．例えば，妊娠中のジカウイルスへの感染は胎児に小頭症などの先天性障害を起こすことが知られており，予防法・治療法の開発が望まれる中，ヒト神経オルガノイドにジカウイルスを感染させることでヒト神経組織の発生阻害メカニズムを解明する試みがなされてきた（e.g. Qian et al. 2016）．また，ヒト神経オルガノイドを再生医療に応用する可能性も研究されており，脳の損傷部位にヒト神経オルガノイドを移植することで運動機能が一定程度回復することが，ラットを用いた実験で確認されている（e.g. Wang et al. 2020）．

ヒトの脳の機能や疾患を研究する上で，ヒト神経オルガノイドは将来的に実験動物よりも優れたモデルとなると期待する見方がある（Farahany et al. 2018）．倫理的にも，ヒト神経オルガノイドの利用には望ましい面がある．動物実験における基本的な倫理原則として，3R――苦痛軽減などの洗練（refinement），動物利用の削減（reduction），研究対象の代替（replacement）――が受け入れられている．ヒト神経オルガノイドを利用したヒト神経疾患の研究は，うまくいけば，将来的には動物実験の（完全ではないが）部分的な代替につながる可能性を秘めているのだ．

ヒト神経オルガノイド技術に伴う倫理的課題は，世界的にみても，まだ探索的な段階にある（Sawai et al. 2022）．よく指摘される論点に，神経組織である以上，ヒト神経オルガノイドが意識をもったり痛みを感じたりするのではないかという懸念がある．もしそうであれば，動物と同じように倫理的な取り扱いが求められることになる（Koplin & Savulescu 2019）．しかし現在のところ，ヒト神経オルガノイドがそうした性質をもつと示唆する科学的エビデンスはなく（ISSCR 2021），喫緊の倫理的問題とは言いがたい．ただし，中長期的な視点から，今後研究・作製されるオルガノイド等の複雑さによってはそうした倫理的問題が少しずつ現実味を帯びる可能性があることを念頭におきつつ，慎重に研究を進めることが求められるとする立場も，一定のコンセンサスを得ている（Hyun, Scharf-Deering & Lunshof 2020; ISSCR 2021）．

関連して，ヒト神経オルガノイドの道徳的地位（moral status）の問題に着目する論者は少なくない．一方では，ヒト神経オルガノイドは培養された細胞にすぎない，つまり「もの」にすぎないとする立場は根強い．その一方で，意識や感覚の有無にかかわらず，ヒト神経オルガノイドがヒト由来の組織だという理由で特別な道徳的地位を認めるべきだという可能性を考える論者もいる（Zilio & Lavazza 2023）．このほか，ヒト神経オルガノイド単独を扱う場合とは別に，それを非ヒト動物に移植する研究（e.g. Revah et al.

2022）では，ヒト由来組織と非ヒト由来組織の両方をもつ個体の道徳的地位をどのように考えるべきかが論点の一つとなる（Kataoka et al. 2023）．さらに，バイオコンピューティング技術の一種として，生体組織をシリコンと生体外で（in vitro）接続して特定のタスク等を実行させる「合成生物学的知能（synthetic biological intelligence：SBI）」技術の研究が進んでおり，近年では，ヒトiPS細胞から作製した神経細胞を用いてゲームを実行させることに成功したという研究が知られている（Kagan et al. 2022）．これをさらに発展させて，ヒト神経オルガノイドを用いたバイオコンピューティング技術，つまり「オルガノイド知能（organoid intelligence）」も構想されている（Smirnova et al. 2023）．2024年10月現在，オルガノイド知能の研究はまだ構想段階であるが，将来この構想に沿った研究がある程度進んだ際には，ヒト由来組織と集積回路からなる複合体の道徳的地位が改めて問われる可能性がある（Hartung, Morales Pantoja & Smirnova 2024）．

これらの技術は現在進行形で発展しているものであり，また現時点で想定されている倫理的課題も意識や道徳的地位など抽象的なものに留まっている．より現実的で実践的な倫理的課題は，他のさまざまな「人を対象とする生命科学・医学系研究」と同じく，研究参加者，特に幹細胞の提供者（ドナー）の尊重だろう．典型的には，十分な情報に基づく同意（informed consent）を適切に取得することが求められる．ただし，そこで取得する同意が，包括同意——提供した試料が将来どのような研究に使われるかを指定しない同意——でよいか，それとも研究内容を指定した同意であるべきかについては，さまざまな立場がある（Greely 2020; Hyun 2020）．

狭義のニューロテクノロジーと同様に，ヒト神経オルガノイドの研究と利用をめぐる国際的なガバナンスの試みも進んでいる．国際幹細胞学会（International Society for Stem Cell Research：ISSCR）のガイドラインは，オルガノイド技術を含む幹細胞・再生医療分野において世界で最も影響力がある文書の一つであり，直近では2021年に改訂されている（ISSCR 2021）．米国のNASEMは，ヒト神経オルガノイド研究とその周辺領域に特化した倫理的・社会的・ガバナンス上の課題をまとめた報告書を公表している（NASEM 2021）．また，欧州の研究プロジェクトHYBRIDAは，オルガノイド研究の規制枠組み作成をめざして2021年2月から2024年1月まで3年間活動し，研究論文や報告資料を多数公表してきた[2]．

2　https://hybrida-project.eu/（アクセス日2025年3月4日）

4　おわりに

本章では，発展著しいニューロバイオテクノロジー分野で生じる倫理的・法的・社会的課題（ELSI）と，この分野における国際的なガバナンスの動向を，ごく簡単に導入した．その過程で，この分野の新たなキーワードとなりつつある「脳神経関連権」を，やや詳細に取り上げて紹介した．

重要な点として，本章で取り上げたニューロバイオテクノロジーは，研究開発が進められているもののうちごく一部であり，ここで扱いきれなかったものにも，人類社会への大きな貢献が期待されている――同時にさまざまなELSIの懸念が提起される――技術が多くある．さらに，本章で取り上げた技術の研究開発，またはRRIの取り組みについても，本章の記述はこれから常にアップデートされていくことになる．ニューロバイオテクノロジーの研究開発はもちろん日夜進んでいるし，国際的ガバナンスは現在進行形の取り組みだからである．

もう一つ，ニューロバイオテクノロジーの倫理的課題を論じる上で，一つひとつの技術の実態に即した考え方をする必要があるとこれまで強調してきた．一つの章の中でそうしたきめの細かな議論を完全に展開することは，完全にはできていないかもしれない．重要なことは，非現実的な「倫理的課題」という熱狂（hype）に振り回されて，人類社会が享受できたかもしれない科学技術の恩恵――例えば，一部の神経疾患の予防や緩和や治療の可能性――を見失わないようにすることだろう．「ニューロバイオテクノロジーのELSI/RRI」には，倫理・法・社会の批判的観点を保ちつつ，研究開発の実情に即した形で知識生産とガバナンスの未来を模索するという，難しい「二足のわらじ」が求められていくように思われる．　［石田 柊］

*　　*

【読書ガイド】

紺野大地・池谷裕二『脳と人工知能をつないだら，人間の能力はどこまで拡張できるのか：脳AI融合の最前線』講談社，2021年

「脳AI融合」の研究開発に取り組む著者らが，BMI草創期の歴史から最先端の研究動向まで平易に解説している．

信原幸弘・原塑編著『脳神経倫理学の展望』勁草書房，2008年

脳神経倫理学（neuroethics）の代表的な邦語書籍である．今でも論じられている基礎的な概念・論点が整理されている．

ボール，P.『人工培養された脳は「誰」なのか：超先端バイオ技術が変える新生命』桐谷知未訳，原書房，2020年
ヒト神経オルガノイド研究のドナーとなった著者の経験が詳細に描かれており，体験記・読み物として価値ある一冊である．

サテル，S・リリエンフェルド，S.O.『その〈脳科学〉にご用心：脳画像で心はわかるのか』柴田裕之訳，紀伊國屋書店，2015年
脳イメージング技術を中心に，ニューロテクノロジーへのよくある期待と懸念を一つひとつ検討していく著作である．

第14章

クライメイト・テック

気候変動とどう付き合うか

1　クライメイト・テックとは？

人為的な気候変動は，地球温暖化とも呼ばれ，地球上の生物多様性の減少と並んで，今日人類が直面する二つの存続の危機のうちの一つである．クライメイト・テック（climate tech）は，クリーン技術（clean tech）とも呼ばれることがあり，一般的に，温室効果ガスの削減や貯留による気候変動の緩和，あるいは気候変動の悪影響への適応に貢献する技術を指す（UNEP 2023）．ここでいう「テクノロジー（技術）」は，「特定の活動を行うための設備，技術，実用的な知識，またはスキル」と広く解釈されている．そのため，クライメイト・テックには，植林，炭素の回収・貯留，食糧生産の新たな形態としての農業生態学，電気自動車や自転車専用道路，太陽光発電など，非常に多岐にわたるものが含まれる．

以上を踏まえると，人間が気候に影響を及ぼすことは決して新しいことではない．人間は，他の生物と同様に，自分たちの環境を変化させ，それがさらにローカルな気象に影響を及ぼすことがある．「気候」という用語は，通常，数か月から数百万年単位に及ぶ長期的な期間における平均的な気象を指す．したがって，クライメイト・テックが実際に長期的にみて気候に影響を及ぼすかどうかは，その技術だけでなく，それが使用される規模や頻度にも依存する．このことは，クライメイト・テックが気候変動の緩和と適応にどれだけ貢献できるかについても同様である．また，クライメイト・テックの個々の技術は，壊滅的な気候変動を回避するために必要な時間枠内における潜在的な貢献度やその導入コストの観点からみても多岐にわたり，これらの観点自体も国によって異なり，長期的にも変化する．クライメイト・テックの概要とこれまでの緩和技術および政策オプションに関する最も包括的な評

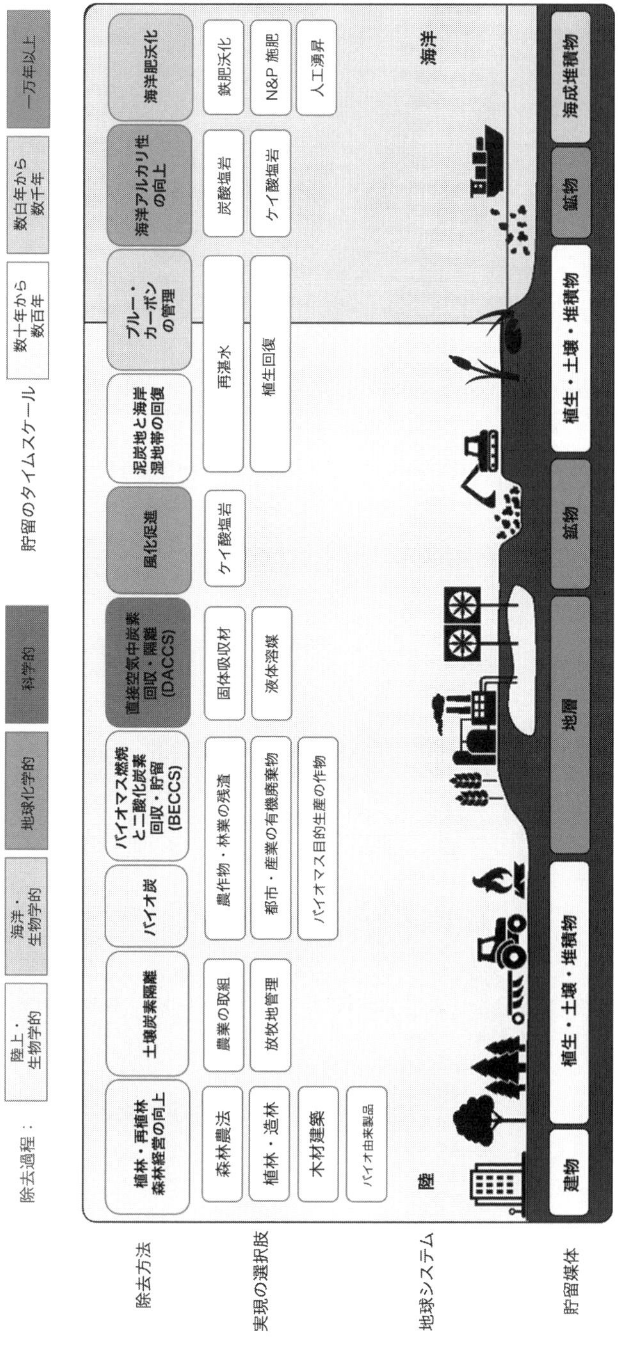

図14-1：二酸化炭素吸収技術の分類（出典：Babiker et al. 2022）

すべてのセクターで現在利用可能な多くのオプションは、2030 年までに正味の排出量を削減する大きな可能性を提供すると推定される。 相対的なポテンシャルとコストは、国によって、また2030 年以降長期的に変化する。

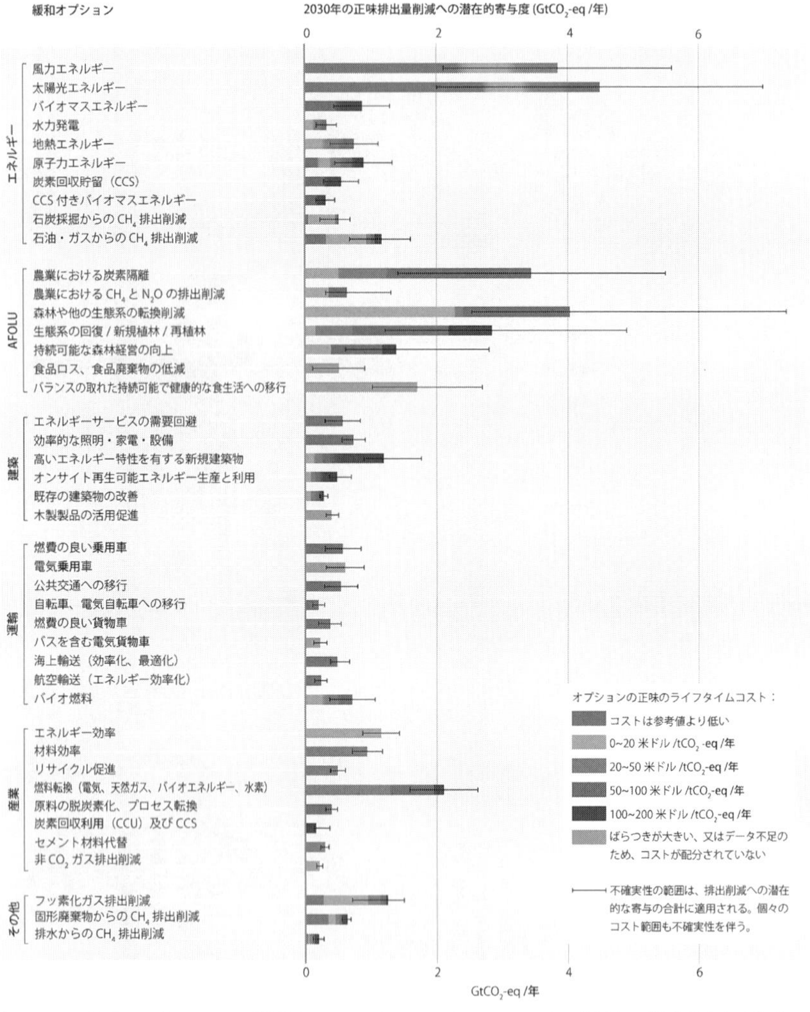

図 14-2：緩和オプションの概要と，2030 年におけるコストと可能性の推定範囲（出典：IPCC 2023）

価は，IPCC（「気候変動に関する政府間パネル」，気候変動に関する科学的評価を担当する政府間組織）によるものである（図14-1，2）.

これらの技術とそのELSIへの含意に関する詳細な説明は，本章の目的を超えている．そのため，本章では，エネルギーやモビリティ技術と比較してそのELSI問題がほとんど議論されていない，気候／気象改変として特別に設計された技術に重点を置く．以下，クライメイト・テックのさまざまなカテゴリーを概観した後，この技術の包括的なELSI問題を検討する．次に，気象コモンズの考え方を通じて，人間と気候の相互作用を概念化する新たな方法を検討し，我々の議論の範囲を広げることを試みる．最後に，変化する世界において気候変動に取り組むためのクライメイト・テックの“肥沃なフロンティア”として，未来研究とシナリオ構築について紹介する.

2　気候工学の技術

気候変動の基本的なメカニズムやそれが地球上の生命に及ぼしうる潜在的な壊滅的影響についてはよく理解されているにもかかわらず，温室効果ガスの排出を抑制するための取り組みはほとんど失敗に終わっている．そのため，気候工学または地球工学（ジオエンジニアリング）という用語のもと，地球規模の介入が提案されてきた．このような介入は，原理的に，大気中の二酸化炭素を除去するか，大気から宇宙に反射される太陽光の総量を変更することを目的としている．あまり目立たない例としては，氷河の安定化や，二酸化炭素の隔離を目的とした海洋への物質の注入などが挙げられるが，ここでは割愛する.

2.1　二酸化炭素除去

(1) 直接空気回収（Direct Air Capture: DAC）

直接空気回収は，化学的または物理的プロセスにより大気中の炭素を抽出する手法である．炭素貯留と組み合わせたこのプロセスは，直接空気中炭素回収・隔離（Direct Air Carbon Capture and Sequestration: DACCS）と呼ばれる．その主な課題は，炭素を含まないエネルギー源への依存，大量の水消費や有毒化学物質への依存に伴う本プロセスのエネルギー集約性である．理論的には有用であるものの，2050年までに気候変動の緩和に貢献できる可能性は限定的であり，莫大なコストがかかると評価されている．また，炭素貯留からの長期的な漏出に関するデータは限られている.

(2) バイオマス燃焼と二酸化炭素回収・貯留（Bioenergy with Carbon Capture and Storage：BECCS）

BECCS は，バイオマスからエネルギーを取り出すことと，それに伴い排出される二酸化炭素を回収・貯留することを組み合わせたものである．DAC と比較すると，BECCS は，植物が以前に隔離した二酸化炭素を貯留しながら，エネルギーを生産するという点で魅力的である．しかし，バイオマスの生産には，土地や水が大量に必要であるとともに，プランテーションやその生物多様性への悪影響と関連することも多く，食糧生産や生態系の回復と競合する．気候変動の緩和への潜在的な貢献は限定的であり，高いコストがかかることが懸念される．

(3) バイオ炭

クライメイト・テックの文脈において，バイオ炭による炭素除去とは，二酸化炭素を隔離する手段として，土壌やセメントなどの他の材料に炭を貯蔵するプロセスを指す．この目的のために，バイオ炭は酸素が制限された環境下で有機物（植物材料）を加熱することにより生成される．土壌に施用されたバイオ炭は，少なくとも数十年，場合によっては数千年にわたって残留すると推定されている．そのため，気候変動の緩和に大きく貢献する可能性があるとみなされている（Nabuurs et al. 2022）．さらに，バイオ炭は土壌の肥沃度と農業生産性を向上させることができるが，過剰に使用すると土壌生物に悪影響を与え，土壌の酸性度を変化させる可能性がある．日本では，竹が広く利用されているため，竹を原料としたバイオ炭の生産が検討されている．

(4) 風化促進

風化促進は，二酸化炭素を自然に吸収する鉱物を含有する微細な岩石を採掘・粉砕・散布し，表面積を増やすことにより，風化を人工的に促進し，大気中の二酸化炭素と反応させるという方法である．この技術は陸上または海上で適用できる．気候変動緩和への潜在的な貢献度についての評価はさまざまであるが，その効果についてはまだ大規模には実証されていない．さらに，岩石が採掘される場所では，採掘による環境への影響が介入の規模に比例して増加することが予想される．

(5) 植物・緑化

炭素隔離を目的とした森林の造成は，以前に樹木が存在しなかった地域（植林）または樹木が存在していた地域の再生（再造林）のいずれにおいても，広く気候変動緩和策として考えられている方法である．多くの国が植林プログラムを実施しており，森林管理は広く研究されている．植林は，気候変動の緩和策として大きな貢献が期待できる選択肢の一つとみなされているが，同時にかなりのコストも伴う．植林の利益とリスクを決定する上で重要なのは，その実施方法である．自然再生には時間がかかり，その一方で，植林は生態系への利益が少ないことが多く，害虫や火災の影響を受けやすい．植林はしばしば炭素クレジットと関連づけられるが，生態系に有害である可能性があり，長期的な炭素貯蔵の信頼性も低いとみなされることが多くなっている．これと対照的に，アグロフォレストリー（森林農法）は，生物多様性を支える生息地の提供と食糧生産および食糧安全保障の統合が可能である．

2.2　太陽放射管理

(1) 成層圏エアロゾル注入

成層圏にエアロゾルを導入することは，太陽光の反射量を増やし，地表に到達する太陽光の量を減らすことで冷却効果を生み出す方法とみなされている．これは原理的には火山噴火による効果と類似しており，気候に大きな影響を及ぼす可能性がある．気温変化以外の主な影響としては，降水パターン，成層圏の力学や地表放射の変化，農作物の収穫量，空の色調の変化などがある（de Coninck et al. 2018）．しかし，地域によってその影響は異なるとともに，天候，農業，食糧および水の供給に対する影響については不確実性があり，そのリスクは十分に理解されていない．

3　気象改変の技術

気象改変（weather modification）は，水不足の解消，雹被害の軽減，森林火災の防止，豪雨・豪雪の抑制などを目的として，気象を人工的に操作したり変化させたりする行為を指す．世界気象機関（WMO）によれば，2017 年時点において，50 か国以上が気象改変プログラムを実施しており，気候変動への懸念が高まる中，その数も増加傾向にある．冒頭で述べたように，気象は気候よりも地理的・時間的スケールにおいて局所的な現象を表しており，この点ではクライメイト・テックとは異なる技術と通常は捉えられている．ただし，気象改変による影響を気候という長期的・広域的スケールから完全に切り離すことができるか否かについては議論が分かれるところであり，こうした懸念自体がELSI上の議論になりうる．この点を考慮し，本章では気象改変についても言及することとする．

3.1　従来の気象改変の概要

気象改変の最も代表的な手法は，自然の雲にヨウ化銀やドライアイス等の物質を撒いて雲の内部構造を変化させる「クラウド・シーディング（雲の種まき）」である（村上 2015）．クラウド・シーディングの基本的なアプローチは二つに大別される．一つ目は，冷たい雲（過冷却状態の雲）にヨウ化銀やドライアイスを散布し，雲から水分を奪って雪や雨として降らせる方法である．現在，世界中で実施されている人工降雨の多くは本アプローチを採用している．二つ目は，暖かい雲に塩の粒子等の吸湿性の物質を撒いて，大雲粒の成長を促し，早く雨滴の芽を生成させる方法である．アラブ首長国連邦の人工降雨プログラム（UAE Research Program for Rain Enhancement Science: UAEREP）では本手法が採用されている．

クラウド・シーディングの有効性については，これまでの取り組みを通じて一定の効果が示されてきた一方，その科学的な根拠について懐疑的な見方も根強く存在する．本手法は，そもそも雨を降らせる雲が存在しなければ機能しようがない点には留意が必要である．その効果も不確実な気象条件に強く依存するとともに，環境や生態系への予期せぬ影響も懸念される．WMOの声明では，気象改変技術を説得力のある科学的根拠に向けてさらなる検証を要する発展途上の技術であると結論づけている．その上で，気象プロセスに関する観測技術や数値モデリングの向上，科学的な仮説に基づく実験計画とその実行，最適シーディング手法の検討とその適用，社会・生態系あるいは環境への影響評価の実施等を通じて，シーディング効果と影響に関する科学的理解を向上させる必要性を説いている（村上 2015 を参照）．

3.2　極端風水害の軽減に向けた気象制御プログラム

気象改変には，豪雨・豪雪の緩和や台風抑制も含まれるが，膨大な自然エネルギーに対する改変技術の実効性の問題やその効果判定の難しさから，これまでほとんど実施されてこなかった．1960年代に米国で実施されたStormfury計画は世界的に注目を集めたが，当時は台風のメカニズム自体が

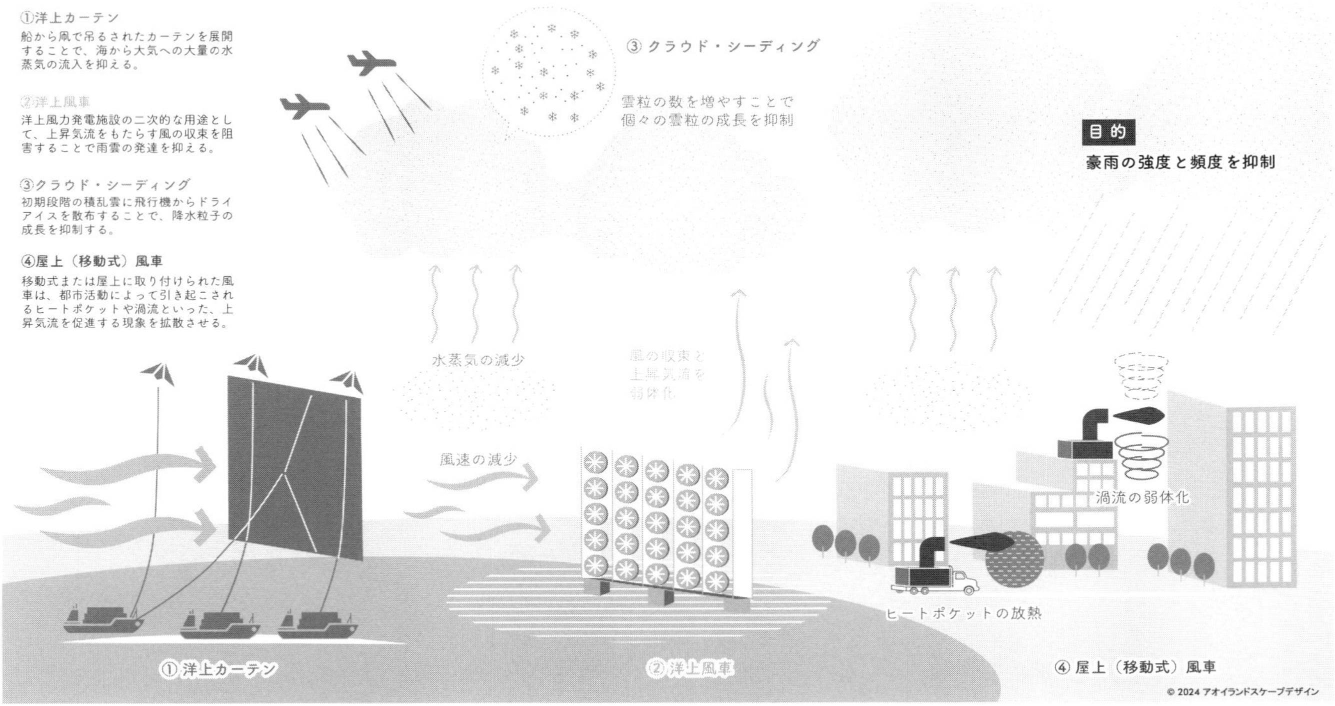

図 14-3：ムーンショット 8 関連で現在開発中の気象改変の技術の一部

十分に理解されておらず，明確な効果は確認されなかった．そうした中，大型台風や局所的豪雨，線状降水帯による極端風水害の軽減に向けた技術開発が，2021 年に開始した内閣府主導のムーンショット型研究開発制度の目標 8（「2050 年までに，激甚化しつつある台風や豪雨を制御し極端風水害の脅威から解放された安全安心な社会を実現」）で取り上げられた．本目標は，2050 年を目標年次として，気候変動に伴い激甚化しつつある台風や豪雨（線状降水帯によるものを含む）の強度・タイミング・発生範囲などを変化させる制御技術を開発・実装化することによって極端風水害による被害を軽減することを目指している．具体的には，台風や豪雨の高精度予測に基づいて，気流の収束を弱める洋上風車，飛行機からドライアイスなどを散布するクラウド・シーディング，水蒸気の流入を操作する洋上カーテン，熱や気流渦を拡散させる増風機等による能動的な操作等により，災害につながる気象現象自体の回避や軽減を図ることを見据えている（図 14-3; 山口ほか 2023）．本章の執筆時点では，まだ研究・開発段階の技術であるが，今後，気象制御の実現可能性や被害軽減に向けた有効性を示すことに加えて，その社会的・環境的影響を適正に評価しながら，社会的な合意形成をいかに進めていくかが重要な課題である．

4　その他のクライメイト・テック

4.1　カーボンクレジット／カーボンオフセット

カーボンクレジットは，間接的なクライメイト・テックのファイナンス手法であり，京都議定書における中心的な取り組みとして提起された．排出量に対する支払いは，排出源に直接働きかけるのではなく，排出量を削減，回避，除去するプロジェクトに対して行われる．本手法は，炭素市場が排出量価格を決定することにより脱炭素化を世界金融システムに統合するため，世界中で普及しつつある．しかし，カーボンクレジットが気候変動の緩和に貢献できるかどうかは，透明性，説明責任，モニタリングを含む信頼性の高い認証に依存している．同様に，クレジットは，その基礎となる炭素削減または除去の特性に依存しており，植林を主要なクレジット源として使用することへの懸念が高まっている．これは，上述した通り，植林による長期的な炭素貯留の安全性と生態系への影響が疑問視されているためである．

4.2　自然保全／再生

気候変動対策としてあまり議論されることはないが，IPCCによれば，気候変動緩和に最も貢献する二つの取り組みのうちの一つは，既存の森林や生態系の他の土地利用への転換を減らすことである．さらに広くいえば，自然保護と修復は，炭素貯蔵および炭素吸収源としての生態系の機能を維持し，拡大することを目的とすると同時に，生物多様性の喪失という別の地球規模の環境危機にも取り組んでいる．森林に加え，特に重要な生態系には，草原，泥炭地，沿岸湿地が挙げられる．一方，生態系の転換を減らす上での障壁となっているのは，土地所有権や環境ガバナンスの問題，そして一部の農業形態や資源採取による圧力である．

4.3　フードシステム

自然保全と密接に関係しているのが，持続可能性に向けた排出の主要な原因である世界の食糧システムの変革である．気候変動の緩和に大きく貢献する可能性があるものとしては，農業における炭素隔離（前述のバイオ炭も参照），メタンおよび窒素の排出削減（家畜や合成肥料によるものを含む），肉や乳製品から植物由来の食生活へのシフトなどが挙げられる．このような変革は，人間の健康と生物多様性の保全にも多大な相乗効果をもたらすだろう．しかし，特に工業的農業と畜産業界は，変革への取り組みや立法化の動きに強く抵抗しており（EUの自然再生法に対する農業ロビー団体の活動を参照），加えて食糧生産と消費は文化的に深く根付いているため，容易にシフトさせることはできない．さらに，フードロス（food loss and waste）が気候変動の緩和に貢献する可能性は，特に日本におけるこれらのトピックへの政策やメディアの注目度と比較すると，非常に限られている．

4.4　交通

モビリティ分野におけるクライメイト・テックとは，モーダルシフトとその他のモビリティ行動の変化を組み合わせたものである．モーダルシフトとは，自動車やトラックなどの高排出モードの交通手段を，鉄道，自転車，電気自動車などの低排出の代替手段に切り替えることを意味する．しかし，輸送手段を再編成して排出量を削減するには，相乗り，徒歩や自転車での移動を可能にする都市計画，航空輸送による排出量の中でも代替手段が少ない長距離便への対応など，幅広い対策が必要である．

4.5　エネルギー

風力エネルギーと太陽光発電は，原子力発電，水力発電，地熱発電等と比較して，気候変動の緩和に貢献する可能性は少なくない．ただし，風力発電と太陽光発電の ELSI 問題は，その実施形態と場所に大きく依存する．例えば，陸上風力発電は景観を変化させ，騒音公害を引き起こす可能性がある．一方，洋上風力発電は海底の生態系に影響を与え，沿岸および海洋ガバナンスに関する法的問題を引き起こす可能性がある．発電および送電インフラの所有権は，実施に関する意思決定を誰が行うか，また経済的利益が地域社会に残存するか，あるいは外部に持ち出されるかに影響を与える．併せて，輸送部門や暖房のための大規模な電化（electrification）は，再生可能エネルギーの潜在能力を高めるための前提条件である．より広義にいえば，化石燃料の生産および消費に対する莫大な補助金の削減も，クライメイト・テックとみなすことができる．

4.6　建築

建築および住宅における主要なクライメート・テックは，より広義には修復，より具体的には断熱とヒートポンプである．修復とは，スクラップ・アンド・ビルドのアプローチではなく，既存の建物を効率的な技術を用いてアップグレードすることを指し，建築やその過程における材料消費に関連する排出量を削減する．断熱（パッシブハウス〈省エネルギー住宅〉の建築を含む）とヒートポンプは，効率的な冷暖房を提供する．一見専門的であるが，これらの対策に関わる補助金の利用可能性やその構造は，共有住宅では家主が借主よりも有利になることが多いため，重大な問題を引き起こす可能性がある．さらに，気候変動に伴い異常気象が増加する中，適切な住宅や冷暖房にアクセスできるか否かは健康に重大な影響を与え，暑さや寒さが原因で死亡する例が増加しているという報告もある．

4.7　ソフトなクライメイト・テック

これまでの節では，クライメイト・テックに対するさまざまな“ハード”なアプローチに焦点を当ててきたが，気候に対する私たちの考え方や行動に影響を与え，やがては気候そのものに影響を与え得る“ソフト”なアプローチもある．ここでは，そのような「ソフトなクライメイト・テック」の二つの主要なタイプとして，アートと思索的デザイン（speculative design）および教育を紹介する．

(1) アートと思索的デザイン

アーティストたちは，ますます作品を通じて気候変動に対する人々の意識を喚起し，行動を促すようになりつつある．アーティストと科学者が一緒になって，気候変動問題についてコミュニケーションを図り，地球環境の保全を促進するアート作品を創作するプロジェクトもある．例として，持続可能な開発のための国際研究所（The International Institute for Sustainable Development: IISD）が支援するコスタリカの「Next Season」プロジェクト（https://www.iisd.org/articles/statement/art-pushes-climate-change-communications-new-level-costa-rica）やニュージーランドの TEMP（https://tempauckland.org.nz/）が挙げられる．前者は，コスタリカのアーティストと科学機関の連携により，科学・政策・芸術の分野横断的な活動を通じて，気候変動への適応と緩和について来場者に再考を促すプロジェクトである．後者は，地元のアーティストと防災や気象学等の専門家がペアを組んで制作したインタラクティブな芸術作品を通じて，来場者が気候変動の多様な側面を五感で体験できる野外アートフェスティバルである．同様に，キャサリン・ボランドやオラファー・エリアソンといったアーティストは，気候変動の影響を視覚化する力強い作品を制作している．例えば，エリアソンの「The Glacier Melt Series 1999/2019」（https://olafureliasson.net/artwork/the-glacier-melt-series-1999-2019-2019/）は，20年間にわたる氷河の後退を劇的に表現している．

一方，思索的デザインとは，商業製品やサービスの開発ではなく，可能な未来を想像・探求し，批判的思考を刺激するためのデザイン手法である．クライメイト・テックの文脈においては，技術的介入の潜在的な結果，ならびに，科学，技術，環境，人間や人間以外のものとの関係性を構想し議論するための強力なツールとなりうる．その好例として，スーパーフラックスの「Mitigation of Shock」というインスタレーションがある．この取り組みは，持続可能な生活様式を探求する研究，デザイン，実用的な実験を組み合わせて，食糧不安と異常気象に焦点を当てて，気候変動の影響下での生活に適応した未来のロンドンのアパートを再現したものである（https://superflux.in/index.php/work/mitigation-of-shock/）．こうしたインスタレーションを通じて，気候変動の影響を緩和するための希望と行動を促すことを企図している．

以上に述べたクライメイト・テックとアートや思索的デザインとの交差（インターセクション）は，この技術のELSI問題を探求するもう一つの分野といえる．見過ごされがちなこれらの分野を考察することは，潜在的な未来に対する独自の洞察をもたらし，気候関連のイノベーションがもたらすより広範な影響について考える機会を提供する．アートと思索的デザインは，気候に対する人々の考え方や関わり方を変えることができ，この意味において，「想像のクライメイト・テック」と捉えることもできるかもしれない．

(2) 教育

同様に，クライメイト・テックと教育との関わり合いを議論することは，主要なELSIをめぐる複雑な状況を前向きに打開する契機になりうる．気候変動という課題に取り組むにあたり，教育機関は，さまざまなレベルのカリキュラムに気候変動に関するトピックを盛り込むことにより，私たちが直面する環境問題への科学的理解を深めるとともに，複雑な気候変動問題に対処するために不可欠な批判的思考能力を養うことにもつながる．

クライメイト・テックに関するトピックを教育レベルごとのカリキュラムに統合することは，次世代の子どもたちが将来の課題に備えるためにきわめて重要である．日本では，1991年に文部科学省が『環境教育指導資料』を発行し，1998年に地球温暖化対策推進法が制定された後，地球温暖化と気候変動が教育システムに取り入れられ，気候変動教育が開始された．それでも，Tang（2024）によると，日本の環境教育の分野では，気候変動は公式には認識されておらず，生徒たちは気候変動に対して懸念や積極的な態度を示すよりも，むしろ無関心や混乱を示す傾向にあるという．教育者は，気候科学が発展途上にあることを認識しながら，正確で最新の情報提供という課題に取り組まなければならない．この点において，ユネスコの「持続可能な開発のための教育（ESD）2030」の枠組みは，教育を気候変動対策の中心に据え，学習者が気候変動に関する知識を習得し，十分な情報に基づく意思決定を行えるようにするための世界的な取り組みである．

5　クライメイト・テックのELSI問題

5.1　気候工学と気象改変

クライメイト・テックとしての気候工学や気象改変に関するELSIの問題は，これらの技術の利用可能性の検討，研究開発，実装，実装後の問題に分類することができる（Preston 2013）．まず，気候工学的な技術の利用可能性を検討することは，モラルハザード，思い上がり，技術的解決思考などの問題を引き起こす可能性がある．モラルハザードとは，気候工学の可能性が温室効果ガス排出削減の緊急性への認識やその取り組みへのコミットメントを低減させ，実現可能な技術が利用可能になる前に，気候工学が解決しようとしている問題を悪化させる可能性を指す．思い上がり（hubris）とは，人間が自然のプロセスを支配または制御しようとして気候変動や環境悪化を引き起こした結果，より謙虚な立場から自然との代替的な関係を模索するのではなく，むしろこのアプローチをさらに推し進め，地球システム全体を管理しようとするという考え方を指す．技術的解決（technological fix）とは，困難な社会問題や行動問題に対して工学的な解決策を代用することを指す．気候工学は，社会変革を通じて根本的な問題に対処するのではなく，特にグローバル・ノースが高度な消費と排出を継続することを可能にする道筋にもなりうる．

次に，研究開発に関連する問題には，研究を統制する原則，ロックインと経路依存性，参加（特に社会的弱者の参加）が含まれる．気候工学研究の原則には，公共財としての規制，一般市民の参加，結果の公開，独立的な影響評価，実用化前のガバナンス（オックスフォード原則）などがある．あるいは，モローら（Morrow et al. 2009）は，有害なフィールド研究を開始する前に公衆の同意を求める「尊重の原則」，望ましいリスク対便益の比率と便益や損害の公平な分配を求める「恩恵と正義の原則」，そして，仮説を検証するための実験は可能な限り小規模であるべきとする「最小化の原則」を提唱している．ロックインと経路依存性とは，技術が要求する慎重さを圧倒しかねない気候工学を実施するように既得権益をもつ機関から圧力がかかること，および，相当な時間と資金がそのような研究に投資された後では，開発を中止することが困難となることを指す．参加に関していえば，少なくとも一部の技術は，地域レベル，地方レベル，さらには大規模なレベルで有害となる可能性がある．したがって，開発の初期段階から超学的研究（トランスディシプリナリー研究）を通じて利害関係者を関与させることは重要であるが，気候工学や関連実験の悪影響を最も受けやすい人々を関与させることは，複合的な不正（例えば，気候変動等によってすでにより多く被害を受けるグローバル・サウスに対してさらなる不正義が蓄積される）を回避するために不可欠である．誰を利害関係者として関与させるかという問題については，最近の研究は，人間という種を超えて，動物，植物，その他の生物の利益も含めるよう拡大することを求めている．

実装段階においては，Preston（2013）は，手続き的正義，分配的正義，および彼曰く“付随する事項”の問題を提起している．参加や合意形成等の手続きに関わる問題は，研究段階よりも実装段階の方がさらに重要となる．一方的な介入の可能性については，最近，Robinson の空想小説 *The Ministry of the Future*（2023）で取り上げられている．この小説は，地球規模の気候変動への対策を怠った直接的な結果として壊滅的な熱災害が発生し，インドが太陽放射管理を実施するところから始まる．地球規模での気候変動に対する公正なガバナンスを確立することは困難な課題であり，1977 年以降，軍事目的や敵対目的の気象改変（ENMOD）の禁止によって，ある程度はすでに取り組まれてきた．特に，ガザ地区での大量虐殺の可能性を防ぐという各国の責任と協力の欠如によって，国連や国際法が近年直面している課題を踏まえると，このような手続き上および政治的な問題がどのように対処されるかは依然として不明である．同様に困難な課題は，二酸化炭素の除去や太陽放射の変更による便益と負担が公平に分配されることを確保することである．地球温暖化の緩和に向けた排出量削減の要請は，太陽光を管理することとは異なり，グローバル・ノースの利益がグローバル・サウスの犠牲の下に守られるのではないかという懸念が常に付きまとう．そして，最も悪影響を受けやすいのは気候変動に対して最も権限をもたない人々である点を踏まえると，不公平がさらに拡大する可能性もありうる．こうした不公平な分配に対する潜在的な補償メカニズムは，現在提案されている損失と損害のメカニズムと同様の抵抗に直面するだろう．付随的な事項は，気候工学プログラムに付随する予期せぬ副作用であるが，それ自体がこのプログラムの推進を妨げる理由になりうる問題を指す．Preston は，環境や人間の健康への影響が不確かなオゾン層への被害，雲やエアロゾルの変化による拡散光が農作物の生産性や太陽光パネルの有効性に及ぼす影響，その他の多くの問題など，幅広い潜在的な問題を挙げている．前段落で述べたことと同様，ここでも，環境への影響を純粋に生態系の機能に対する脅威，ひいては人間の幸福を支える役割として捉えるか，それともマルチスピーシーズに関わる独自の倫理問題として捉えるかという問題は，ほとんど未解決のままである．

最後に実装後について，Preston は，終結問題，終結メカニズム，デザイナー気候の問題を提起している．終結問題は，太陽放射管理が排出量の蓄積を許容するという事実に関連している．この事実は海洋の酸性化が継続することを意味するが，放射管理が終結すると，いわゆる終結ショックが起こり，気温が急速に上昇する可能性もある．同様に，気候工学をいつどのように終結するかという問題は，終結メカニズムに関する慎重な検討を必要とする．二酸化炭素の濃度はどの程度が望ましいのか，あるいは実現可能なのか？　これらの疑問は，排出削減の成功と密接に関連しており，炭素除去，排出削減，気候工学のどの組み合わせを目指すべきかという疑問を提起している．Preston が「デザイナー気候（designer climates)」と呼ぶ問題は，気候工学が実現可能になれば，自分たちの思い通りに好ましい気候や天候を自由に設計しようとする事態を表している．気候の「自然な」状態は，それ自体が規範的な価値をもつとは限らないが，特に気候と生物多様性との関連性や，生態学的プロセスに対する我々の理解不足は，気候を自由に改変することに対して最大限の注意を払うべき強力な理由である．

5.2　他のクライメイト・テック

他のクライメイト・テックの ELSI 問題は，気候以外のそれぞれの問題と広く重複しており，本章の対象外である．しかし，原則として，気候工学で提起された問題の多くは，同様に適用される．特に，モラルハザードや手続き的正義，分配的正義は，環境正義，気候正義，マルチスピーシーズ正義に関する学術研究において提起されているように，広く適用可能である．さらに，脱成長論者は，資本主義一般，特に経済成長が気候変動と生物多様性の喪失の両方の根本的な要因であると指摘している．こうしたより深い問題が，IPCC や IPBES（生物多様性及び生態系サービスに関する政府間科学―政策プラットフォーム，生物多様性と生態系サービスに関する動向を科学的に評価し，科学と政策のつながりを強化する政府間組織）の報告書において，単純な介入や技術的解決としてのクライメイト・テックを超える変革の必要性が訴えられている理由である．

6　コモンズのアプローチ：クライメイト・テックとのコンヴィヴィアルな付き合いへ

クライメイト・テックをめぐる ELSI 問題は，より根本的には，人間は技術とどう付き合うべきか，さらには気象や気候とどう関わり合うべきか，という本質的な問いを投げかけている．本章では，こうした根源的な観点からクライメイト・テックの ELSI 問題にアプローチするための有力な認識的・実践的基盤として，「コモンズ」の考え方を提起したい．ここで，コモンズ（commons）とは，その語源としては「みんなのもの」を意味し，一般には「自然資源の共同管理制度，および共同管理の対象である資源そのもの」を指す．ノーベル経済学を受賞したオストローム等を中心に，地域コミュニティの主体により，河川，貯水池，牧草地，漁場，森林等の自然資源の持続的な維持管理を実現している事例が世界中で報告されている．これらの事例は，地域住民が長い時間をかけて作り出してきた自治の規則や慣習を通じて，自主的・適応的に自然資源の共同管理を行っていることを示唆している．気候変動やクライメイト・テックが現実味を帯びる時代においては，気象や気候もまたこうしたコモンズとして捉えられ，その持続可能な共同管理のあり方を検討することが求められている．

コモンズの考え方の重要な特徴の一つは，地域住民が自然と関わり合い，主体的に資源管理を行うローカルな現場を重視する点にある．我々は，日常の暮らし，農業・漁業等の経済活動，あるいは非日常的な災害等を通じて，気象とのローカルな関わり合いを重ねてきた．本章では，人間と気象とのローカルな関わり合いを強調して，その関わりの総体を（「気候コモンズ」ではなく）「気象コモンズ（weather commons）」と呼んでみたい．図 14-4 は，気象コモンズのイメージをビジュアル化したものであり，我々と気象とのさまざまな関わり合いを読み取ることができる．図中，気象制御技術（図の右側，3.2 で言及した一連の技術）もそうした関わり合いの一つとして位置づけられている点にも留意されたい．同様に，クライメイト・テックという最新技術の導入を検討する上では，気象コモンズの中にこの技術を位置づけ，我々の日常的な感覚や経験，暮らしといかに結びつけられるが重要な課題となる．

気象コモンズの考え方は，クライメイト・テックの技術的解決や“デザイナー気候”によって覆い隠されてしまいがちな，人間と気象との間の豊かな関係に光を当てる．さらに，政府や地域コミュニティを含む多様なアクターを結びつけ，気候変動に対処するための市民参加や協働的な実践に向けた指針とビジョンを提供する．このように，気象コモンズは，クライメイト・テックの ELSI 課題をめぐる市民的対話の出発点として，人間と気象との根源的な関係性に立ち返って，技術主義的なアプローチやその支配的な立場を批判的に検証し，その“行き過ぎ”を是正する有力なアプローチになりうると期待される．

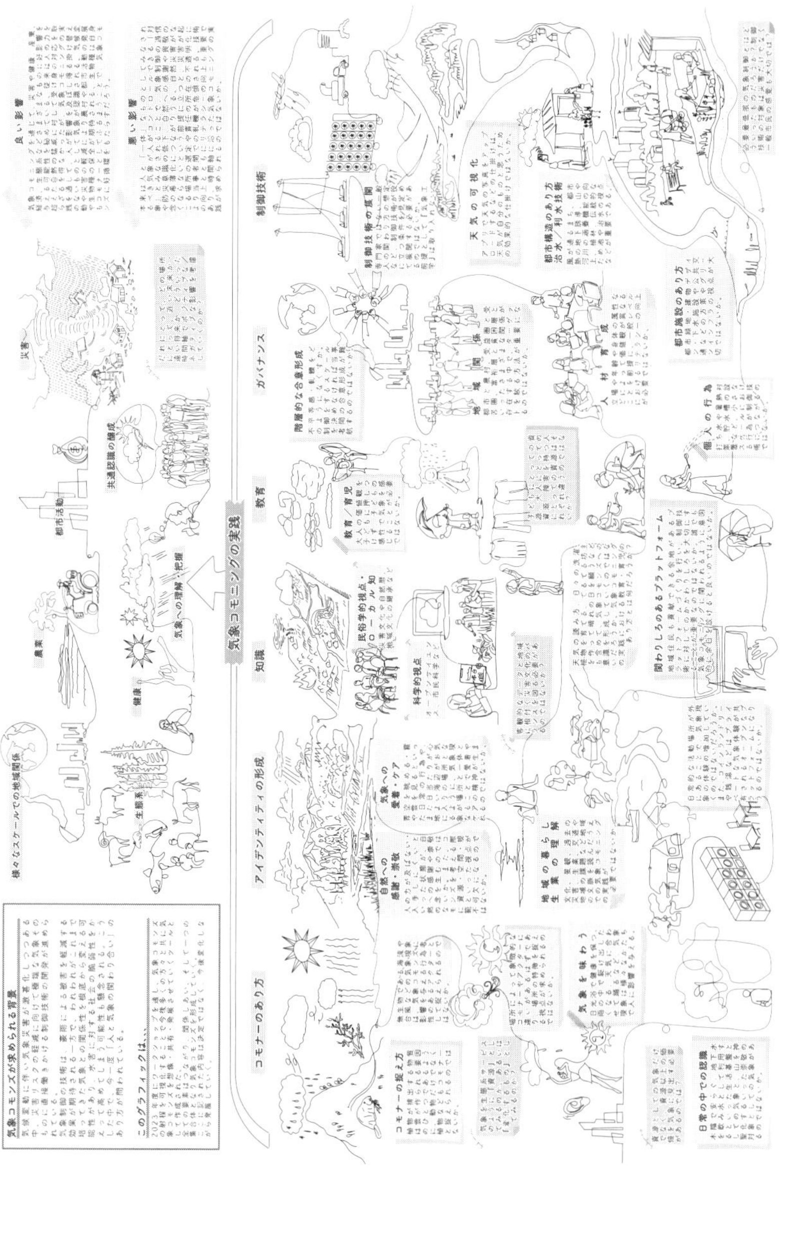

図14-4：Weather commonsの概念図

7　クライメイト・テックとしての未来研究

クライメイト・テックの多くは開発途上の技術であり，その効果や影響については未知なるところが少なくない．気候変動そのものの科学的な予見困難性とあいまって，クライメイト・テックがどのような未来社会をもたらすかについて一義的に予想することには限界がある．特定の未来を無理に予測しようとすると，ともするとこの技術を無批判に容認したり，あるいは拒絶したりすることにもなりかねない．クライメイト・テックのさまざまな技術を適正に評価し，その導入を検討する上では，それに関連・付随するさまざまな不確実性を考慮し，将来起こりうる「複数の未来」を柔軟かつ批判的に探究するアプローチが求められる．

こうした観点から，複数の未来を多元的に探究するための方法として，未来学分野で検討・実践されている「シナリオ手法」が挙げられる．マックグリービーらによると，シナリオとは「未来を物語り，ありうる未来の場面や状況を描くもの」（マックグリービーほか 2021: 47）であり，未来について「考え」「知る」ためのシナリオ作成から，そこに「遊び」「実験」の要素を組み込んだロールプレイング・ゲーム，アートパフォーマンス，インタラクティブ・アート等，多岐にわたる手法が開発・援用されている．シナリオ手法は，起こりうる未来を一義的に予見するのではなく，多様な観点から「未来を複数考える」ことにより，我々が前提としている価値観や世界観，および未来に関する先入観を省察する反省的態度を促すことに主眼を置いている．

図 14-5 は，気象制御をめぐる未来社会について，大学生（$n=148$）を対象としたワークショップを通じて，さまざまなシナリオを描いてもらった結果を示している．この図に示すように，シナリオ手法を通じて，気象制御に関する肯定的な未来と否定的な未来の両面が描かれているのが特徴的である．また，「to be continued 的な結末」シナリオからは，気象制御の導入をめぐり逡巡している様子が伺える．さらに，「因果応報」シナリオより，気象制御に伴うある種の思い上がりに対する自戒の念を読み取ることができる．このように，シナリオ手法を通じて，気象制御をめぐる議論の中で自明視された前提や先入観を改めて問い直すことが期待できる．

クライメイト・テックをめぐる ELSI 議論を活発化する上では，このような先端技術がもたらしうる複数の未来を描きながら，自分たちの世界観や価

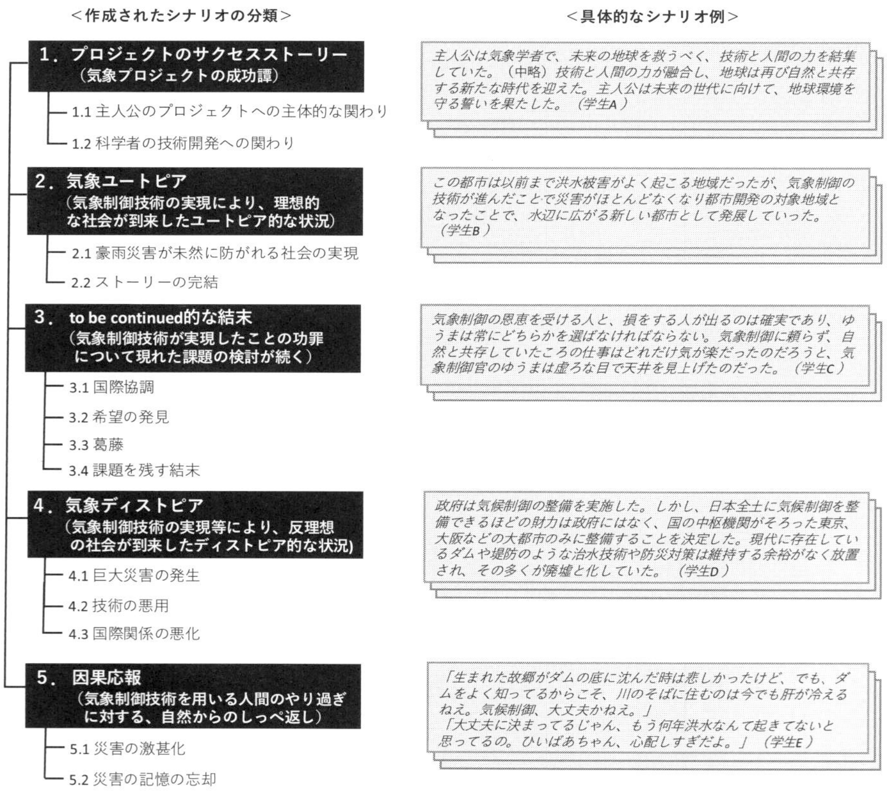

図14-5：気象制御をめぐる未来社会シナリオ

値観を批判的に捉えるような探究の場が求められる．シナリオ手法は，そうした反省的態度を養うための市民技術と捉えられ，この意味において，前述した気候変動に取り組むためのソフトなクライメイト・テックの一つであるといえる．

［ルプレヒト・クリストフ，岩堀卓弥，羽鳥剛史，
ばーてるせん・くりす，吉田 葵］

＊　＊

【読書ガイド】

トゥーンベリ，G. 編著『気候変動と環境危機：いま私たちにできること』東郷えりか訳，河出書房新社，2022 年
気候変動の基本から対策まで，環境と社会の側面から解説する本．

ホーケン，P.『DRAWDOWN ドローダウン：地球温暖化を逆転させる 100 の方法』江守正多監訳，東出顕子訳，山と溪谷社，2020 年
さまざまなクライメイト・テックの概要をわかりやすく解説する本．

イリイチ，I.『コンヴィヴィアリティのための道具』渡辺京二・渡辺梨佐訳，ちくま学芸文庫，2015 年
技術と人間の関係を探る名著．

第15章

宇宙技術と ELSI

宇宙の利活用をめぐる諸論点

宇宙と聞いて多くの人は何を思い浮かべるだろうか．宇宙飛行士の飽くなき探求心，野望ひしめく国家間競争，不可能に思われる成果を可能にする技術革新……宇宙をめぐっては，さまざまな論点が存在する．本章はとりわけ，宇宙技術に焦点を当て，その ELSI について考察していくが，先に挙げた要素はいずれも無関係ではない．宇宙技術を ELSI の観点から考えることは，私たちの生きる社会のこれからを左右しうる，大事な課題なのである．

1　はじめに：論点の整理から

宇宙技術の ELSI について考察を進めていくにあたって本章では，宇宙技術が「倫理」「法」「社会」の，それぞれの観点とどう関わってくるかを論じる．なお，本章では便宜的にこれら三つを分けて論じているが，これらは独立したものではなく，それぞれがお互いに関連しあっていることに，注意が必要である．

では，そもそも「宇宙技術」とは何であろうか．定義はさまざまあるが，本章では宇宙技術を，「SEDU（Space Exploration, Development, and Utilization)」に用いる技術であると定義して議論を進める．「SEDU」とは日本語でいうと，「宇宙探査・活用・利用」のことで，宇宙をめぐる諸活動は概ね，これらのどれかに当てはまるとされる（呉羽ほか 2018: 3).

まず「宇宙探査（Space Exploration)」とは，地上から宇宙空間へ送り出すか，宇宙で建造して宇宙空間で運用する「宇宙機（Spacecraft)」を用いて惑星や衛星，小惑星等を含む宇宙を調査する営為全般を指す（同上).

「宇宙開発（Space Development)」とは，宇宙探査や宇宙利用の活動を活発化するために宇宙技術（他の惑星の地表での活動のための技術ならびに，それらの活動を支援する地上インフラ技術の総称）を整備・制作することや，地上にない特徴を含んだ宇宙空間内の環境を整備することを指す．

「宇宙利用（Space Utilization）」は，宇宙技術や宇宙空間のさまざまな特徴を何かしらの目的に役立てる活動で，なおかつ探査以外のものを総称して「宇宙利用」という．国家や国際機関による宇宙ステーションや人工衛星の宇宙空間の投入や，営利目的のための宇宙旅行など，さまざまなアクターが宇宙利用に携わっている．

本章で論じる宇宙技術は，これらを推進するための技術一般を指している．このように聞くと，宇宙技術は私たちとは縁遠いものに感じられるかもしれない．しかし，宇宙技術は日々の暮らしと密接に関わっている．例えば，ほとんどのスマートフォンに搭載されている，GPS（Global Positioning System，全地球測位システム）は，人工衛星を活用したもので，宇宙技術の賜物である．後にみるように，この技術は私たちの暮らしにも大きな影響を与えている．

宇宙技術は，決して私たちと無関係なものではない．私たちの暮らしを便利に，より快適なものにする．しかし，だからといって野放図に技術開発を進めてよいかというと，決してそうではない．宇宙技術の進展がもたらす思わぬ危険性も存在している．

私たちは，宇宙技術とどのように付き合っていけばよいのだろうか．以下，ELSI の並びに沿い，宇宙技術の「倫理的課題」「法的課題」「社会的課題」の三つについて，それぞれ検討を加えていくこととしよう．なお，繰り返しになるが，これら三つはいずれも完全に独立したものではなく，相互に関係している面もあれば，重なり合っている面もあることに，改めて注意を促しておきたい．

2　宇宙技術と倫理

2.1　広がる宇宙ビジネスと倫理

宇宙探査における倫理を考える上ではさまざまな論点がある．本節では，「宇宙ビジネス」に注目して，倫理的な論点を探ることとする．というのも，かつての宇宙技術の開発は，ほとんどが国によって担われていたのだが，今日では民間企業による宇宙技術開発も盛んだからである．

「宇宙ビジネス」と一口に言ってもその内実は多様なのだが，多くの人が思い浮かべるものは「宇宙旅行」だろう．日本でも，衣料品通販サイト運営会社の創業者である前澤友作が，2021 年 12 月に日本の民間人として初めて国際宇宙ステーションに滞在して話題となった．民間人の宇宙旅行も，もはや突拍子のない話ではなくなりつつあると言っていい．

ロマンに溢れた宇宙ビジネスの世界だが，倫理的な問題も抱えている．論点は多岐にわたるが，まずもって挙げられるのが，宇宙旅行には莫大なコストがかかる点だろう．報道によれば，前澤は今回の旅行にかけた費用，100 億円前後を私費で負担したという[1]．一般的にいって，個人が稼いだお金をどう使うかは個人の勝手にすぎないが，企業の社会的役割に目を転じれば，これだけの資財は別の有意義なことに用いるべきだとする主張もありうる（杉本 2018: 176）．

別のケースもみてみよう．世界でも有数の大富豪，ジェフ・ベゾスが自身の会社の宇宙船での宇宙旅行計画を公表した後，署名サイト change.org に，「ジェフ・ベゾスを地球に戻すな（Do not allow Jeff Bezos to return to Earth）」という署名活動が立ち上がった[2]．この署名の趣旨の欄には，「億万長者は宇宙にも地球にも存在すべきでない．しかし，宇宙にいることを選んだのであれば，そこに留まるべきだ」とある．一見してわかるように，これはジョークに該当するもので，署名によってベゾスの行動を変えることを目的としているわけではない．にもかかわらず，2024 年現在，署名サイトには 20 万件以上の賛同が集まっている．もちろん，署名者が賛同した個々の理由はさまざまだろうが，高所得者が気ままに宇宙旅行を楽しむスタイルに対して，反感が高まっているのも確かなのだろう．

また，一般にはまだあまり知られていないポイントとして，健康問題が挙げられる（同上：176–177）．宇宙旅行の内実はさまざまだが，その活動が長期になればなるほど，宇宙船の外の活動は大量の放射線を浴びることにもなる．この論点は，宇宙飛行士の健康問題として論じられてきた経緯があり，無人の宇宙探査が進んだ要因としても知られている（呉羽 2019: 128–129）．このような，民間人が宇宙へ飛び立つことで生じる健康リスクを，果たして企業は正しく伝えているのだろうか？　あるいは，有人宇宙旅行に伴う事故のリスクも忘れてはならない．企業は，宇宙旅行をビジネスとして展開するにあたって，インフォームド・コンセントをはじめとした適切な手続きを通じて，顧客に対してこれらを説明する義務を有するといえるだろう．

これから，宇宙技術の発展によって，ますます民間の宇宙旅行が一般的に

1　朝日新聞 2021 年 12 月 23 日夕刊．

2　署名サイト change.org のページ（https://www.change.org/p/the-proletariat-do-not-allow-jeff-bezos-to-return-to-earth）（アクセス日 2025 年 2 月 4 日）

なることが予想される．しかし，技術的に可能であることは，それを実施すべきであるという規範的な判断には直ちにつながらない．新技術の発展がもたらす倫理的な問題について，社会で考えていく必要性の一端が，ここにある．

2.2 宇宙の環境倫理

宇宙技術が発展し，人類の宇宙進出がより一層，盛んになってくると，人類が宇宙環境に及ぼす影響もまた大きくなる．論点はいくつか存在するが，第一に挙げられるのが「スペースデブリ」の問題である．

「スペースデブリ」とは，関連する国際機関によれば，「地球周回軌道の，ないし大気圏へ再突入しつつある人工の物体——破片や部品を含む——であって，機能していないものすべてを指す」と定義される（伊勢田 2018: 128）．スペースデブリが問題とされる軌道には，主として「低軌道」（高度2000km 以下）と「静止軌道」（赤道上高度約 3 万 6000km）の二つがあり，低軌道上には多数の衛星が存在しており，デブリの数も多い（同上：129-130）．低軌道上と静止軌道上とでは，デブリの性質も求められている対策も異なるが，いずれにしても宇宙環境に影響を及ぼす．こうした課題を宇宙環境の汚染と捉え，倫理の問題として位置づけることができるのである．

そもそもなぜ，スペースデブリは問題なのだろうか．思い当たる一つが，スペースデブリの存在が，SEDU の妨げになるという理由だろう．スペースデブリは，軌道上では凄まじい速度で移動している．このため，小さなデブリであったとしても，宇宙船や人工衛星を破壊する恐れがある．こうした理由からスペースデブリを除去し，それらを排出しない形態の SEDU を進めるべきである，との立論はいかにも説得的に響く．

しかし，環境保護の論理において人間の実利を理由づけとして用いるのは，環境と倫理の関係における一つの立場にすぎない（同上：134-137）．人間にとって悪影響があろうとなかろうと，環境それそのものに価値があると考えれば，それは保全されるべきだとの立場も導出できるからである．

このような問題を我々は，「コモンズの悲劇」の一環として考えることもできる．これは，所有権が定まっていない（定められない）財において，それに多数の人々がアクセス可能である場合，乱獲等が起きてコモンズが枯渇する事態を指す．宇宙空間はどの国家の専有物でもないため，スペースデブリは放置されがちとなるし，どのアクターもスペースデブリを放棄することに躊躇がない．

「コモンズの悲劇」を回避する方法はいくつかあるが，所有権や独占権の設定がよく知られている．管理権を定めることによって，資源の過剰な浪費を防ぐわけであるが，軌道を区切って所有権を設定する等はおよそ現実的でない．したがって，国際機関による管理が最もありうる方途だと考えられる．SEDU がさらに進んでいく将来において，いかなる根拠に基づいてスペースデブリの管理が進むのか，それに必要な技術開発が推進されるのかといった点において，倫理的な面が重要になることは必定である．

第二に挙げるのが，「テラフォーミング」に代表される，宇宙環境の改造である．本章を執筆している 2024 年時点で，人の宇宙への恒常的な居住は実現していない．しかし，他の惑星を居住可能な環境に改造する技術開発や研究は進んでおり，課題は山積しつつも，議論は深まっている．とりわけ，火星はその候補として有望視されている（橋本 2024）．

惑星を人間の都合のいいように作り変えてよいか否かについては議論が分かれる．一方には，火星という惑星環境そのものに価値があり，それを改造することは倫理的に許容されないとする立場がある（岡本 2018: 148-151）．この理路も実のところ複雑なのだが，例えば火星にある景色や風景といったものに価値を見出し，それを保護すべきとする立論や，自然は人間の道具として作られたものでない上，人間と無関係に存在し，なおかつ人間は自然がなければ生きていけないという非対称的な関係を考慮に入れた見解が存在する（同上）．他方，テラフォーミングのように，人類が自分たちの都合によって環境を改変することそのものが悪徳だとする意見もあり，反対意見の内実は思いのほか多様である（同上：151-153）．

一連の見解に対しては，有力な批判も寄せられている（同上：153-156）．紙幅の都合もあるので，本章ではこれらの論点に深く分け入ることはしないものの，宇宙技術の発展によって，人類が宇宙環境に大きな影響を及ぼせるようになったことが，さまざまな倫理的課題を惹起していることを，ここでは確認しておこう．これはちょうど，人類が技術発展によって地球環境に深刻なダメージを与えるようになったことと相似をなしている．

また，惑星の改造のみならず，火星に人間が居住できるように人間の遺伝子改変すらも視野に入れるべきとの主張もある（Szocik et al. 2021）．やや突飛に聞こえるかもしれないが，論拠が伴った真面目な立論である．その前提には，そもそも地球外での暮らしを通じて，人類が生物学的な変容を遂げるだろうとの予測がある（稲葉 2016: 85-86）．これは火星でなくても，スペース・コロニーのような人工物でも同様に当てはまる問題だといえ，人間は地球環境に適応して進化を遂げてきたので，地球環境なしに生存することが困難だという主張とも関係している．

火星に送り込む人類の遺伝子を操作しようとの発想は，火星での暮らしが長引けば，人類はそれに適用すべく変化を遂げるので，いっそのことその変化を早めてしまおうというロジックで組み立てられている．理屈の上だけでは，確かに合理的といえるかもしれないが，環境どころか人間の遺伝子そのものに手を加えてまで人は火星に居住するべきかどうか，議論は分かれるだろう．

現状，他惑星への居住の実現はまだ遠いものと思われる．しかし，宇宙技術の進展がそれを可能としたとき，我々は厄介な倫理的課題に直面することになることも，忘れるべきではない．

3　宇宙技術と法

3.1　宇宙技術と国際法：「電波」関連を中心に

米ソ冷戦が苛烈を極めていた頃，SEDU はその競争の舞台の一つだった．アポロ計画の有人月面探査に代表されるように，冷戦期には超大国である米ソが資金に糸目をつけず，国家の威信をかけて SEDU に取り組んだ．結果，宇宙技術は大幅に進歩した．それは宇宙の軍事利用と背中合わせの危うい成果でもあるとともに，国際宇宙ステーションに代表されるように，国際協調の場としても機能していた（菊地・寺山 2022: 126）．

こうした緊張下の中，1967 年に「宇宙の憲法」と呼ばれる宇宙条約（正式名称は「月その他の天体を含む宇宙空間の探査および利用における国家活動を律する原則に関する条約」）が制定されたことを皮切りに，「宇宙救助返還協定」「宇宙損害責任条約」「月協定」が採択された．その後の条約の実質化や，さらなる条約制定は停滞していたものの，冷戦体制が終わり，SEDU を取り巻く環境は大きく変わることになる．すなわち，国家や政府が主に関わるイシューである安全保障のみならず，宇宙を商業的に利活用する，「宇宙ビジネス」の動きが本格化していくのである．

ただ，冷戦体制の崩壊が宇宙ビジネス活性化の呼び水になったことは疑い得ないとしても，世界の宇宙進出を牽引する米国においては，比較的早くから，その動きがみられていたことも注記しておく必要がある．米国では宇宙法の整備が早い段階から進み，民間企業による SEDU を前向きに支援する構えがあった．例えば，1980 年代には商業打ち上げについての法律が成立し，規制緩和の側面で法整備が進展した経緯などはその典型である（小塚・笹岡 2021: 16-18）.

翻って，日本国内の宇宙法については，2008年に制定された「宇宙基本法」がその基盤である.「宇宙基本法」にはいくつかの特徴があるが，制度的には，「宇宙基本計画」の策定を定めたこと，「宇宙開発戦略本部」の設置を掲げたこと等に特徴がある．政策的には，防衛・安全保障利用を禁止した「非軍事」から，専守防衛の範囲で研究開発を解禁したことが挙げられる（渡邉 2022: 21）.「宇宙基本法」はこのように，日本の宇宙政策の画期をなすものであったが，他国と比すればそのスタートは遅かったといえる（松掛 2009: 115）.

宇宙ビジネスの代表的な例の一つが，上で述べた「宇宙旅行」である．実際，宇宙旅行をはじめとした民間宇宙飛行に関する法整備も議論が進んでおり，来たるべき宇宙旅行の時代に向けた準備が着々と進んでいる（小塚・佐藤編 2024: 1-26）．しかし，宇宙ビジネスの中には，もっと地味で，私たちの暮らしに深く関わっており，なおかつ法的な問題が絡んでいるものがある．それは「電波」である（新谷・小林 2021）.

今日，電波は我々の生活にとってなくてはならないものである．スマートフォンや無線LANなど，電波が私たちの生活にもたらしている恩恵には多くのものがある．電波が重要な役割を果たしているのは，宇宙も同じである．特に近年注目されているのが，「衛星コンステレーション」である．総務省が発行している白書によれば，衛星コンステレーションとは下記の通りである.

> 人工衛星に使用される機器の小型軽量化や衛星打上げ費用の低廉化により，小型の人工衛星の実用化が比較的容易になっていることを受け，中・低軌道に打ち上げた多数の小型非静止衛星を連携させて一体的に運用する「衛星コンステレーション」の構築が可能となってきている．衛星コンステレーションでは，通信の遅延時間が短い中・低軌道を周回する非静止衛星を用いるため，世界全域を対象として，緊急時・平時を問わず，陸上・海上・航空機上で，高速大容量通信など多様なサービスの提供が可能であり，世界的に様々な衛星コンステレーションシステムが計画されている.（総務省 2022: 141）

日本でも「衛星コンステレーション」への関心は高まっており，2017年には関連法案である「衛星リモートセンシング記録の適正な取扱いの確保に関する法律」が施行されるなど，技術の実装に向けた法整備が急ピッチで進んでいる（新谷・小林 2021: 170–171）.

テレビの周波数がそうであるように，宇宙空間でも電波を用いる際には混線を避けるために，周波数を調整しておく必要がある．仮にそれらを調整しなかった場合，電波干渉が発生して甚大な影響が広がることになるからである.

このため，電波については「国際電気通信連合（International Telecommunication Union: ITU）」という，国連の専門機関が取り決めを行い，国際的な周波数の分配を担っている（同上：172–174）．日本で新しい電波を用いる衛星を打ち上げるためには，まず国内の所管官庁たる総務省へ申請を行い，総務省は「国際電気通信連合」へとさらに上奏し，他国からの意見聴取等を行い，許諾を得る必要がある（同上：174–178）．これら一連の手続きは最長で7年ほどかかることもあり，宇宙ビジネスを始める上では決して低くないハードルだといえるだろう.

このような一見すると面倒な手続きは，深刻な紛争を回避するためには必要な措置である．しかし，こうした厳重な法整備にもかかわらず，主に途上国では人工衛星の需要が高いことから，国家間での紛争が相次いでいる（同上：178–179）．この点で，「国際電気通信連合」には，紛争を調停するための強制力を行使できないという限界を抱えている．宇宙技術の進展によって，宇宙ビジネスが世界的に盛んとなる中で，国際的なルールをどのように各国政府ならびに企業に遵守させるかは大きな課題の一つとして，我々の前に横たわっている.

3.2　宇宙技術と刑事訴訟法：GPS 捜査を中心に

宇宙技術の進展は，国際法のみならず，国内法においても重要な論点を投げかけている．ここでは，一例として「電波」とも関わりの深い，GPS の位置情報を犯罪捜査に用いる際に惹起される論点を取り上げよう.

科学技術の進展によって，犯罪捜査もまた大きく変貌を遂げてきたが，GPS 情報を用いた捜査活動（以下「GPS 捜査」と記す）はその典型的な事例の一つである.

いわゆる「GPS 捜査」は，車や所持品に GPS 発信器を取り付けることで行われる．取り付けた機器をもとに GPS 情報を取得し，被疑者や関係者の足取りを探るわけである．日本の刑事訴訟法上における，GPS 捜査の対立軸の一つが，「強制処分」か「任意処分」か，という点である（伊藤 2018: 117）．きわめて簡単にいえば，「強制処分」を行うには令状が必要となるが，「任意処分」であれば，令状なしで実施することができる，といった違いがある．

下級裁判所においては，GPS 捜査が「強制処分」なのか「任意処分」なのかをめぐって判断が分かれていた．中には，取得される情報が尾行によっても取得可能なものであり，実際の捜査でも尾行の補助手段として用いられていることから，プライバシーの侵害度合いがそれ程高くないとする判決もあった（福井地裁判決，平成 28 年 12 月 6 日）．

これに対して，令状がなければ行えない，「強制処分」と判示した判決も存在する．名古屋高裁は判決で，GPS 捜査は位置情報を長期間にわたり，正確に取得できるのみならず，その結果を分析することによって，趣味や思想・信条すらも知りうるとして，重大なプライバシーの侵害を生じると指摘している（名古屋地裁判決，平成 28 年 6 月 29 日）．

判例と同様に学説もまた，どちらの説をとるかで意見が割れていた．GPS 捜査を任意処分とみる学説では，上記の福井地裁判決と同様に，GPS 捜査を通じて得られる情報が，従来の捜査手法（尾行など）によって得られるものと大差がないと論じている（同上：117）．これに対して，高度な情報社会におけるプライバシー保護を重視する立場は，情報取得後の法規制の必要性を強調しているとされる（同上：118）．

これらを整理すれば，宇宙技術の活用によって行われる GPS 捜査が，「強制処分」なのか「任意処分」なのかをめぐっては，取得する情報の位置づけが争点となってきたと概括できる．これに対して，2017（平成 29）年に下された最高裁判決は異なった角度からこの問題を論じた（最高裁大判決，平成 29 年 3 月 15 日）．

最高裁で争われた争点の一つが，GPS 捜査が強制処分に相当するか否かである（同上）．最高裁は，車両に GPS 発信器を取り付ける捜査について，使用者の所在ならびに個人の行動を継続的，網羅的に把握するため，公権力が私的領域に侵入しているとした．これはすなわち，GPS 捜査が日本国憲法第 35 条にあたる，いわゆる「住居の不可侵」に反するものだとの解釈である．この理路をもとに最高裁は，GPS 捜査は令状を必要とする，「強制処分」にあたるとした．

本判決において特徴的なのが，具体的な事案に即して判断を下したというよりは，GPS 捜査一般におけるプライバシー侵害を念頭においている点である（同上：119-120）．これまでの下級審は，個別具体的な事案に即して，GPS 捜査が強制処分か任意処分かについて判断を下してきた．これに対して最高裁は個別の事案から離れ，GPS 捜査が個人の行動を「継続的，網羅的」に把握できる状態にすることが憲法に抵触するとしたのである（同上：120）．

これは，「特定の捜査手法が問題となった時，当該事案における個別的事情を考慮して，『実際に』侵害された権利利益の内容及び程度に即して具体的に処理するアプローチを採らずに，特定の捜査手法の一般的類型的な性質に基づくアプローチを採った」と概括でき，捜査手法の強制処分性について依拠すべき方法を示したものだと捉えられる（同上：123-124）．

この判決によって，警察が車両等に GPS 機器を取り付けることによる GPS 捜査の実行には，刑事訴訟法上の令状を必要とすることになった．ただ，最高裁もこうした令状を発付することは基本的に想定していないと考えられており，事実上，GPS 機器の取り付けを伴う GPS 捜査はほぼ不可能となった．

こうした事態を受けて現在，犯罪捜査で用いられているのが携帯電話の基地局情報である（伊藤 2019）．基地局情報とは，GPS と異なり衛星を介さずに，地上に設置されている基地局を経由して携帯電話と通信することで得られる情報である．中には位置情報も含まれており，犯罪捜査においては重要な手がかりとなりうる．

基地局情報の取得が強制処分にあたるか否かについて，裁判所が何かしらの判決を下したことはないが，GPS 捜査に関する最高裁の判例に鑑みれば，強制処分に該当するとみるのが妥当であると考えられるし，実際，捜査実務においても検証令状をとって行う運用がなされている．

個々の通信の都度に取得される基地局情報については，憲法第 21 条 2 項にある，通信に保障されている電話通信等の秘密によって保護される情報に該当すると考えられている（同上：240）．GPS 情報と同じように位置情報が含まれているにもかかわらず，現状では基地局情報は憲法に定められた権利と関連づけられていない．

基地局情報を取得する捜査が強制処分にあたることを前提とした場合，捜査にあたっては令状が必要となる（同上：241）．現在の運用としては，基地局の情報の提供は検証令状の発付を受けて行われ，通信事業者に対して警察が関連する情報の抽出を命じて捜査が実施されている場合が多い．これはプライバシーに関わる膨大な情報を警察が閲覧することを避けている点で侵害性の低い手続きだといえる．

ただし，情報提供を行っているのが事業者であり，提供されている情報の本来的なオーナーと異なっている点が別の問題を引き起こしている．すなわち，準抗告の申し立てができないことや，証拠排除の申立適格が情報のオーナーにあるか否かといった点である（同上：245）．

そもそも，GPS 情報と同じく位置情報を記録し，なおかつ機器の取り付けの必要すらない基地局情報は，最高裁判決の趣旨を踏まえれば，より厳重な保護と慎重な取扱いが必要とも考えられる．こうした点を踏まえれば，宇宙技術の進展がもたらした GPS 捜査という新しい手法は，その派生ともいうべき基地局情報を用いた捜査に至るまで，刑事訴訟法にさらなる論点を投げかけ続けているといえるだろう．

4　宇宙技術と社会

本節では，宇宙技術と社会の問題を取り扱う．「社会」というと，これまで取り扱ってきた「倫理」とも深い関わりがあり，実のところ明確に区別することは難しいし，論点も多岐にわたる．

以下では，筆者の専門である公共政策学の視点を踏まえつつ，次の二点について考察する．第一に，社会に大きな影響を及ぼすデュアルユースのありようである．デュアルユースについてもさまざまな視点から論じることできるが，本節では宇宙技術特有の性質を踏まえることで，この問題を考える手がかりを提供する．第二に，社会全体で宇宙技術開発の進む方向性を定める上で重要となる，ガバナンスの視点を提示する．

4.1　デュアルユース

「デュアルユース」とは，同じ一つの事物や事柄が，民生部門と軍事部門の両目的の使用に供される（もしくは，供されることが予想される）ことを指す（出口 2022: 4）．科学技術におけるデュアルユースの議論は，「軍民両用性」（ある科学技術が軍事用と民生用途のいずれにも応用可能であること）と，「用途両義性」（公共の利益に資する側面と社会に害をもたらす側面の双方を備えている）の二つに分けて進められてきた（小林 2024: 92）．ここでは主として，「軍民両用性」に焦点を当てて議論を進めていく．

一口に科学技術と言っても，さまざまなものがある．どこからどこまでが民生で，どこからどこまでが軍事なのか，それらの線引きはイシューごとによって異なるばかりか，国によっても違いがあるなど，かなりの程度，相対的なものでもある（出口 2022: 9-10）．こうした側面を踏まえると，デュアルユースを考えるにあたっては，宇宙技術の来歴にも目を配る必要があるのがわかる．

宇宙技術開発は元来，軍事研究と隣り合わせで進んできた（橋本 2022: 111）．冷戦が終焉した後は，軍事部門において培われてきた知識が民生部門にも移転され，急速に技術革新が進んだ．これにより，現在では民生部門の技術が軍事部門に応用されるという逆転の現象も一般的になりつつある（同上：112）．世界的にみても，民生部門から提供される衛星画像のデータを安全保障に活用する取り組みが浸透している（同上：120-121）．

現在のテクノロジーでは，SF が描くような宇宙空間を舞台にした戦争は想像し難い．宇宙を巻き込んだ戦争となると，地上戦に勝利を収めるために，宇宙空間に存在するインフラへの攻撃を加えることが考えられる（大庭 2018: 193）．自国を監視する敵国の衛星への攻撃を考えるとわかりやすいだろう．

こうした事態は，民生部門と軍事部門の境界があいまいであるからこそ起きる．いざ事態が緊迫化したとき，軍事衛星のみならず民間衛星も攻撃の対象となりうる状況は，SEDU に暗い影を落としている．現状，宇宙空間における大量破壊兵器の運用や取締りについては，急速な技術革新に追いついていないのが現状である（Pražák 2021: 402）．

また，上述したスペースデブリの問題も，軍事利用の問題と絡み合っている．というのも，スペースデブリを大量に発生させるのは，意図的に衛星を破壊する，いわゆる「衛星破壊実験（Anti-Satellite Test: ASAT）」である．中国やロシアが相次いで実験を行った際には，膨大な数のスペースデブリが発生した（倉澤 2024: 214-217）．いずれも，他国の衛星に対する破壊行為ではない．しかし，たとえ自国の用済みの衛星に対する破壊行為であったとしても，「他国の衛星に対しても，いざとなれば攻撃を仕掛ける能力を有している」ことをアピールする意味合いが含まれているのは明らかであろう．こうした示威行動が結果として，宇宙環境にもさらなる悪影響を及ぼし，国家間の緊張を高めるのは好ましいといえない．このため，国連では衛星破壊実験の禁止決議が 2022 年 12 月 7 日に 155 か国の賛成のもと，承認されている．もっとも，ロシアや中国は反対している上，拘束力を有さない性質のものであるから，引き続き実験が行われる可能性は否定できない．

このような論点は当然，法的な規制とも関係しているが，国際社会の取り組みとも並行して進めていく必要があるだろう．そのためにも，国内で議論を積み重ねて論点を整理し，洗練させていく必要がある．こうしたイシューにおいては，議論をすることそのものが，ある特定の政治的偏りや，ムードをもたらすので，議論そのものを封印すべきとの見解もあり得る．確かに，何らの準備もなく議論を始めてしまうと，安易な結論に至ったり，極端な論調が支配的になったりする恐れはないわけではない．このため，訓練されたファシリテーターの存在や，専門家の適切な手助けといったことが必要になる．こうした点に十分に注意した事例も存在するが，まだ数は多くなく，試行を重ねていかなければならない（大庭・神崎 2022）．

4.2　宇宙技術開発のよいガバナンスに向けて

宇宙技術は，数ある科学技術の中でも，とりわけ市民参加が難しい分野の一つであろう．そもそも，宇宙技術は多くの人にとっては縁遠いもので，どのように関係しているかを想像することすらも難しいだろう（上で見た通り実態は縁遠いものではないのだが）．

こうした理由もあってか，国内外でのSEDUに関する市民参加は活発とは言えないのが現状である（杉谷・呉羽 2022: 23-26）．この状態は，公共的な財を投入する政策のありようを考える上で，好ましいとはいえない．このため，SEDUをめぐる市民討議の実践が種々，試みられてきた（一方井ほか 2022）．この一連の試みは，科学技術の市民参加やガバナンスといった論点にも接続しうるものである．

現状，宇宙技術開発のガバナンスは，2012年に内閣府に設置された宇宙政策委員会が担っている．第1節でも述べたように，現状の宇宙政策の方針は，安全保障の観点を含めた転換がなされているが，これは研究活用志向から，利活用志向へという近年の潮流に影響されたものである（城山 2018: 119-123）．こうした転換は，宇宙技術開発にも影響を及ぼすものであるが，民意を反映しているかは疑問が残る．元来，日本の宇宙政策は，日米関係や，省庁再編といったトップダウンの政策決定に影響を受けてきた（同上）．

民間企業の参入も盛んになる中，行政のみならず多くのアクターが宇宙技術を活用しつつある．これらの活動が，私たちの暮らしにより深く関与していくのは明らかだろう．宇宙技術の発展は，一見すると超富裕層をはじめとした，一部の人間にのみ関係するようなものであるかのように思えることもある．宇宙技術開発が長らく，トップダウンで推進されてきて，なおかつそれを批判する世論が盛り上がってこなかったのも，このような事情が関係していると考えられる．

トップダウンの政策決定やガバナンスは，決して悪いことばかりではない．宇宙技術のような，安全保障にも関係する秘匿性の高い科学技術開発において，そもそも市民参加が望ましいか否かについて等，議論しなければならないこともあるだろう．しかし，宇宙技術の革新や社会実装が有するインパクトや，それらがすでに及ぼしている影響を鑑みれば，やはり一部の専門家によってだけ，すべてを決めてよいとは考えられない．ELSI の枠組みを活用し，他の分野の実践からも学ぶことによって，宇宙技術のより良いガバナンスのありようを探求していくことが求められている．

［謝辞］

本章は，2023～24 年度岩手県立大学全学競争研究費ならびに，2024 年度岩手県立大学地域協働研究の成果の一部です．関連文献をご教示くださった清水雄也さん，草稿に目を通して有益なコメントをくださった清水右郷さん，朱喜哲さん，伊藤徳子先生に感謝申し上げます．

［杉谷和哉］

*　　*

【読書ガイド】

稲葉振一郎『宇宙倫理学入門：人工知能はスペース・コロニーの夢を見るか？』ナカニシヤ出版，2016 年

SF の視点を駆使し，社会哲学や政治理論をも援用することで宇宙倫理学を描き出した入門書．記述も平易で初学者に最適．

伊勢田哲治・神崎宣次・呉羽真編『宇宙倫理学』昭和堂，2018 年

宇宙の利活用を倫理的に考える視座を提供する論文を集めた本．倫理の観点から宇宙を考える上での基本的な論点が整理されている．

呉羽真・伊勢田哲治編『宇宙開発をみんなで議論しよう』名古屋大学出版会，2022 年

SEDU を議論するために必要な知識や手引きが収載されている．科学技術の市民参加を考える上でも示唆的な手掛かりを得ることができる．

第16章

量子技術の ELSI

諸論点とケーススタディ

量子コンピューティング，量子通信，量子センシングなどをはじめとする量子技術は，研究開発が近年急速に展開されていると同時に，特有の ELSI を提起している．本章では，量子技術の ELSI に関する理論的な解説（第1～4節）から最新の取り組み事例の紹介（第5～8節）まで，幅広く解説を行う．

1　第2世代の量子技術

「量子技術」とは，量子力学の原理を応用して開発された技術の総称であり，現代の科学技術の新たなフロンティアを形成している．量子力学は，物質の基本的な構造である原子や電子の挙動を記述する理論であり，その独特な性質を活用することで，古典的な物理学だけでは実現できなかった新しい機能や性能を備えた技術が次々と生み出されるようになった．例えば，半導体技術やレーザー技術，そして MRI（磁気共鳴画像法）などは，量子力学の応用によって実現され，今日の医療，通信，コンピュータなど，幅広い分野で不可欠な役割を果たしている．このように，量子技術はすでに現代社会の基盤を支える技術として，確固たる地位を築いているといえるだろう．

しかし，量子技術の進化はここで留まることなく，近年ではさらなる飛躍を遂げ，新たな段階へと移行しつつある．これまでの量子技術，すなわち「第1世代の量子技術」では，量子現象を主に統計的な性質として扱っており，個々の量子状態を精密に制御することは難しかった．このため，技術の応用範囲は限定されていたといえる．ところが，量子力学に対する理解の深化と，精密計測・実験技術の進展によって，今では重ね合わせやもつれといった量子特有の現象を直接的に制御・活用することが可能になりつつある．この新たな段階の量子技術は「第2世代の量子技術」，あるいは「量子

2.0」と呼ばれている（CRDS 2019）.

第2世代の量子技術は，量子コンピューティング，量子通信，量子センシングなど，従来の技術では成し得なかった革命的なイノベーションをもたらす可能性を秘めており，世界中で研究開発が加速している．本章で扱うのは，この新たな段階に到達した量子技術である．

2　責任ある量子技術開発

こうして新たな段階へと移行している量子技術は，他の新規技術と同様にさまざまなELSIを提起している．例えば，量子技術の一つである量子コンピュータは，古典的なコンピュータでは時間がかかりすぎるような計算も（場合によっては）素早く解けると考えられており，将来的には既存の暗号システムを破ることができるといわれている．こうした技術的発展にはもちろん良い側面もあるが，一方でプライバシーや安全保障の面で深刻な課題を提起していることも指摘せざるを得ない．

そこで，どのようなELSIがあるかを見据えるプロセスも含め，量子技術のELSIを適切にガバナンスで飼いならす[1]ための「責任ある量子技術開発」の取り組みが世界各地で広まりつつある（Kop ほか 2024; 榎本ほか 2024a）．これは量子技術の研究開発や社会実装のプロセスに，RRI（責任ある研究・イノベーション）の考え方を適用しようとするものだ．量子技術は現時点では萌芽的な段階にあるが，そのポテンシャルは計り知れず，遠くない未来において社会や経済に対して革新的な影響力をもつと考えられている．それと同時に，ELSIが発生することも避けられない．であれば，今のうちからしっかりと未来を見据えて，スムーズに社会実装できるような準備をしておくことが望ましい．そのための有力な手段が「責任ある量子技術開発」であり，その枠組みの中で量子技術のELSIをうまく飼いならしていこうというわけだ．

ここで，世界各地の事例を簡単にみておこう．例えば，英国やオランダ，オーストラリアなどの国々では，量子技術に関する国家戦略の中で，ELSI/

1　Stilgoe らによれば，RRI とは「科学とイノベーションの集合的な管理を通じた未来に対するケア」である（Stilgoe et al. 2013）．筆者らは，未来に起こる複雑な課題を予測し制御できるようにするという RRI の狙いを，人間や社会による予測可能性のもとでの統御という意味で解釈し，「飼いならす（taming）」という科学哲学上のフレーズを用いて表すことにする（Hacking 1990; Tennant 1997 参照）．

RRI への対応が明確に打ち出されている（RHC 2024）．こうした国々では，政府や研究機関が連携し，量子技術がもたらすであろう影響やリスクを慎重に評価しつつ，その社会実装に向けた準備を着々と進めている．

さらに，こうした取り組みは各国単独のものには留まらない．欧州圏の地域統合体である EU では，科学技術政策に RRI の考え方を採用し，EU 加盟国全体で「責任ある量子技術開発」を推進するための政策や資金援助を提供している（EC 2023）．また，国家横断的な組織である OECD や世界経済フォーラムは，「責任ある量子技術開発」を実現するための国際基準やガイドラインの確立に向けた提言を活発に行っている（OECD 2023; WEF 2022）．これにより，量子技術が世界規模で持続可能かつ公平に発展することを目指しているといえよう．

3　STEP1：量子技術の ELSI を見据える

さて，「責任ある量子技術開発」によって量子技術の ELSI を飼いならしたいわけだが，そのためにはまず，量子技術において何が課題であるのかをきちんと見据えなければならない．そこで，文献調査やインタビュー調査に基づいて，現時点で予測できるあるいはすでに現出している課題として，榎本らは暫定的に八つの ELSI を提示している（榎本ほか 2024b）．本章ではこれを出発点として「責任ある量子技術開発」を考える．なお，中には量子技術固有の問題もあれば，AI やバイオテクノロジーなど，他の新興技術と共通するものもあることに注意したい．

これから紹介する八つの ELSI は，我々の日常生活にも関わるような比較的身近なものから，即座に日常生活へ影響が出るわけではないものの倫理的に大きな影響を及ぼすものに至るまで，さまざまである．ここではわかりやすさのため，より身近なものから始め，徐々に抽象度を上げるように整理することとする．

(1) セキュリティ

量子技術には，既存の暗号システムを脆弱化する潜在的な危険性がある．これは，インターネット通信や国家安全保障の観点において重大な問題を提起する．特に，量子コンピュータが将来的に既存の暗号システムを破る能力をもつとされる点は，現行の暗号化技術が無力化される可能性を示唆している．これに対抗するためには，耐量子暗号システムへの移行が考えられる．ただし，耐量子暗号は，量子コンピュータの脅威に対して高い安全性を提供するものの，社会全体へと広く普及させるには長い時間と膨大なコストを要する．このような移行が遅れると，セキュリティの脆弱性が露呈し，深刻なサイバー攻撃のリスクが高まる可能性がある．

一方で，量子技術には守りの側面もあり，例えば量子鍵配送ネットワーク（QKD）は，盗聴不可能な通信手段を提供することで，従来の暗号技術に比べてはるかに高い安全性が実現されると考えられてきた．ただし，これにはコストやインフラ整備の問題が付き纏うほか，近年その安全性に疑問が呈され，議論が起きている[2]．

さらに，仮にこれらのコストや技術的課題をクリアし，QKD が手軽に利用できるようになったとしても，こうした高度な暗号技術を利用した犯罪行為が行われてしまった場合，捜査が現状よりも困難になる恐れがある．これにより，セキュリティとプライバシーのバランスに関する新たな ELSI が生まれるかもしれない．

(2) 経済と雇用

量子技術がもたらす新しい機能や自動化・効率化の波は，既存の産業に大きな変革を促し，新たなビジネスチャンスを数多く提供することが期待される．これにより，さまざまな分野で革新的な製品やサービスが生まれ，企業の競争力が大きく引き上がることになる．こうした量子技術による産業変革が首尾よく成功すれば，新たなスキルや専門知識をもつ人材，いわゆる「量子人材」の需要が大幅に高まることは間違いない．新しい雇用機会が生まれることは，社会にポジティブな影響を与えるだろう．

一方で，この変革にはリスクもある．量子技術の進展に迅速に対応できない企業や労働者は，競争の激化により市場から取り残される危険性がある．特に，中小企業や従来の技術に依存している業種では，新しい量子技術への対応が遅れることで，市場からの撤退を余儀なくされる場合もあるだろう．

2　米国や英国など，複数の政府機関が QKD を推奨しない旨の提言を行っている．例えば，米国国家安全保障局は QKD のリスクを指摘し，耐量子暗号の方が無難な選択肢であることを示唆している（https://www.nsa.gov/Cybersecurity/Quantum-Key-Distribution-QKD-and-Quantum-Cryptography-QC/）（アクセス日 2024 年 9 月 30 日）

(3) 知的財産権

知的財産権は，科学技術の健全な発展を促進するために設けられた制度である．しかし，現行の法制度を急速に進化する新興技術にそのまま適用すると，イノベーションを阻害するほどの過剰な保護に繋がる危険性がある．とりわけ量子技術は，その特異性や複雑性から，既存の知的財産権制度ではカバーしきれない新たな問題を引き起こす可能性が高い．そうなれば，技術革新のスピードが遅れ，結果として市場における健全な競争が損なわれる恐れも十分に考えられる．

さらに，このような過剰な保護は，(4) で述べる「公平性」に関する問題も引き起こす．というのも，特定の企業や個人が知的財産権を独占すれば，市場全体における技術アクセスの不平等が生まれるためである．この不公平は，新規参入者が市場で競争する能力を低下させ，結果として消費者にとっても選択肢が減り，技術の普及や進展が制限されることにも繋がる．

(4) 公平性

量子技術が社会に実装されるとりわけ初期段階においては，希少かつ高額であることで，一般市民にとってはアクセスしづらい状況が長期間続くかもしれない．このようにアクセシビリティが限定されることで，すでに存在している貧富の差や健康面での格差が一層拡大する可能性がある．例えば，量子コンピュータを用いた新薬の開発が進んだとしても，その恩恵が富裕層に限定されるような事態が起これば，医療の格差はさらに拡大し，公平性の欠如が深刻化する．

こうした問題は，個人レベルの不公平性に留まらず，国際的なレベルでも大きな影響を及ぼす．経済的に豊かな国や地域は，量子技術の初期段階において積極的に投資し，技術の開発や導入を加速させることができる．その一方で，経済的に余裕のない国や地域は同じような投資を行うことが難しく，技術格差が広がることになるだろう．量子技術が産業や経済に与える影響が大きいことを考えると，この技術格差は，国際的な経済格差をさらに拡大させる要因となりうる．

(5) 自然環境

量子技術がもたらす新しい機能や自動化・効率化は，さまざまな産業において消費エネルギーの削減を促進し，より持続可能な未来を実現するための鍵となる可能性がある．また，量子センサーは気候変動のモニタリングや環境汚染の検出において，従来の技術では不可能だった高精度かつリアルタイムなデータを提供し，地球規模の環境問題に対処するための強力なツールとなりうる．

しかし，量子技術にはこうしたポジティブな側面がある一方で，ネガティブな側面も無視できない．量子技術の研究開発には高度で専門的な設備や希少かつ精密な材料が必要であり，その維持や廃棄にも高い環境コストを伴う．例えば，量子コンピュータや量子通信システムの運用には大量のエネルギーが消費され，使用される材料の一部は採掘や精製の過程で環境に悪影響を与えることもある．

(6) デュアルユース

デュアルユースとは一般に，民生と軍事の両方に利用できる技術のことをいう．量子技術は未来の社会を支える技術になりうるが，それと同時に軍事目的で利用することも可能である．例えば，量子技術によって可能になる暗号解析や安全な通信，高度なセンシング機能などは，たとえ研究開発者がそのように意図していなかったとしても，軍事技術に容易に転用できる．おそらく量子技術は，国家間のサイバー戦争において重要な役割を果たすことになるだろう．

(7) 透明性

古典的な計算とは異なり，量子計算はそのプロセスを追跡することが非常に難しく，得られる結果も予測が困難であるため，しばしばブラックボックス化する傾向にある．このような不透明さは，予想外の結果や誤動作が発生した際に，責任の所在を明確にすることが難しくなるという重大な倫理的問題に直結している．例えば，量子計算を用いた医療診断や金融取引において，予期しないエラーや意図しない結果が生じた場合，どこに責任を帰属させるべきかが不明瞭になりうる．

さらに，量子計算が追跡困難であることは，量子計算を利用する意思決定プロセスにおいて，結果の信頼性や透明性を確保することが難しくなる可能性を孕んでいる．ブラックボックス化したシステムに対する信頼の欠如は，技術の社会受容に影響を及ぼしかねない．

(8) ミスリーディングな言説

ハイプが生じると，量子技術に関する将来性や安全性に関する情報が誇張され，過剰な期待が広まることになる．確かにこうした期待は短期的には投資家の関心を引き，資金の流入を促進するかもしれない．しかし，実際の技術進展や実用化のペースがその期待に追いつかない場合，現実と期待とのギャップが露呈し，量子技術全体に対する信頼が損なわれるリスクが高まる．

また，量子技術の分野においては，科学的な体裁を装いながら実際には根拠のない主張を行う「疑似科学」の問題も無視できない．疑似科学的な言説は，量子技術がもつ本来の価値や潜在力に対する人々の認識を歪めるばかりでなく，市民の科学リテラシーや政策決定に悪影響を及ぼす可能性がある．

こうしたミスリーディングな言説が広がることは，量子技術の健全な研究開発を阻害し，社会全体の技術に対する理解や信頼を損ねる結果につながってしまう．

以上，八つの課題を紹介したが，これはもちろん完璧に網羅されたリストというわけではない．さらに，これらは排他的なものではなく，ある課題と他の課題が重なり合っていたり，そこから派生してより複雑な構造をもった課題として現れることもあるだろう．現在把握しているもの以外にも課題がないか，あるいはこれらの課題への取組み状況がどうなっているか等，常にアンテナを張っておく必要がある．

4　STEP 2：量子技術のELSIを飼いならす

何が課題であるかを見据えたら，次はどうにかしてそれらを飼いならさなくてはならない．つまり，何らかの適切なガバナンスを講じることによって，うまくELSIと付き合っていかなくてはならない．ここでは，「責任ある量子技術」の枠組みの中でどのようなアプローチが提案されているかを紹介する（榎本ほか 2024b）．

(a) ステークホルダーの参与

他の新興技術と同じく，量子技術をスムーズかつ持続可能な仕方で社会へと受容させるためには，専門性やジェンダー，エスニシティといった要素を考慮に入れた，多様なステークホルダーを巻き込むことが望ましい．これは単に道徳的に望ましいというだけではなく，透明性と信頼を確保し，大量の公的資金を投入することへのアカウンタビリティを果たすことにもつながる．同時に，こういった多様性は思わぬ形でイノベーションを生み出すかもしれない．

(b) 教育と一般市民の理解

量子技術についての適切な教育プログラムを整備することは，高度な専門性を備えたいわゆる「量子人材」を確保するだけに留まらず，研究開発のライフサイクル全体において量子 ELSI へと対処する「ELSI 人材」を確保することにもつながる．そのためには，人文社会科学系の要素を教育プログラムへと取り入れると効果的だろう．ほかにも，研究開発のライフサイクルからは外れているものの量子技術の恩恵を受けることになる公衆，つまり一般市民にも量子技術のことを知ってもらい，その利益やリスクについて考えてもらう機会を設けることも重要である．

(c) オープンサイエンス

効率的かつ公平な量子技術の研究開発の発展にとって，専門性をもつ人材，豊富な資源，プロトコルやインターフェースの互換性を確保することは欠かせない．これを実現するためには，グローバルに各主体が手を取り合い，オープンな研究開発環境を推し進めることが必要である．また，オープンかつ透明な研究開発環境を維持することは，特定の国における軍事目的での研究開発を適切に牽制し合うための欠かせない条件である．

(d) 規制と規範によるガバナンス

「規制」と聞くと，法的拘束力をもつために自由な研究開発を阻害し，加えて手続きに時間もかかる厄介者だ，と思うかもしれない．しかし，使い方を誤らなければ，健全な研究開発や社会実装にとって規制は有益でありうる．例えば，外側の枠組みとしてはハードな規制の形を取りつつ，その具体的な中身についてはソフトな規範的側面を取り入れ，状況に応じて機動的に調整する方法がある．こうした「アジャイルなガバナンス」は，急速に進展し刻一刻と状況が変わる新興技術と相性が良いといわれている．

以上，四つのアプローチを紹介した．ただし，これらのアプローチはELSIへの即効薬ではない．まず，研究開発の進展状況や，その時々に直面する課題の具体的な内容に応じて，これらのアプローチを柔軟かつタイムリーに組み合わせる．次に，これらのアプローチを実践し，その結果から得られたデータやフィードバックに基づいて，ELSIの現状を再評価する．そして，必要に応じて修正・改善していく．このようなフィードバック・ループを時間をかけて繰り返し実行することで，徐々にではあるが，確実に状況は改善されていくことだろう．短期間で劇的な変化を期待するのではなく，長期的な視野に立ち，地道に取り組みを続ける姿勢が求められている．

次のセクションからは，量子技術のELSIを適切に飼いならすために，日本で実際に行われている具体的な活動の一部をケース・スタディとして紹介してゆく．

5　ケース・スタディの概要：大阪大学ELSIセンターによる量子ELSIプロジェクト

筆者らが所属する大阪大学ELSIセンターは2021年から，株式会社メルカリの研究開発部門mercari R4D（以下R4D）と共同で量子に関するELSI/RRIを検討するプロジェクトを開始している．本事例は，「責任ある量子技術開発」の包括的な取り組みを目指す国内の代表的事例であり，執筆時点において順調な進展を見せている事例である．本ケースを検討することで，前節までに示されたELSIの理論的枠組み（「見据える」「飼いならす」）の妥当性を検討するとともに，理論的な観点からのELSI対策を実際の取組みに落とし込む一つのあり方を示したい．

本共同研究における実施内容は，主に以下の三つに分類することができる：

1. 量子技術者に対する量子技術の未来像の把握（第6節）
2. 量子技術に関する一般市民の認識の把握と浸透（第7節）
3. ゲーミフィケーションを用いたステークホルダー包摂の取り組み（第8節）

最初に，本事例全体の特徴を簡単に述べておきたい．本事例は大学と企業の共同研究における萌芽技術のELSI探索として先駆的なものである．また本事例には文化人類学者が関与し，長期的参与観察法を基盤とする研究手法が取られている点に特色がある．すなわち本事例は，量子研究者との信頼関係（ラポール）の重視，双方向的な対話に基づく研究の遂行，インタビューなどの質的調査法の利用，ラボを含む現場の観察などを通じた，ELSI研究者と量子研究者の密接な協働を顕著な特徴とする．こうした手法は，とりわけ量子のように難解な分野について，往々にして量子技術の素人であるELSI研究者が理解を深め，ときに訂正を加えてもらいながら研究をするための方法論として有効である．加えて本研究は，RRIに多様なステークホルダーを巻き込み，量子専門家にRRIに関心をもってもらうための実験的アプローチとしての人類学的手法の有効性を実証する場にもなっているといえる．

6　量子技術者の観点から見る量子技術の未来像の把握

量子技術の未来について考えるための手始めとなる企画として，量子技術の将来の社会実装に対して高い関心をもつR4Dの量子専門家をターゲットとし，2023年1月～3月にかけて集中的なインタビューを実施し（森下ほか2023），23の論点（話題）を抽出した（表16-1）．

森下ほか（2023）には，各話題につき量子の専門家とELSIの専門家の対話的インタビューのトランスクリプトが記載されているほか，「話題の背景」として各論点の内容と説明が要約的に記載されている．例えば「1.4 従来技術に対する量子コンピュータの利点：素因数分解と最適化問題」という項目の「話題の背景」では，量子技術の応用可能性として素因数分解を現実的な時間で解く理論的可能性が指摘されており，それが量子イノベーションの鍵となりうることなどが説明されている．このように，各話題の「話題の背景」だけを読むだけでもその概要を把握することができるよう工夫されている．

抽出された諸論点は，未来像を幅広くスキャンすることを目的として抽出されたものであり，必ずしも懸念やリスクのみを明らかにすることを目的として抽出されたものではない．とはいえ，いくつもの論点が実際に3節において「見据え」られたELSIと関連している．量子コンピュータの進歩に基づく暗号化技術の発展（1.4）は情報セキュリティリスクへの懸念（本章3-(1)）と表裏一体の話であるし，量子技術の進歩に基づく人材の多様化あるいは失業（3.1, 3.2）は雇用に関するELSI（本章3-(2)）およびその対応策

表 16-1：量子技術をめぐる 23 の話題

1	量子情報技術がもたらす変化をめぐる話題
1.1	バイ・デザイン方式による社会的課題の解決
1.2	身近なアプリケーション
1.3	暗号化技術の発展によるセキュリティ課題の解決
1.4	従来技術に対する量子コンピュータの利点：素因数分解と最適化問題
1.5	SDGs 等への貢献
2	量子情報技術の克服すべき課題をめぐる話題
2.1	テストベッド・エコシステムの構築
2.2	競争か，協力か？
2.3	標準化の文化：デファクトとデジュール
2.4	ベンチマーク：量子ボリューム
2.5	利用しやすいシステムとアーキテクチャの設計
2.6	量子の制御にまつわる困難
2.7	「広く薄くばらまく」段階と「選択と集中」の段階
2.8	ELSI を含む量子情報技術ロードマップの作成
3	量子情報技術の人材をめぐる話題
3.1	量子人材に必要なスキルセット
3.2	人材像の具体化
3.3	人材のサーキュレーションと日本の研究環境の特殊性
3.4	人文社会科学系も含めた量子人材の裾野の拡大
4	公共における量子のイメージをめぐる話題
4.1	パブリック・ダイアログの実施による量子イメージの現状把握
4.2	文学やフィクション等による社会的イメージの形成と普及
4.3	ハイプ（過剰な期待）とロックイン
5	量子情報技術の懸念をめぐる話題
5.1	悪用・ハイリスク利用・デュアルユース
5.2	境界的領域・疑似科学の生成
5.3	格差や不平等の拡大

（出典：森下ほか（2023）より引用，項番号は本論のために振り直している）

であるところの教育プログラムの整備（本章 4-(b)）と密接に関連している．これらの論点が（そもそも量子技術の社会実装に高い関心をもっている研究者に対するインタビューであるとはいえ）量子専門家との対話から抽出されたことを鑑みれば，第 3 節において論じられたような ELSI が単なる机上の空論ではなく，実際の開発にかかわる量子のアクターも現実的な懸念として抱いているものであるということがよく看取される．とりわけ知的財産（本章 3-(3)）や公平な技術利用（本章 3-(4)）の基盤としての標準化（2.3）と密接にかかわる問題としての競争と協調のジレンマ（2.2）や，研究競争のあり方として研究予算が広く薄くばらまかれるべきかそれとも「選択と集中」がなされるべきか（2.7）という問題は，研究者の日常的研究活動と直結した話題であり，専門家自身が重要なステークホルダーとなる論点であるといえる．

本インタビューは，世界経済フォーラムの量子ガバナンス・レポート（WEF 2022）などを参考に可能な限り網羅的に論点を挙げる形でデザインされ，またインタビュー対象者もそれぞれの回答に際して事実確認を行い正確な記述となるよう心掛けるなど，正確性・網羅性に対する十分な配慮の下で実施された．とはいえ，特定の 3 名の対象者へのデプス・インタビューという方法の限界上，論点にも回答にも当然のことながら偏りがある．「量子技術者からの未来像」として一般化するためには，より幅広い量子技術の関係者に対するインタビューを実施することが必要となるだろう．加えて，先端技術は急速に状況が変化するため，内容の陳腐化にも留意する必要がある．以上のことを踏まえてもなお，本インタビューは量子技術の未来についての 2023 年時点での基本的な論点を考える上で，十分に参考になるものであるだろう．

本インタビューは共同研究者との関係構築（ラポール形成）の目的も兼ねるものであった．量子研究者のもつ課題感を言語化してもらい，人社系研究者のあいだで共有することで，その後共同で取り掛かるべき課題が洗い出された．本インタビューをきっかけに共同研究はより本格的なフェーズへと乗り出し，共同での学会発表や共著論文作成の提案へとつながることとなった．

また，報告書の刊行後，大阪大学量子情報・量子生命研究センターにおいて量子コンピュータ研究者らを対象とした報告会を実施したが，質疑の内容はハイプおよび疑似科学に関する点（5.2）に議論が集中した．現場の量子研究者として，ステークホルダーの増加や量子技術に対する関心の拡大に伴う量子についての正しい知識の発信と，ハイプや誤情報の拡散への対処は重要な課題となっているという認識が複数名より示された．このような状況に応える形で，筆者らを含むELSI研究者も量子をめぐるハイプ・疑似科学について，さらに掘り下げた調査研究を開始している．

7　量子技術に関する一般市民の認識の把握と浸透

第4節（b）において述べたように，量子分野においても公衆への教育および認識の向上は焦眉の課題となっている．量子分野における公衆の参加の試みについては，英国において2017年に実施された全国パブリック・ダイアログ（Quantum Technologies Public Dialogue；以下「英国QTPD」）がすでに存在する（Networked Quantum Information Technologies 2022）．英国QTPDにおいては，2016年12月の探索的な対話実践ののち，2017年にオックスフォード・グラスゴー・バーミンガム・ヨークの4か所で対話ワークショップがそれぞれ2回実施された．参加者は総計で77名であった．英国QTPDの特徴と限界については肥後・長門・鹿野（2022）に詳しい．主な結果としては，参加者は量子に対するあらゆる知識をもたず，それゆえにほとんど量子に対して肯定的な感情も否定的な感情も抱いていないということ，また科学一般に対する関心の多寡に応じて量子技術に対して期待をもったり不安をもったりしていたこと，参加者にとっての魅力的な応用は個人および社会に大きな影響を及ぼす医療や人道的応用に関するものであることなどが示された．対話を通じて示された懸念としては，量子技術ガバナンスのあり方（とりわけ企業の影響力について），技術に対する公正なアクセス，技術進展に伴う雇用喪失，軍拡への寄与や犯罪者の利用などが挙がっている．

ELSIセンターの共同研究においても，日本国内における近い将来の全国的なパブリック・ダイアログの実施が構想されている．2022年には小規模なパイロット・テストとして，肥後・長門・鹿野（2022）が大阪大学の学部生9名に対するフォーカス・グループ・インタビュー調査（国内FGI）を実施している．主要な結果としては，英国QTPDと同様，参加者の多くは量子についての専門的なイメージをもっていないこと，医療をはじめとする応用はもちろん，バッテリーの充電量の増加や交通渋滞の解消など，個人の実感できる効用を持つ応用への期待が専門家から促され，また参加者もその点に共感する傾向にあること，暗号等に対する悪用への懸念などが示されている．

英国QTPDと日本でのFGIの調査結果における対照的な点としては，例えば次のようなものがあった．英国QTPDにおいては量子がマクロな世界に生きる私たちの直観に反するような性質をもっていることで量子に対する神秘的・オカルト的理解が市民の間に広がっているのではないかという懸念が専門家より示されたが，実際には市民はほとんどそのような理解を持っていなかったことが記されている．一方，国内FGIにおいては，自己啓発本などに用いられた「量子」「波動」などの概念を「怪しい・うさんくさい」と感じた経験をもつ参加者が存在した．両調査は規模の点でも対象の点でも大きく異なっており，比較には慎重さが必要である．これまでの結果からは両国の間に実際に上記のような差異が存在すると断定することはできないが，今後の国内での本格的な調査において掘り下げて調査すべき項目としては参考になるだろう．

8　ゲーミフィケーションを用いたステークホルダー包摂の取り組み

多様なステークホルダーへのELSI/RRIの浸透をはかるにあたっては，専門的な論文の執筆というチャンネルだけでは十分ではない．本プロジェクトでは，人文社会科学に関心をもたない量子の専門家や，専門知識をもたない一般市民に向け，量子ELSIへの敷居を下げ周知と浸透をはかることを目標に，量子ELSI/RRIをテーマとするカードゲーム「Quantum Quest」（以下QQ）を開発している．

本ゲームの製作にあたり，製作者（筆者）の念頭にあったのは，「信長の野望」「三国志」などをはじめとする歴史シミュレーションゲームであった．こうしたゲームは歴史に対する一般の人々の認識を高めることに貢献しているといえるだろう．特に，量子技術のような，人々の大半が無関心であるような技術に対しては，幅広く技術に対する認識を高めるような仕掛けが考えられて良いと考え，ゲーム化（ゲーミフィケーション）はそのための重要な手法の一つであると考えた．

科学コミュニケーション分野においては，教育的効果をもつゲームは「シリアス・ゲーム」と呼ばれ，いくつものゲームが開発されている[3]．QQは，

3　例えば，制度疲労を起こした縦割り組織を率いて大事業を成功させるボードゲーム「TATEWARI」（cosaic 2018），温暖化による極域の氷床の減少に対応するボードゲーム「The Arctic」（Arcs北極域研究推進プロジェクト 2023）など．

量子研究者を含む量子のステークホルダーの ELSI/RRI に対する関心を高めることを目的として，日本語および英語で開発されている．

QQ では，参加者は四つのチーム（8 人でプレイする場合は 2 人で 1 チーム）に分かれ，それぞれのチームがロールを選択し，近未来の量子開発競争をシミュレートするゲームをプレイする．ロールには，緊張関係にある二つの超大国，先進国を中心とする国家連合，そしてグローバル・サウスを表象する計四つのロールがある．各ロールを割り振られたプレイヤーはさまざまなカテゴリーの人材トークン（量子コンピュータ・量子セキュリティ・量子レギュレーション・量子医療）を集め，集めた人材トークンによってさまざまな量子関連アセット（例：量子コンピュータや量子センサー）を開発し，開発したアセットの数を競う．

QQ は，技術者や研究者が日常的な研究の中では意識する場面の少ない，マクロな政治・経済的観点から自らの開発する量子技術を観察し，翻って日常の研究活動を省察することを促す．ゲーム中では「Historic Day!」と呼ばれる，未来に起こるかもしれない量子技術に関連する歴史的イベントが定期的に発生するように設計されている．「Historic Day!」は，さまざまなロードマップや量子技術の未来洞察資料において想定されている具体的な出来事から構成され，ゲーム内の状況に大きな変化を及ぼす．そのほか，「Good News!」や「Bad News!」といったカードがランダムに引かれることによって，量子技術に生じうる ELSI がトレースされ，量子技術が浸透した後の未来の社会を具体的に想像するための助けとなる．

QQ は，ゲーム・プレイの後のディスカッション・セッションとともにパッケージ化され，ELSI/RRI の専門家がファシリテータを務める形で，量子ガバナンスの研修教材として提供することが計画されている．ディスカッション・セッションでは，ゲームの振り返り，ゲームの現実の差異，そして理想的な量子の未来についてのオープンなディスカッションを実施するプログラムが用意されている．QQ は，各アクターが競争しつつも協力する，オープン・サイエンス（本章 4-(c)）そのもののイメージや，規制・規範によるガバナンスのイメージ（本章 4-(d)）を量子専門家につかんでもらうことも，その目的の一部として企図されている．これまでの試験的プレイで実施されてきたディスカッション・セッションにおいても，競争やアクターの特徴についてのゲームと現実の差異などについて活発な議論が行われてきており，議論を触発するためのツールとしての利用が期待される．

2024 年 9 月には，実際に量子技術者自身にプレイしてもらうために，

図 16-1：「Quantum Quest !」のゲーム・プレイの様子（撮影：寺元健太郎）

R4D の量子技術者と協働で，IEEE による量子技術の学会（IEEE International Conference on Quantum Computing and Engineering，通称 Quantum Week）での対話セッションを実施した（図 16-1）．2024 年 8 月には R4D のアウトリーチチームの依頼により，メルカリ本社内でのイベントにプロトタイプを出展，参加した一般の人々からも好評を博した．

以上，量子 ELSI のケースとして，大阪大学 ELSI センターと mercari R4D の共同研究事例について紹介してきた．こうした具体例からは，ELSI の理論的認識のみからでは見えてこないさまざまな側面があらわになるだろう．例えばステークホルダーの包摂（本章 4-(a)）と一口に言ってもそのアプローチは多様であり，ゲームの作成からパブリック・ダイアログまで，目的や状況，ステークホルダーの関心や特徴にあわせてさまざまなオプションを検討する必要がある．また，実際の ELSI 対応の実現にあたっては，当然のことながらカウンターパートとの信頼関係が重要な役割を果たし，良くも悪くもそうした関係に頼りながらプロジェクトを進めていく必要がある．具体例を通じて，ELSI の実装についての一つのイメージをつかんでもらえれば幸いである．

［謝辞］
本章の前半部分（第1〜4節）は，大阪大学社会技術共創研究センターとPwCコンサルティング合同会社との共同研究「責任ある量子技術開発」の成果に基づいて執筆されている．また，本章の後半部分（第5〜8節）は大阪大学社会技術共創研究センターと株式会社メルカリ mercari R4Dとの共同研究「Co-innovationで切り拓く，最先端の研究・ビジネス領域の社会実装を加速させるELSI実践研究 〜ELSI対応なくしてイノベーションなし〜」および「安心・安全とGo Boldを両立するイノベーションのための人文社会科学研究　〜社会を知り，社会を変えるための実践的ELSI（Ethical, Legal and Social Issues）研究〜」の研究の一部として執筆された．関係者には記して感謝申し上げる．　［榎本啄杜，森下 翔］

*　　*

【読書ガイド】

長門裕介「量子技術」標葉隆馬・見上公一編『入門 科学技術と社会』ナカニシヤ出版，2024年：165-173

量子技術のELSIについて，量子概念そのものをめぐるELSIと，量子コンピュータなど個別技術をめぐるELSIの双方を概説している．

榎本啄杜・長門裕介・岸本充生「RRIを量子技術領域へ適用する：政策レビュー」『ELSI NOTE』38，2024年：1-25

責任ある量子技術開発の世界的動向を，各国レベル，地域連合体レベル，国際機関レベルのそれぞれで論じたレビュー論文である．

榎本啄杜・長門裕介・岸本充生「量子技術のELSIを探る：文献レビュー」『ELSI NOTE』41，2024年：1-40

量子技術のELSIに関連する文献を横断的にレビューした上で，課題の発見から解決までのサイクルを提案している．

おわりに

倫理的・法的・社会的課題（Ethical, Legal, and Social Issues: ELSI）という言葉が登場して四半世紀ほどが経過した．そうこうするうちに，昨今では日本においても科学技術政策の中でELSIは一つのキーワードとして登場するようになってきた．第1章でみたように，科学技術基本計画（現：科学技術・イノベーション基本計画）や統合イノベーション戦略などでELSIが登場し，イノベーションの実現においてもその対応が不可欠であるという認識が出来つつある．『科学技術の倫理的・法制度的・社会的課題（ELSI）への包括的実践研究開発プログラム（RInCA）』などELSIに関連する研究プロジェクトのためのファンディングプログラムも登場している．

海外の文脈では，ELSIに関わる対応は，責任ある研究・イノベーション（Responsible Research and Innovation: RRI）の議論枠組みの中で語られるようになって久しい．また「ポストELSI」をめぐる議論も活発化しつつある．欧州では科学技術政策枠組みであるホライズン2020から，新規な枠組みであるホライズン・ヨーロッパに移行する中で，RRIのコンセプトはオープンサイエンスなどの視点の中に埋め込まれる形となり，RRIというキーワード自体はやや背景化したようにもみられている．しかしながら，その実，ホライズン・ヨーロッパにおける最近の政策文書やプログラム関連文書，またそれらを取り巻く議論の中では再びキーワードとして強調されるようになりつつある．なお，先に言及した日本におけるELSI研究に関わるRInCAプログラムも，英語名は国際的な動向を踏まえた形でRRIを前面に出したものとなっている．

いずれにせよ，ELSI/RRIをめぐる視点や議論は，現在の「科学技術と社会」の関係性，そして科学技術政策のありようを洞察する上で欠かせないものとなっていることは間違いない．科学技術的なブレークスルーの実現に加え，規範や価値観の形成までを視野に捉えたELSI/RRIの洞察，そして関連する知見を踏まえた適切なガバナンスの実現が，より良いイノベーションを形成するエコシステムの必要不可欠な条件となっている．

本書は，このような状況を踏まえ，関連する視点や議論，また個別テーマをめぐるELSI/RRIに関する（可能な限り最新の）知見を共有することを目指したものである．第1部では，ELSI/RRIをめぐる議論の歴史的経緯から始まり，環境正義，分配的正義といった近年重要性をますます増しつつある視座をまず概観した．第2部では，研究開発の倫理，ELSI/RRI研究をめぐる産学連携の事例，エシックスウォッシング，デュアルユース，患者・市民参画など今後のELSI/RRIの研究と実践において書くべからざる論点・視点の共有を行っている．そして各論となる第3部では，トラッキング技術，生成AI，エドテック（EdTech），サイバネティック・アバター，ニューロテクノロジー（Neurotech），クライメイトテック（Climate Tech），宇宙技術，量子技術といった昨今注目を集める先端領域の事例に注目した．

むろん，紙幅の問題もあり，これらのテーマ群のすべての論点を網羅できたとは言えない．しかしながら，ELSI/RRIに関わる議論に触れる最初のステップとして見ていただくに足る書籍になったのではないかと思う．執筆に協力をいただいた先生方に，最大限の感謝をする次第である．

なお，本書は，下記の書籍とも関連が深いものとなっている．本書を通じてELSI/RRIに興味をもっていただいた読者におかれては，併せて手に取っていただければと思う．前者は，大学の学部1～2年生向けを想定しており，後者はより専門的な過程の学習者あるいは理工系の大学院生・研究者に向けた内容となっており，科学技術政策などのコンテンツも豊富である．

標葉隆馬・見上公一編『入門 科学技術と社会』ナカニシヤ出版，2024年
標葉隆馬『責任ある科学技術ガバナンス概論』ナカニシヤ出版，2020年

本書は，丸善出版の小畑敦嗣さんの尽力なくしてなしえなかったものである．小畑さんから，編者の一人である標葉に連絡をいただいたことが本書のスタートであった．少しずつ遅れていくスケジュールの中で，やさしく見守っていただくとともに叱咤激励をいただき，また編者が感じる課題に見事な手際で対応いただいた．記して，感謝を申し上げる．

小畑さんから，本書作成のお声がけをいただいたきっかけは，大阪大学社会技術共創研究センター（通称ELSIセンター）のELSIノートをご覧になったことだった（https://elsi.osaka-u.ac.jp/research/research_category/elsi_note）．ELSIノートは，オープンでみられるワーキングペーパー的なものが

蓄積することが，中長期的にみて，さまざまな協働プロジェクトや知見を生むと予見し，標葉が大阪大学に移籍する際に，媒体の創出を依頼したものであった．それが今，このような著作，あるいは協働研究プロジェクトにつながっている．現在，日本においても各大学にELSIセンターやELSI関連研究会が立ちつつあるが，今後このような取り組みと波及的な成果の創出，そしてそのオープン化は進んでいくことが期待される．それは日本におけるELSI/RRIの議論の充実と成熟を意味し，また私もそれを期待している．

最後に，本書では，カテライ アメリア博士，鹿野祐介博士，お二人との共同編集となっている．さまざまな場面において，お二人の学識と経験が活かされた内容となっている．私一人では，到底本書を創り上げることはできなかったことを記しておきたい．

2025年1月

編者を代表して　標 葉 隆 馬

【引用参照文献】

第 1 章

石田柊・標葉隆馬「「脳神経関連権」再考：先端的脳神経科学の ELSI をいかに論じるべきか」『科学技術社会論研究』(22)，2024 年：82-100

エンゲルハート，H.T.・ヨナス，H. ほか著，加藤尚武・飯田亘之編『バイオエシックスの基礎：欧米の「生命倫理」論』東海大学出版会，1988 年

神里彩子・武藤香織編『医学・生命科学の研究倫理ハンドブック』東京大学出版会，2015 年

小林傳司『誰が科学技術について考えるのか：コンセンサス会議という実験』名古屋大学出版会，2004 年

小林傳司『トランス・サイエンスの時代：科学技術と社会をつなぐ』NTT 出版，2007 年

標葉隆馬『責任ある科学技術ガバナンス概論』ナカニシヤ出版，2020 年

標葉隆馬「特集に寄せて：知識生産をめぐる倫理的・法的・社会的課題（ELSI）と責任ある研究・イノベーション（RRI）の現在と未来」『研究 技術 計画』37(3)，2022 年：246-251

標葉隆馬・田中幹人・吉澤剛・小長谷明彦「分子ロボティクス研究の現状と ELSI に関する検討：今後のテクノロジーアセスメントに向けて」ELSI Note, 1，2020 年：1-28

白田茜「食品安全政策に関する社会的意思決定への市民参加の意義」『科学技術コミュニケーション』5，2009 年：41-52

城山英明「第 2 章 科学技術ガバナンスの機能と組織」城山英明編『科学技術ガバナンス』東信堂，2007 年：39-72

城山英明『科学技術と政治』ミネルヴァ書房，2018 年

トヌリスト，P.・ハンソン，A. 著，OECD 編『先見的ガバナンスの政策学：未来洞察による公共政策イノベーション』白川展之訳，明石書店，2023 年

見上公一「「参加のテクノロジー」としての ELSI：ELSI 概念の文脈依存性に関する考察」『慶應義塾大学日吉紀要・社会科学』31，2020 年：1-25

三上直之・高橋祐一郎「萌芽的科学技術に向きあう市民：「ナノトライ」の試み」立川雅司，三上直之編著『萌芽的科学技術と市民：フードナノテクからの問い』日本経済評論社，2013 年：73-107

森下翔・河村賢・標葉隆馬・小長谷明彦・小宮健「「分子ロボットをめぐる市民対話」に基づく「ELSI 論点モデル」の構築」ELSI Note, 17，2022 年：1-59

分子ロボティクス研究会著，村田智編『分子ロボティクス概論：分子のデザインでシステムをつくる』CBI 学会出版，2019 年

Balmer, A. & Martin, P. *Synthetic Biology: Social and Ethical Challenges*, 2008, https://research.manchester.ac.uk/files/28770312/FULL-TEXT.PDF（アクセス日 2025 年 3 月 9 日）

Balmer, A.S., Calvert, J., Marris, C., Molyneux-Hodgson, S., Frow, E., Kearnes, M., Bulpin, K., Schyfter, P., MacKenzie, A. & Martin, p. "Taking Roles in Interdisciplinary Collaborations: Reflections on Working in Post-ELSI Spaces in the UK Synthetic Biology Community." *Science & Technology Studies*, 28(3), 2015: 3-25

Balmer, A.S., Calvert, J., Marris, C., Molyneux-Hodgson, S., Frow, E., Kearnes, M., Bulpin, K., Schyfter, P., MacKenzie, A. & Martin, p. "Five Rules of Thumb for Post-ELSI Interdisciplinary Collaborations." *Journal of Responsible Innovation*, 3(1), 2016: 73-80

Barben, D., Fisher, E., Selin, C. & Guston, D.H. "Anticipatory Governance of Nanotechnology: Foresight, Engagement, and Integration." In Hackett, E.J., Amsterdamska, O., Lynch, M. & Wajcman, J.（eds.）*The Handbook of Science and Technology Studies*, The MIT Press, 2008: 979–1000

BBSRC, EPSRC *Synthetic Biology Dialogue*, 2010, https://www.ukri.org/wp-content/uploads/2010/02/BBSRC-040610-1006-synthetic-biology-dialogue-final-report.pdf（アクセス日 2025 年 3 月 19 日）

EU Commission. *Current RRI in Nano Landscape Report*, 2016, http://www.nano2all.eu/wp-content/uploads/files/D2.1%20Current%20RRI%20in%20Nano%20Landscape%20Report.pdf（アクセス日 2024 年 2 月 29 日）

Komiya, K., Shineha, R. & Kawahara, N. "Practice of Responsible Research and Innovation in the Formulation and Revision of Ethical Principles of Molecular Robotics in Japan." *SN Applied Science*, 4, 2022: 305

Marris, C., Jefferson, C. & Lentzos, F. "Negotiating the Dynamics of Uncomfortable Knowledge: The Case of Dual Use and Synthetic Biology." *BioSocieties*, 9(4), 2014: 393–420

Marris, C. & Calvert, J. "Science and Technology Studies in Policy: The UK Synthetic Biology Roadmap." *Science, Technology & Human Values*, 45(1), 2020: 34–61

Schroeder, D., Dalton-Brown, S., Schrempf, B. & Kaplan, D. "Responsible, Inclusive Innovation and the Nano-Divide." *Nanoethics*, 10(2), 2016: 177–188

Stilgoe, J., Owen, R. & Macnaghten, P. "Developing a Framework for Responsible Innovation." *Research Policy*, 42(9), 2013: 1568–1580

Stilgoe, J. & Guston, D.H. "Responsible Research and Innovation." In Felt, U., Rayvon, F., Miller, C.A. & Smith-Doerr, L.（eds.）*The Handbook of Science and Technology Studies Fourth Edition*, The MIT Press, 2016: 853–880

第 2 章

環境省（n.d.）モントリオール議定書．https://www.env.go.jp/earth/ozone/montreal_protocol.html（アクセス日 2024 年 9 月 30 日）

茅野恒秀「トランジション・マネジメントと環境制御システム」環境社会学会編『環境社会学事典』丸善出版，2023 年：446–447

寺田良一「環境運動の市場化」環境社会学会編『環境社会学事典』丸善出版，2023 年：236–237

戸田清「ソーシャル・エコロジー」環境社会学会編『環境社会学事典』丸善出版，2023 年：210–211

浜本篤史「脱開発・脱成長論」環境社会学会編『環境社会学事典』丸善出版，2023 年：566–567

見上公一「気候工学」標葉隆馬・見上公一編『入門科学技術と社会』ナカニシヤ出版，2024 年：209–216

Andreesen, M. Why AI Will Save the World, 2023, https://a16z.com/ai-will-save-the-world/（アクセス日 2024 年 9 月 30 日）

Bender, E.M., Gebru, T., McMillan-Major, A. & Shmitchell, S. "On the Dangers of Stochastic Parrots: Can Language Models Be Too Big?." *Proceedings of the 2021 ACM Conference on Fairness, Accountability, and Transparency*, 2021: 610–623

Benjamin, R. *People's Science: Bodies and Rights on the Stem Cell Frontier*, Stanford University Press, 2013

Benjamin, R. *Race After Technology*, Polity Press, 2019

Braun, M. & Müller, R. "Missed Opportunities for AI Governance: Lessons from ELS Programs in Genomics, Nanotechnology, and RRI." *AI & SOCIETY*, 2024: 1–14

Braun, R. "Radical Reflexivity, Experimental Ontology and RRI." *Journal of Responsible Innovation*, 11(1), 2024: 1–25

Carolan, M. *Society and the Environment: Pragmatic Solutions to Ecological Issues*. Routledge, 2020

Carrington, D. "Earth 'well outside safe operating space for humanity', scientists find." *The Guardian*, 13 September, 2023

Crawford, K. *Atlas of AI: Power, Politics, and the Planetary Costs of Artificial Intelligence*, Yale University Press, 2021

Fuller, R., Landrigan, P.J., Balakrishnan, K., et al. "Pollution and Health: A Progress Update." *The Lancet Planetary Health*, 6(6), 2022: 535–547

Gayle, D. "Earth May Have Breached Seven of Nine Planetary Boundaries, Health Check Shows." *The Guardian*, 23 September, 2024

Hagendorff, T., Bossert, L.N., Tse, Y.F. & Singer, P. "Speciesist Bias in AI: How AI Applications Perpetuate Discrimination and Unfair Outcomes Against Animals." *AI and Ethics*, 3(3), 2023: 717–734

Hallmann, C.A., Sorg, M., Jongejans, E., et al. "More than 75 Percent Decline Over 27 Years in Total Flying Insect Biomass in Protected Areas." *PloS one*, 12(10). Public Library of Science San Francisco, CA USA, 2017: e0185809

Hickel, J. *Less Is More: How Degrowth Will Save the World*. Windmill Books, 2021

Intergovernmental Panel on Climate Change *Global Warming of 1.5* ℃, 2018, https://www.ipcc.ch/sr15/（アクセス日 2024 年 9 月 30 日）

Intergovernmental Panel on Climate Change "Urgent Climate Action can Secure a Liveable Future for All." 2023, https://www.ipcc.ch/2023/03/20/press-release-ar6-synthesis-report/（アクセス日 2024 年 9 月 30 日）

Jasanoff, S. & Kim, S.H. "Containing the Atom: Sociotechnical Imaginaries and Nuclear Power in the United States and South Korea." *Minerva*, 2009: 119–146

Joyce, K., Smith-Doerr, L., Alegria, S., Bell, S., Cruz, T., Hoffman, S.G., Noble, S.U. & Shestakofsky, B. "Toward a Sociology of Artificial Intelligence: A Call for Research on Inequalities and Structural Change." *Socius: Sociological Research for a Dynamic World*, 7, 2021: 237802312199958

Kara, S. *Cobalt Red: How the Blood of the Congo Powers Our Lives*. St. Martin's Press, 2023

Katirai, A. "The Environmental Costs of Artificial Intelligence for Healthcare." *Asian Bioethics Review*, 16(3), 2024: 527–538

Lenton, T.M., Armstrong McKay, D.I., Loriani, S., et al. (eds.) *Global Tipping Points – Report 2023*. 6 December, 2023, https://report-2023.global-tipping-points.org（アクセス日 2024 年 9 月 30 日）

Levin, K., Cashore, B., Bernstein, S. & Auld, G. "Overcoming the Tragedy of Super Wicked Problems: Constraining Our Future Selves to Ameliorate Global Climate Change." *Policy Sciences*, 45(2), 2012: 123–152

Li, P., Yang, J., Islam, M.A. & Ren, S. "Making AI Less "Thirsty": Uncovering and Addressing the Secret Water Footprint of AI Models." *arXiv preprint arXiv*, 2023: 2304.03271

Lönngren, J. & van Poeck, K. "Wicked Problems: A Mapping Review of the Literature." *International Journal of Sustainable Development & World Ecology*, 28(6), 2021: 481–502
McKibben, B. *Falter: Has the Human Game Begun to Play Itself Out?*, Black Inc., 2019
Milman, O. *The Insect Crisis: The Fall of the Tiny Empires That Run the World*, WW Norton & Company, 2022
Milne, G. *Smoke & Mirrors: How Hype Obscures the Future and How to See Past It*, Robinson, Little, Brown Book Group, 2022
Monbiot, G. & Hutchison, P. *Invisible Doctrine: The Secret History of Neoliberalism*, Penguin, 2024
Myers, J.S. "Theories in Environmental Sociology." In Gould, K.A. & Lewis, T.L. (eds.) *Twenty Lessons in Environmental Sociology*, Oxford University Press, 2021
Niranjan, A. "Earth On Verge of Five Catastrophic Climate Tipping Points, Scientists Warn." *The Guardian*, 6 December, 2023
Owe, A. & Baum, S.D. "Moral Consideration of Nonhumans in the Ethics of Artificial Intelligence." *AI and Ethics*, 1(4), 2021: 517–528
Parvez, S.M., Jahan, F., Brune, M.-N., et al. "Health Consequences of Exposure to E-waste: An Updated Systematic Review," *The Lancet Planetary Health*, 5(12). Elsevier, 2021: e905–e920
Richardson, K., Steffen, W., Lucht, W., et al. Earth Beyond Six of Nine Planetary Boundaries. *Science Advances*, 9(37), 2023
Rillig, M.C., Ågerstrand, M., Bi, M., Gould, K.A. & Sauerland, U. "Risks and Benefits of Large Language Models for the Environment." *Environmental Science & Technology*, 57(9), 2023: 3464–3466
Rockström, J., Gupta, J., Qin, D., et al. "Safe and Just Earth System Boundaries," *Nature*, 619 (7968), 2023
Rockström, J., Kotzé, L., Milutinović, S., et al. "The Planetary Commons: A New Paradigm for Safeguarding Earth-Regulating Systems in the Anthropocene." *Proceedings of the National Academy of Sciences*, 121(5), 2024
Ryan, M., Antoniou, J., Brooks, L., Jiya, T., Macnish, K. & Stahl, B. "Research and Practice of AI Ethics: A Case Study Approach Juxtaposing Academic Discourse with Organisational Reality." *Science and Engineering Ethics*, 27(2), 2021: 16
Sloane, M., Moss, E., Awomolo, O. & Forlano, L. "Participation is not a Design Fix for Machine Learning," *arxiv*, 2020: 7
van Wynsberghe, A. "Sustainable AI: AI for Sustainability and the Sustainability of AI," *AI and Ethics*, 1(3), 2021
von Schuckmann, K., Minière, A., Gues, F., et al. "Heat Stored in the Earth System 1960–2020: Where Does the Energy Go?" *Earth System Science Data*, 15(4), Copernicus GmbH, 2023
Zwart, H., Landeweerd, L. & van Rooij, A. "Adapt or Perish? Assessing the Recent Shift in the European Research Funding Arena from 'ELSA' to 'RRI'," *Life Sciences, Society and Policy*, 10(1), 2014: 11

第3章

石田柊「脳神経科学」標葉隆馬・見上公一編『入門 科学技術と社会』ナカニシヤ出版,

2024 年：200-208
石田柊・標葉隆馬「「脳神経関連権」再考：先端的脳神経科学の ELSI をいかに論じるべきか」『科学技術社会論研究』22，2024 年：82-100
河野銀子・小川眞里子編著『女性研究者支援政策の国際比較：日本の現状と課題』明石書店，2021 年
金凡性『明治・大正の日本の地震学：「ローカル・サイエンス」を超えて』東京大学出版会，2007 年
小檜山智之「生物多様性の保全及びその持続可能な利用：名古屋議定書及び名古屋・クアラルンプール補足議定書」『立法と調査』387，2017 年：3-11
コリンズ，P.H.・ビルゲ，S.『インターセクショナリティ』下地ローレンス吉孝監訳，小原理乃訳，人文書院，2021 年（Collins, P.H. & Bilge, S. *Intersectionality, Second Edition*. Policy Press, 2020）
標葉隆馬『責任ある科学技術ガバナンス概論』ナカニシヤ出版，2020 年
標葉隆馬「新型コロナウィルス感染症（COVID-19）をめぐる倫理的・法的・社会的課題（ELSI）の視点」『研究 技術 計画』36(2)，2021 年：140-154
朱喜哲『〈公正〉を乗りこなす：正義の反対は別の正義か』太郎次郎社エディタス，2023 年
セン，A.『不平等の再検討：潜在能力と自由』池本幸生・野上裕生・佐藤仁訳，岩波書店，1999 年（Sen, A. *Inequality Reexamined*, Oxford University Press, 1992）
ハーディング，S.『科学と社会的不平等：フェミニズム，ポストコロニアリズムからの科学批判』森永康子訳，北大路書房，2009 年（Harding, S. *Science and Social Inequality: Feminist and Postcolonial Issues*, University of Illinoi Press, 2006）
横山広美『なぜ理系に女性が少ないのか』幻冬舎新書，2022 年
ロールズ，J.『正義論 改訂版』川本隆史・福間聡・神島裕子訳，紀伊國屋書店，2010 年（Rawls, J. *The Theory of Justice, Revised Edition*. Harvard University Press, 1999）
Bayati, M., Noroozi, R., Ghanbari-Jahromi, M. & Jalali, F.S. “Inequality in the Distribution of Covid-19 Vaccine: A Systematic Review.” *International Journal for Equity in Health*, 21 (1), 2022: 122
Council of Europe *Common Human Rights Challenges Raised by Different Applications of Neurotechnologies in the Biomedical Fields*, 2021, https://rm.coe.int/report-final-en/1680a429f3（アクセス日 2025 年 3 月 9 日）
Echeverría-King, L.F., Camacho Toro, R., Figueroa, P., Galvis, L.A., González, A., Suárez, V.R., Torres-Atencio, I. & Widmaier Müller, C.N. “Organized Scientific Diaspora and Its Contributions to Science Diplomacy in Emerging Economies: The Case of Latin America and the Caribbean.” *Frontiers in Research Metrics and Analytics*, 7, 2022: 893593
Harding, S. *Science from Below: Feminism, Postcolonialities, and Modernities*. Duke University Press, 2008
Ishida, S., Nishitsutsumi, Y., Kashioka, H., Taguchi, T. & Shineha, R. “A Comparative Review on Neuroethical Issues in Neuroscientific and Neuroethical Journals.” *Frontiers in Neuroscience*, 17, 2023: 1160611
ISSCR. *ISSCR Guidelines for Stem Cell Research and Clinical Translation*, 2020, https://www.isscr.org/s/isscr-guidelines-for-stem-cell-research-and-clinical-translation-2021.pdf（アクセス日 2025 年 3 月 9 日）（日本語訳：日本再生医療学会 国際幹細胞学会幹細胞

研究・臨床応用に関するガイドライン，2021 年）
Marks, R.A. Amézquita, E.J., Percival, S., Rougon-Cardoso, A., Chibici-Revneanu, C., Tebele, S.M., Farrant, J.M., Chitwood, D.H. & VarBuren, R. “A Critical Analysis of Plant Science Literature Reveals Ongoing Inequalities.” *PNAS*, 120(10), 2023: e2217564120
Merton, R.K. “The Matthew Effect in Science: The Reward and Communication Systems of Science are Considered.” *Science*, 159（3810), 1968: 56–63
OECD: Recommendation of the Council on Responsible Innovation in Neurotechnology, 2019. https://legalinstruments.oecd.org/en/instruments/OECD-LEGAL-0457（アクセス日 2024 年 1 月 31 日）
Presidential Commission for the Study of Bioethical Issues: Gray Matters, volume 1: Integrative Approaches for Neuroscience, Ethics, and Society, 2014 https://bioethicsarchive.georgetown.edu/pcsbi/node/3543.html（アクセス日 2024 年 1 月 31 日）
Presidential Commission for the Study of Bioethical Issues: Gray Matters, volume 2: Topics at the Intersection of Neuroscience, Ethics, and Society. 2015 https://bioethicsarchive.georgetown.edu/pcsbi/node/4704.html（アクセス日 2024 年 1 月 31 日）
Séguin, B., Singer, P.A., & Daar, A.S. “Science Diasporas.” *Science*, 312（5780), 2006: 1602–1603

第 4 章

五十嵐太郎『誰のための排除アート？：不寛容と自己責任論』岩波書店，2022 年
伊地知寛博「科学技術・イノベーションの推進に資する研究開発に関するデータのより良い活用に向けて：OECD『*Frascati Manual 2015*（フラスカティ・マニュアル 2015)』の概要と示唆（後編)」『STI Horizon』2(4)，2016 年：42–47
遠藤真弘「欧州における議会向け科学技術調査：EPTA の活動を中心に」『調査と情報』975，2017 年：1–10
欧州科学財団 , 全欧州アカデミー連合「公正な研究のための欧州行動規範」原塑訳，『科学技術社会論研究』14，2017：175–191
「科学と科学的知識の利用に関する世界宣言（ブダペスト宣言)：世界科学会議 1999 年 7 月 1 日採択」『学術の動向』24(1)，2019 年：1_62–1_67
神里達博「ELSI の誕生：その前史と展開」『IEICE Fundamentals Review』15(4)，2021 年：318–332
金光秀和『技術の倫理への問い：実践から理論的基盤へ』勁草書房，2023 年
鬼頭葉子『技術の倫理：技術を通して社会がみえる』ナカニシヤ出版，2018 年
小林傳司『トランス・サイエンスの時代：科学技術と社会をつなぐ』NTT 出版，2007 年
標葉隆馬『責任ある科学技術ガバナンス概論』ナカニシヤ出版，2020 年
城山英明編『科学技術ガバナンス』東信堂，2007 年
田代志門『研究倫理とは何か：臨床医学研究と生命倫理』勁草書房，2011 年
田代志門「日本における倫理審査委員会制度改革の動向：研究倫理指針から臨床研究法へ」『医療と社会』28(1)，2018 年：79–91
直江清隆「第 3 章 技術の哲学と倫理：技術文化と公共性」新田孝彦・蔵田伸雄・石原孝二編『科学技術倫理を学ぶ人のために』世界思想社，2005 年：149–173
直江清隆・盛永審一郎編『理系のための科学技術者倫理：JABEE 基準対応』丸善出版，2015 年
日本学術会議「声明 科学者の行動規範 改訂版」2013 年

日本技術士会「技術士倫理綱領」(IPEJ 02-01-2023) 2023 年
野家啓一「科学者の社会的責任」加藤尚武編集代表『応用倫理学事典』丸善出版，2008 年：334-335
藤垣裕子『科学者の社会的責任』岩波書店，2018 年
札野順「科学技術倫理の諸相とトランス・ディシプリナリティ」『科学技術社会論研究』1，2002 年：204-209
三上直之「デンマーク技術委員会 (DBT) の「廃止」とその背景」『科学技術コミュニケーション』11，2012 年：74-82
村田純一『技術の倫理学』丸善出版，2006 年
文部科学省・厚生労働省・経済産業省「人を対象とする生命科学・医学系研究に関する倫理指針」令和 3 年 3 月 23 日（令和 4 年 3 月 10 日一部改正）（令和 5 年 3 月 27 日一部改正），2021 年
文部科学省・厚生労働省・経済産業省「人を対象とする生命科学・医学系研究に関する倫理指針ガイダンス」令和 3 年 4 月 16 日（令和 4 年 6 月 6 日一部改訂）（令和 5 年 4 月 17 日一部改訂）（令和 6 年 4 月 1 日一部改訂），2021 年
山崎茂明『発表倫理：公正な社会の礎として』樹村房，2021 年
吉澤剛「日本におけるテクノロジーアセスメント：概念と歴史の再構築」『社会技術研究論文集』6，2009：42-57
若松征男『科学技術政策に市民の声をどう届けるか：コンセンサス会議，シナリオ・ワークショップ，ディープ・ダイアローグ』東京電機大学出版局，2010 年
渡邉卓也・森拓也・小杉眞司「非医学系研究の倫理審査の枠組み：倫理審査の質の向上に資する枠組みの検討」『対人援助学研究』13，2022 年：1-8
ALLEA, *The European Code of Conduct for Research Integrity Revised Edition*, 2023
Jonsen, A.R. *The Birth of Bioethics*, Oxford University Press, 2003（ジョンセン，A.R.『生命倫理学の誕生』細見博志訳，勁草書房，2009 年）
Kathi, E. “The Ethical, Legal, and Social Implications Program of the National Center for Human Genome Research: A Missed Opportunity?” In Bulger, R.E., Bobby, E.M. & Fineberg, H.V. (eds.), *Society's Choices: Social and Ethical Decision Making in Biomedicine*. National Academy Press, 1995: 432-457
Kranakis, E. “Technology Assessment and the Study of History.” *Science, Technology, & Human Values*, 13 (3-4), 1988: 290-307
Mehra, A. “Politics of Participation: Walter Reed's Yellow-Fever Experiments.” *Virtual Mentor*, 11(4), 2009: 326-330
National Academy of Sciences, National Academy of Engineering & Institute of Medicine *On Being a Scientist: A Guide to Responsible Conduct in Research, Third Edition*. The National Academies Press, 2009（米国科学アカデミー編『科学者をめざす君たちへ：研究者の責任ある行動とは　第 3 版』池内了訳，化学同人，2010 年）
The National Commission for the Protection of Human Subjects of Biomedical and Behavioral Research (NCPHS) “The Belmont Report: Ethical Principles and Guidelines for the Protection of Human Subjects of Research.” 1979（「ベルモント・レポート：研究における被験者保護のための倫理原則とガイドライン」津谷喜一郎・光石忠敬・栗原千絵子訳『臨床評価』28(3) 2001 年：559-568）
National Society of Professional Engineers. *NSPE Code of Ethics for Engineers*, 2019
OECD “Frascati Manual 2015: Guidelines for Collecting and Reporting Data on Research

and Experimental Development, The Measurement of Scientific, Technological and Innovation Activities." OECD Publishing, Paris, 2015

Owen, R., Macnaghten, P. & Stilgoe, J. "Responsible Research and Innovation: From Science in Society to Science for Society, with Society." *Science and Public Policy*, 39(6), 2012: 751-760

Owen, R., Pansera, M., Macnaghten, P. & Randles, S. "Organisational Institutionalisation of Responsible Innovation." *Research Policy*, 50(1), 2021

Steneck, N.H. *ORI Introduction to the Responsible Conduct of Research Revised Edition*, 2007（ステネック，N.H.『ORI 研究倫理入門』山崎茂明訳，丸善，2005 年）

Stilgoe, J., Owen, R. & Macnaghten, P. "Developing a Framework for Responsible Innovation," *Research Policy*, 42(9), 2013: 1568-1580

U.S. Government Printing Office "The Nuremberg Code "Trials of War Criminals before the Nuremberg Military Tribunals under Control Council Law No. 10"." 2, 1949: 181-182.

Whitbeck, C. *Ethics in engineering practice and research*. Cambridge University Press, 1998（ウィットベック，C.『技術倫理 1』札野順・飯野弘之訳 , みすず書房，2000 年）

The World Economic Forum（WEF）*Ethics by Design: An Organizational Approach to Responsible Use of Technology*, 2020.

World Medical Association（WMA）*Declaration of Helsinki: Medical Research Involving Human Subjects*，1964

第 5 章

井上眞梨・肥後楽・鹿野祐介・鈴木径一郎・小林茉莉子「Go Bold な研究開発を支える倫理審査のための申請書導入：mercari R4D における取り組み」『ELSI NOTE』40, 2024 年：1-40

小野田敬『オープンイノベーションとアカデミア』白桃書房，2024 年

カテライ，A.・井出和希・岸本充生「生成 AI（Generative AI）の倫理的・法的・社会的課題（ELSI）論点の概観：2023 年 3 月版」『ELSI NOTE』26，2023 年：1-37

工藤郁子・北川梨津・林岳彦・牧野百恵・岸本充生「人事データ分析を利用した男女間賃金格差是正の取組み：株式会社メルカリにおけるケーススタディ」『ELSI NOTE』36，2024 年：1-25

研究開発戦略センター（CRDS）「科学技術イノベーション政策における社会との関係深化に向けて　我が国における ELSI/RRI の構築と定着」2019 年．https://www.jst.go.jp/crds/report/CRDS-FY2019-RR-04.html（アクセス日 2025 年 3 月 9 日）

研究開発戦略センター（CRDS）「ELSI から RRI への展開から考える科学技術・イノベーションの変革　政策・ファンディング・研究開発の横断的取り組みの強化に向けて」2022 年．https://www.jst.go.jp/crds/report/CRDS-FY2021-RR-07.html（アクセス日 2025 年 3 月 9 日）

朱喜哲・工藤郁子・岸本充生・八木絵香「Discussion: ELSI というビッグウェーブ，乗りこなせるか？のみ込まれるか？」『ELSI VOICE』4，2023 年：14-25

内閣府「参考資料 3　政策討議「産学連携」内閣府提出資料」平成 29 年第 5 回科学技術イノベーション政策推進専門調査会，2017 年 https://www8.cao.go.jp/cstp/tyousakai/innovation/h29/5kai/haihu_5.html（アクセス日 2025 年 3 月 9 日）

中村征樹「科学技術基本法改正と人文・社会科学」『学術の動向』26(5)，2021 年：36-41

藤本翔一・鹿野祐介・岸本充生「「研究」倫理指針から「研究開発」倫理指針へ：企業の

研究開発プロセスへ ELSI 対応を統合する試み」『ELSI NOTE』12，2021 年：1-36
文部科学省「組織対組織による産学連携の強化に資するクロスアポイントメントの実施・促進に係る調査について 調査報告書」2019　https://www.mext.go.jp/content/1404593_001.pdf（アクセス日：2025 年 3 月 9 日）
Jarmai, K., Tharani, A. & Nwafor, C. "Responsible Innovation in Business." In Jarmai, K.（ed.）*Responsible Innovation: Business Opportunities and Strategies for Implementation*, Springer, 2020: 7-17
Katirai, A. & Nagato, Y. "Addressing Trade-offs in Co-designing Principles for Ethical AI: Perspectives from an Industry-academia Collaboration." *AI and Ethics*, 2024
Rybnicek, R. & Königsgruber, R. "What Makes Industry-university Collaboration Succeed? A Systematic Review of the Literature." *Journal of Business Economics*, 89, 2019: 221-250
van de Poel, I., Asveld, L., Flipse, S., Klaassen, P., Kwee, Z., Maia, M., Mantovani, E., Nathan, C., Porcari, A. & Yaghmaei, E. "Learning to do Responsible Innovation in Industry: Six Lessons." *Journal of Responsible Innovation*, 7(3), 2020: 697-707

第 6 章

生貝直人『情報社会と共同規制：インターネット政策の国際比較制度研究』勁草書房，2011 年
伊勢田哲治「第 1 章 広い往復均衡と多元主義的基礎づけ主義」『倫理学的に考える：倫理学の可能性をさぐる十の論考』勁草書房，2012 年：3-32
ガブリエル，M.『倫理資本主義の時代』斎藤幸平監修，土方奈美訳，ハヤカワ新書，2024 年
児玉聡『実践・倫理学：現代の問題を考えるために』勁草書房，2020 年
小林知恵「ELSI の文脈依存性と倫理学」『モラリア』30，2023 年：19-32
寺田麻佑『先端技術と規制の公法学』勁草書房，2020 年
ビーチャム，T.L.・ボウイ，N.E.『企業倫理学 3 雇用と差別／競争と情報』中村瑞穂監訳，晃洋書房，2003 年
保井啓志「中東で最もゲイ・フレンドリーな街：イスラエルの性的少数者に関する広報宣伝の言説分析」『日本中東学会年報』34(2)，2018 年：35-70
吉永京子「EU の AI 法と新興技術規制への視点」『三田評論』八・九月号，1291，2024 年：39-46
Balkin, J.M. "2016 Sidley Austin Distinguished Lecture on Big Data Law and Policy: The Three Laws of Robotics in the Age of Big Data." *Ohio Start Law Journal*, 78, 2017: 1217-1242
Bietti, E. "From Ethics Washing to Ethics Bashing: A View on Tech Ethics from within Moral Philosophy." *Proceedings of the 2020 Conference on Fairness, Accountability, and Transparency*, FAT* '20, Association for Computing Machinery, 2020
Cath, C., Wachter, S., Mittelstadt, B., Taddeo, M. & Floridi, L. "Artificial Intelligence and the 'Good Society': The US, EU, and UK Approach." *Science and Engineering Ethics*, 24(2), 2018: 505-528
Chomanski, B. "The Missing Ingredient in the Case for Regulating Big Tech." *Minds and Machines*, 31(2), 2021: 257-275
Chomanski, B. "Pauses, Parrots, and Poor Arguments: Real-world Constraints Undermine

Recent Calls for AI Regulation." *AI & Society*, 39, 2024: 2585–2587

Citron, D.K. & Pasquale, F. "The Scored Society: Due Process for Automated Predictions." *Washington Law Raview*, 89, 2014: 1–34

Dignam, A. "Artificial Intelligence, Tech Corporate Governance and the Public Interest Regulatory Response." *Cambridge Journal of Regions, Economy and Society*, 13(1), 2020: 37–54

Doyle, J. "Applause For Du Pont? An Environmental Critique," *PopHistoryDig.com*, 2023 June 7, https://pophistorydig.com/topics/tag/du-pont-tv-advertising/（アクセス日 2024 年 10 月 18 日）

European Commission *Ethics guidelines for trustworthy AI*, 2019, https://digital-strategy.ec.europa.eu/en/library/ethics-guidelines-trustworthy-ai（アクセス日 2024 年 10 月 18 日）

Green, B. "The Contestation of Tech Ethics: A Sociotechnical Approach to Technology Ethics in Practice." *Journal of Social Computing*, 2(3), 2021: 209–225

Hagendorff, T. "The Ethics of AI Ethics: An Evaluation of Guidelines." *Minds and Machines*, 30(1), 2020: 99–120

Metzinger, T. "Ethics Washing Made in Europe." *Der Tagesspiegel*, 2019, August 4, https://www.tagesspiegel.de/politik/eu-guidelines-ethics-washing-made-in-europe/24195496.html（アクセス日 2024 年 10 月 18 日）

Munn, L. "The Uselessness of AI Ethics." *AI and Ethics*, 3, 2023: 869–877

Nemitz, P. "Constitutional Democracy and Technology in the Age of Artificial Intelligence." *Philosophical Transactions of the Royal Society A: Mathematical, Physical and Engineering Sciences*, 376, 2018

Ochigame, R. "The Invention of "Ethical AI": How Big Tech Manipulates Academia to Avoid Regulation." *The Intercept.* (Reprinted in 2022). *Economies of Virtue: The Circulation of "Ethics" in AI*, Institute of Network Cultures, 2019

OECD *OECD Science, Technology and Innovation Outlook* 2023: *Enabling Transitions in Times of Disruption*, 2023, https://www.oecd.org/sti/oecd-science-technology-andinnovation-outlook-25186167.html（アクセス日 2024 年 10 月 18 日）

Pink, S. "Extractivist Ethics." In Phan, T., Goldfein, J., Kuch, D. & Mann, M. (eds.) *Economies of Virtue: The Circulation of "Ethics" in AI*, Institute of Network Cultures, 2022 40–49

Seltzer, D., Zoloth, L., Traina, C. LH. & Kiesling, L. "Paved With Good Intentions: Rethinking the Ethics of ELSI Research." *Journal of Research Administration*, 42(2), 2011: 15–24

Juengst, E.T. "Self-Critical Federal Science? The Ethics Experiment within the U.S. Human Genome Project." *Social Philosophy and Policy*, 13(2), 1996: 63–95

Vică, C., Voinea, C. & Uszkai, R. "The Emperor is Naked: Moral Diplomacies and the Ethics of AI." *Információs Társadalom*, XXI(2), 2021: 83–96

Yeung, K., Howes, A. & Pogrebna, G. "AI Governance by Human Rights-Centered Design, Deliberation, and Oversight: An End to Ethics Washing." In Dubber, M.D., Pasquale, F. & Das, S. (eds.), *The Oxford Handbook of Ethics of AI*, 2020: 77–106

第 7 章

片岡雅知・河村賢「デュアルユース研究の何が問題なのか：期待価値アプローチを作動さ

せる」『年報科学・技術・社会』30，2021 年：35-66

片岡雅知・小林知恵・鹿野祐介・河村賢「デュアルユース研究の倫理学：費用便益分析を超えて」『ELSI NOTE』19，2022 年：1-43

川本思心「デュアルユース研究と RRI：現代日本における概念整理の試み」『科学技術社会論研究』14，2017 年：134-157

梶田隆章「「研究インテグリティ」に関する報告」（2022 年 8 月 10 日），https://www.scj.go.jp/ja/member/iinkai/sokai/siryo185-4.pdf（アクセス日 2025 年 3 月 10 日）

神崎宣次「第 9 章　デュアルユースは倫理的ジレンマの問題か：研究の自由と制限」出口康夫・大庭弘継編『軍事研究を哲学する：科学技術とデュアルユース』昭和堂，2022 年：231-251

小林信一「CIA In-Q-Tel モデルとは何か：IT 時代の両用技術開発とイノベーション政策」『レファレンス』67(2)，2017 年：25-42

小林知恵「デュアルユース」標葉隆馬・見上公一編『入門　科学技術と社会』ナカニシヤ出版，2024 年：92-103

四ノ宮成祥・河原直人編著『生命科学とバイオセキュリティ：デュアルユース・ジレンマとその対応』東信堂，2013 年

出口康夫・大庭弘継編『軍事研究を哲学する：科学技術とデュアルユース』昭和堂，2022 年

夏目賢一「デュアルユース技術研究の大学への期待と外交問題：日本の防衛技術外交と科学技術外交を通じた政策導入」『科学技術社会論研究』16，2018 年：191-209

吉永大祐「デュアルユース政策の誕生と展開：米国の事例を中心に」国立国会図書館調査及び立法考査局編『冷戦後の科学技術政策の変容：科学技術に関する調査プロジェクト報告書』国立国会図書館，2017 年：79-98

Aicardi, C., Bitsch, L., Bang Badum, N., et al. “Opinion on ’Responsible Dual Use’ Political, Security, Intelligence and Military Research of Concern in Neuroscience and Neurotechnology.” *Human Brain Project*, 2018

Bezuidenhout, L. “Considering Contextuality in Dual-Use Discussions: Is There a Problem?” In Rappert, B. & Selgelid, M.J.（eds.）*On the Dual Uses of Science and Ethics: Principles, Practices, and Prospects*, Australian National University Press, 2013: 275–290

Douglas, T. “An Expected-Value Approach to the Dual-Use Problem.” In Rappert, B. & Selgelid, M.J.（eds.）*On the Dual Uses of Science and Ethics: Principles, Practices, and Prospects*, Australian National University Press, 2013: 133-152

Douglas, T. “The Dual-use Problem, Scientific Isolationism and the Division of Moral Labour.” *Monash Bioethics Review*, 32, 2014: 86-105

Finney, J.L. “Dual Use: Can We Learn from the Physicists’ Experience?: A Personal View.” In Rappert, B. & McLeish, C.（eds.）*A Web of Prevention: Biological Weapons, Life Sciences and the Governance of Research*, Earthscan, 2007: 67–76

Forge, J. “A Note on the Definition of “Dual Use”.” *Science and Engineering Ethics*, 16, 2010: 111-118

Galston, A.W. “Science and Social Responsibility: A Case History.” *Annals of the New York Academy of Sciences*, 196(4), 1972: 223-235

Miller, S. *Dual Use Science and Technology, Ethics and Weapons of Mass Destruction*, Springer, 2018

Miller, S. & Selgelid, M.J. “Ethical and Philosophical Consideration of the Dual-use Dilemma in the Biological Sciences." *Science and Engineering Ethics*, 13, 2007: 523-580

Morris, J. "Defining the Precautionary Principle." In Morris, J. (ed.) *Rethinking Risk and the Precautionary Principle*, Butterworth-Heinemann, 2000: 1–21

Open AI. GPT-4 System Card, 2023, https://cdn.openai.com/papers/gpt-4-system-card.pdf（アクセス日：2025 年 3 月 10 日）

Resnik, D.B. "H5N1 Avian Flu Research and the Ethics of Knowledge." *Hastings Center Report*, 43(2), 2013: 22–33.

Resnik, D.B. "Two Unresolved Issues in Community Engagement for Field Trials of Genetically Modified Mosquitoes." *Pathogens and Global Health*, 113(5), 2019: 238–245

Resnik, D.B. *Precautionary Reasoning in Environmental and Public Health Policy*, Springer, 2021

Tucker, J.B. "Introduction." In Tucker, J.B. (ed.) *Innovation, Dual Use, and Security: Managing the Risks of Emerging Biological and Chemical Technologies*, MIT Press, 2012a: 1–16

Tucker, J.B. "Review of the Literature On Dual Use." In Tucker, J.B. (ed.) *Innovation, Dual Use, and Security: Managing the Risks of Emerging Biological and Chemical Technologies*, MIT Press, 2012b: 19-44

Uniacke, S. "The Doctrine of Double Effect and the Ethics of Dual Use." In Rappert, B. & Selgelid, M.J. (eds.) *On the Dual Uses of Science and Ethics: Principles, Practices, and Prospects*, Australian National University Press, 2013: 153–163

第 8 章

江本駿「希少・難治性疾患分野における研究への患者参加・参画」『保健の科学』61(11)，2019 年：760-764

栗原千絵子・齊尾武郎訳，渡邉裕司監修「人間を対象とする健康関連研究の国際的倫理指針」『臨床評価』45(4)，2018 年：745-862（国際医学団体協議会 *International Ethical Guidelines for Health-related Research Involving Humans, Fourth Edition*. Council for International Organizations of Medical Sciences: CIOMS, 2016）

標葉隆馬『責任ある科学技術ガバナンス概論』ナカニシヤ出版，2020 年

中田はる佳・武藤香織・田代志門・福田博政・河野隆志「がん遺伝子パネル検査と患者・市民参画：説明同意モデル文書の査読プロセスから学ぶ」『腫瘍内科』24(2)，2019 年：183-193

中田はる佳・横野恵・永井亜貴子「がん領域における全ゲノム解析研究とオンラインによる患者・市民参画の実践」『臨床薬理』53(5)，2022 年：169-175

AMED（日本医療研究開発機構）「患者・市民参画（PPI）ガイドブック：患者と研究者の協働を目指す第一歩として」2019 年，https://www.amed.go.jp/ppi/guidebook.html（アクセス日 2024 年 10 月 4 日）

日本 WHO 協会「アルマ・アタ宣言」2022 年，https://japan-who.or.jp/about/who-what/charter-2/alma-ata/（アクセス日 2024 年 10 月 4 日）

日本網膜色素変性症協会・東京大学医科学研究所公共政策研究分野「共につくる臨床研究：患者と研究者の対話から II」2019，https://www.pubpoli-imsut.jp/files/files/57/0000057.pdf（アクセス日 2024 年 10 月 4 日）

藤澤空見子・武藤香織「研究における患者・市民参画：その実践と評価手法の確立に向けて」『Journal of Internet of Medical Things』4(1)，2021 年：18-25

水澤純基・中村健一・福田治彦「JCOG activity の変遷と今後の展望」『腫瘍内科』31(5)，2023 年：542-549

武藤香織「臨床研究等における患者・市民参画に関する動向：用語の定義をめぐる苦悩を中心に」『保健の科学』61(11)，2019 年：724-729

Anderson, E.E., Solomon, S., Heitman, E., et al. "Research Ethics Education for Community-Engaged Research: A Review and Research Agenda." *Journal of Empirical Research on Human Research Ethics*, 7(2), 2012: 3-19

Arnstein, L., Wadsworth, A.C., Yamamoto, B.A., Stephens, R., Sehmi, K., Jones, R., Sargent, A., Gegeny, T. & Woolley, K.L. "Patient Involvement in Preparing Health Research Peer-reviewed Publications or Results Summaries: A Systematic Review and Evidence-based Recommendations." *Research Involvement and Engagement*, 6(1), 2020

Boivin, A., Richards, T., Forsythe, L., Grégoire, A., L'Espérance, A., Abelson, J. & Carman, K.L. "Evaluating Patient and Public Involvement in Research." *BMJ*, k5147, 2018

Brett, J., Staniszewska, S., Mockford, C., Herron-Marx, S., Hughes, J., Tysall, C. & Suleman, R. "Mapping the Impact of Patient and Public Involvement on Health and Social Care Research: A Systematic Review." *Health Expectations*, 17(5), 2014: 637-650

Forsythe, L.P., Carman, K.L., Szydlowski, V., et al. "Patient Engagement In Research: Early Findings From The Patient-Centered Outcomes Research Institute." *Health Affairs (Millwood)*, 38(3), 2019: 359-367

Fredriksson, M. & Tritter, J.Q. "Disentangling Patient and Public Involvement in Healthcare Decisions: Why the Difference Matters." *Sociology of Health & Illness*, 39(1), 2017: 95-111

Fujio, K., Inomata, T., Fujisawa, K., et al. "Patient and Public Involvement in Mobile Health-based Research for Hay Fever: A Qualitative Study of Patient and Public Involvement Implementation Process." *Research Involvement and Engagement*, 8(1), 2022: 45

Gibbons, M., et al. *The New Production of Knowledge: The Dynamics of Science and Research in Contemporary Societies*, Sage, 1994（小林信一監訳『現代社会と知の創造：モード論とは何か』丸善ライブラリー，1997 年）

Greenhalgh, T., Hinton, L., Finlay, T., Macfarlane, A., Fahy, N., Clyde, B. & Chant, A. "Frameworks for Supporting Patient and Public Involvement in Research: Systematic Review and Co-design Pilot." *Health Expectations*, 22(4), 2019: 785-801

Hamakawa, N., Kogetsu, A., Isono, M., et al. "The Practice of Active Patient Involvement in Rare Disease Research Using ICT: Experiences and Lessons from the RUDY JAPAN Project." *Research Involvement and Engagement*, 7(1), 2021: 9

Hoddinott, P., Pollock, A., O'Cathain, A., Boyer, I., Taylor, J., MacDonald, C., Oliver, S. & Donovan, J.L. "How to Incorporate Patient and Public Perspectives into the Design and Conduct of Research." *F1000Research*, 7, 2018: 752

Katirai, A., Yamamoto, B.A., Kogetsu, A. & Kato, K. "Perspectives on Artificial Intelligence in Healthcare from a Patient and Public Involvement Panel in Japan: An Exploratory Study." *Frontiers in Digital Health*, 5, 2023

Kogetsu, A., Isono, M., Aikyo, T., et al. "Enhancing Evidence-informed Policymaking in Medicine and Healthcare: Stakeholder Involvement in the Commons Project for Rare Diseases in Japan." *Research Involvement and Engagement*, 9(1): 2023

Lauzon-Schnittka, J., Audette-Chapdelaine, S., Boutin, D., Wilhelmy, C., Auger, A.-M. & Brodeur, M. "The Experience of Patient Partners in Research: A Qualitative Systematic Review and Thematic Synthesis." *Research Involvement and Engagement*, 8(1), 2022: 55

Manafo, E., Petermann, L., Mason-Lai, P. & Vandall-Walker, V. "Patient Engagement in Canada: A Scoping Review of the 'how' and 'what' of Patient Engagement in Health Research." *Health Research Policy and Systems*, 16(1), 2018: 5

Martineau, J.T., Minyaoui, A. & Boivin, A. "Partnering with Patients in Healthcare Research: A Scoping Review of Ethical Issues, Challenges, and Recommendations for Practice." *BMC Medical Ethics*, 21(1), 2020: 34

Novak-Pavlic, M., Gorter, J.W., Phoenix, M.P., et al. "Patients and Families as Partners in Patient-Oriented Research: How Should They Be Compensated?" *Journal of Patient-Centered Research and Reviews*, 10(2), 2023: 82–90

NIHR (National Institute for Health and Care Research) Glossary, https://www.nihr.ac.uk/glossary（アクセス日 2024 年 10 月 4 日）

Schilling, I. & Gerhardus, A. "Is this Really Empowerment? Enhancing Our Understanding of Empowerment in Patient and Public Involvement within Clinical Research." *BMC Medical Research Methodology*, 24(1), 2024: 205

Scholz, B. & Bevan, A. "Toward more Mindful Reporting of Patient and Public Involvement in Healthcare." *Research Involvement and Engagement*, 7(1), 2021: 61

Smith, E., Bélisle-Pipon, J.-C. & Resnik, D. "Patients as Research Partners; How to Value their Perceptions, Contribution and Labor?" *Citizen Science: Theory and Practice*, 4(1), 2019

Staley, K. & Barron, D. "Learning as an Outcome of Involvement in Research: What are the Implications for Practice, Reporting and Evaluation?" *Research Involvement and Engagement*, 5(1), 2019: 14

Staniszewska, S., Hickey, G., Coutts, P., Thurman, B. & Coldham, T. "Co-production: A Kind Revolution." *Research Involvement and Engagement*, 8(1), 2022: 4

Staniszewska, S., Brett, J., Simera, I., et al. "GRIPP2 Reporting Checklists: Tools to Improve Reporting of Patient and Public Involvement in Research." *BMJ*, 3(1), 2017: 358

World Medical Association "WMA Declaration of Helsinki - Ethical Principles for Medical Research Involving Human Participants." 2024, https://www.wma.net/policies-post/wma-declaration-of-helsinki/（アクセス日 2024 年 11 月 25 日）

第 9 章

大屋雄裕「人民の，人民による，人民のための情報：個人情報の自由と範囲（特集：社会保障における個人情報）」『社会保障研究』3(3)，2018 年：352–364

大屋雄裕『自由とは何か：監視社会と「個人」の消滅』ちくま新書，2007 年

大屋雄裕「Society 5.0 と人格なき統治」『情報通信政策研究』5(1)，2021 年：1–14

岡崎哲郎「モラル・ハザードと倫理崩壊」『公共選択の研究』47，2006 年：1–4

尾崎愛美『犯罪捜査における情報技術の利用とその規律』慶應義塾大学出版会，2023 年

グライフ，A.『比較歴史制度分析 下』岡崎哲二・神取道宏監訳，有本寛・尾川僚・後藤英明・結城武延訳，ちくま学芸文庫，2021 年

五味明子「「健康コード」はデータドリブン政策の証，中国の新型コロナ対策」ASCII (2020 年 6 月 9 日)，2020 年

沢しおん「説明できる？顔認識，顔認証，顔識別，顔照合の違いと落とし穴」@ DIME（2021 年 10 月 14 日），2021 年
宍戸常寿「通信の秘密に関する覚書」長谷部恭男・安西文雄・宍戸常寿・林知更編『現代立憲主義の諸相：高橋和之先生古稀記念 下』有斐閣，2013 年：487-523
鈴木謙介「監視批判はなぜ困難か：再帰的近代におけるリスク処理形式としての監視」『社会学評論』55(4)，2005 年：499-513
高口康太『中国「コロナ封じ」の虚実：デジタル監視は 14 億人を統制できるか』中公新書ラクレ，2021 年
高野麻子『指紋と近代：移動する身体の管理と統治の技法』みすず書房，2016 年
瀧川裕英「第 2 章　帰属でなく移動を：移動と帰属の規範理論」広渡清吾・大西楠テア編『移動と帰属の法理論：変容するアイデンティティ』岩波書店，2022 年
トーピー，J.『パスポートの発明：監視・シティズンシップ・国家』藤川隆男監訳，上中繭香・森本慶太・安井倫子・米田誠・北村恵美・津田博司・戸渡文子訳，法政大学出版局，2008 年
羅芝賢『番号を創る権力：日本における番号制度の成立と展開』東京大学出版会，2019 年
マイヤー＝ショーンベルガー，V.・クキエ，K.『ビッグデータの正体：情報の産業革命が世界のすべてを変える』斎藤栄一郎訳，講談社，2013 年
松尾陽「IoT・AI における監視の拡散とその制御についての一考察」『日本ロボット学会誌』41(1)，2023 年：14-17
松代剛枝『監視型捜査手続の分析』日本評論社，2018 年
山本龍彦『〈超個人主義〉の逆説：AI 社会への憲法的警句』弘文堂，2023 年
山本龍彦『プライバシーの権利を考える』信山社出版，2017 年
吉見俊哉『「声」の資本主義：電話・ラジオ・蓄音機の社会史』河出文庫，2012 年
Ball, K. *Electronic Monitoring and Surveillance in the Workplace*, Publications Office of the European Union, Luxembourg, 2021
Solove, D.J. *The Digital Person: Technology and Privacy in the Information Age*, New York University Press, 2004
Solove, D.J. "Privacy and Power: Computer Databases and Metaphors for Information Privacy." *Stanford Law Review*, 53, 2001: 1393-1462

第 10 章

今井翔太『生成 AI で世界はこう変わる』SB 新書，2024 年
Bender, E.M., Gebru, T., MacMillan-Major, A. & Shmitchell, S. "On the Dangers of Stochastic Parrots: Can Language Models be too Big?" *Proceedings of the 2021 ACM Conference on Fairness, Accountability, and Transparency*, 2021: 610-623
Blodgett, S.L., Barocas, S., Daumé, H. III & Wallach, H. "Language (Technology) is Power: A Critical Survey of "Bias" in NLP." *Proceedings of the 58th Annual Meeting of the ACL*, 2020: 5454-5476
Bommasani, R., Hudson, D.A., Adeli, E., et al. "On the Opportunities and Risks of Foundation Models." arXiv preprint arXiv, 2022: 2108.07258
Coghlan, S. & Parker, C. "Harm to Nonhuman Animals from AI: A Systematic Account and Framework." *Philosophy & Technology*, 36(2), 2023: 25
Delgado, F., Yang, S., Madaio, M. & Yang, Q. "The Participatory Turn in AI Design: Theoret-

ical Foundations and the Current State of Practice." *Proceedings of the 3rd ACM Conference on Equity and Access in Algorithms, Mechanisms, and Optimization*, 37, 2023: 1–23

Dev, S., Monajatipoor, M., Ovalle, A., Subramonian, A., Phillips, J. & Chang, K.-W. "Harms of Gender Exclusivity and Challenges in Non-Binary Representation in Language Technologies." *Proceedings of the 2021 Conference on EMNLP*, 2021: 1968–1994

D'ignazio, C. & Klein, L.F. *Data Feminism*, MIT Press, 2020

Ganguli, D., Lovitt, L., Kernion, J., et al. "Red Teaming Language Models to Reduce Harms: Methods, Scaling Behaviors, and Lessons Learned." arXiv preprint arXiv, 2022: 2209.07858

Grynbaum, M.M. & Mac, R. "The Times Sues OpenAI and Microsoft Over A.I. Use of Copyrighted Work." 2023, https://www.nytimes.com/2023/12/27/business/media/new-york-times-open-ai-microsoft-lawsuit.html.（アクセス日 2024 年 11 月 25 日）

Horta, O. & Albersmeier, F. "Defining Speciesism." *Philosophy Compass*, 15(11), 2020: 1–9

Klein, L.F. & D'ignazio, C. "Data Feminism for AI." In *Proceedings of the 2024 ACM Conference on Fairness, Accountability, and Transparency*, 2024: 100–112

Kymlicka, W. "Human Rights without Human Supremacism." *Canadian Journal of Philosophy*, 48(6), 2018: 763–792

Marchal, N., Xu, R., Elasmar, R., Gabriel, I., Goldberg, B. & Isaac, W. "Generative AI Misuse: A Taxonomy of Tactics and Insights from Real-World Data." arXiv preprint arXiv, 2024: 2406.13843

Owe, A. & Baum, S.D. "Moral Consideration of Nonhumans in the Ethics of Artificial Intelligence." *AI and Ethics*, 1(4), 2021: 517–528

Perez, E., Huang, S., Song, F., Cai, T., Ring, R., Aslanides, J., Glaese, A., McAleese, N. & Irving, G. "Red Teaming Language Models with Language Models." *Proceedings of the 2022 Conference on EMNLP*, 2022: 3419–3448

Perrigo, B. "Exclusive: OpenAI Used Kenyan Workers on Less Than $2 Per Hour to Make ChatGPT Less Toxic." 2023, https://time.com/6247678/openai-chatgpt-kenya-workers/（アクセス日 2024 年 11 月 25 日）

Schulhoff, S., Pinto, J., Khan, A., et al. "Ignore This Title and HackAPrompt: Exposing Systemic Vulnerabilities of LLMs Through a Global Prompt Hacking Competition." *Proceedings of the 2023 Conference on EMNLP*, 2023: 4945–4977

Shumailov, I., Shumaylov, Z., Zhao, Y., Gal, Y., Papernot, N. & Anderson, R. "The Curse of Recursion: Training on Generated Data Makes Models Forget." arXiv preprint arXiv, 2024: 2305.17493

Singer, P. & Tse, Y.F. "AI Ethics: The Case for Including Animals." *AI and Ethics*, 3(2), 2023: 539–551

Strubell, E., Ganesh, A. & McCallum, A. "Energy and Policy Considerations for Modern Deep Learning Research." *Proceedings of the AAAI Conference on Artificial Intelligence*, 34, 2020: 13693–13696

Takeshita, M. & Rzepka, R. "Speciesism in Natural Language Processing Research." *AI and Ethics*, 2024

Ungless, E., Ross, B. & Lauscher, A. "Stereotypes and Smut: The (Mis) representation of Non-cisgender Identities by Text-to-Image Models." *Findings of the Association for*

Computational Linguistics: ACL 2023, 2023: 7919–7942
Yang, Z., Jia, X., Li, H. & Yan, J. "LLM4Drive: A Survey of Large Language Models for Autonomous Driving." arXiv preprint arXiv, 2024: 2311.01043

第 11 章

若林魁人・岸本充生「教育データ EdTech の ELSI（倫理的・法的・社会的課題）を考えるための国内外ケース集」『ELSI NOTE』31，2023 年：1–31
若林魁人・佐藤仁・高橋哲・加納圭「教育データ EdTech の導入と ELSI 対応のグローバル動向に関するインタビュー記録」『ELSI NOTE』47，2024 年：1–32
Hooper, L., Livingstone, S. & Pothong, K. *Problems with Data Governance in UK Schools: The Cases of Google Classroom and ClassDojo*, 2022, https://digitalfuturescommission.org.uk/wp-content/uploads/2022/08/Problems-with-data-governance-in-UK-schools.pdf（アクセス日 2024 年 11 月 10 日）
Kano, K., Kanzaki, N., Kishimoto, A., et al. *EdTech ELSI 101*, figshare, Book, 2022
McStay, A. "Emotional AI and EdTech: Serving the Public Good?" *Learning, Media and Technology*, 45(3), 2020: 270–283
OECD "A New Tool for Navigating Through a Complex World." 2019 https://oecdedutoday.com/education-skills-learning-compass-2030/（アクセス日 2024 年 11 月 10 日）
Orito, Y. & Murata, K. "Privacy Protection in Japan: Cultural Influence on the Universal Value." *Electronic Proceedings of Ethicomp*, 2005, https://www.isc.meiji.ac.jp/~ethicj/Privacy%20protection%20in%20Japan.pdf（アクセス日 2024 年 11 月 10 日）
World Privacy Forum "Without Consent: An Analysis of Student Directory Information Practices in U.S. Schools, and Impacts on Privacy." 2020, https://www.worldprivacyforum.org/wp-content/uploads/2020/04/ferpa/without_consent_2020.pdf（アクセス日 2024 年 11 月 10 日）

第 12 章

尾上啓光・発田志音「サイバネティックアバターを活用したバーチャル株主総会の法的判例に基づく分析と実務的展望」『研究報告電子化知的財産・社会基盤（EIP）』2024-EIP-103(30)，2024 年：1–5.
古賀高雄「技術哲学の批判性：フェルベークにおける「技術に同行する倫理」をめぐって」『哲学の門：大学院生研究論集 1』2019 年：15–27.
新保史生「サイバネティック・アバターの存在証明：ロボット・AI・サイバーフィジカル社会に向けたアバター法の幕開け」『人工知能』36(5)，2021 年：570–577
新保史生「サイバネティック・アバターの認証と制度的課題：新次元領域法学の展開構想も踏まえて」『日本ロボット学会誌』41(1)，2023 年：18–22
出井甫・赤坂亮太・馮茜「CA・AI・人間の相互作用とガバナンス」『人工知能学会全国大会論文集』第 38 回，2024 年
戸谷洋志『メタバースの哲学』講談社，2024 年
中川裕志「AI エージェント，サイバネティック・アバター，自然人の間のトラスト」『情報通信政策研究』6(1)，2022 年：45–60
中川裕志「本人死後のサイバネティック・アバターに関する考察」『日本ロボット学会誌』41(1)，2023 年：9–13
フェルベーク，P.-P.『技術の道徳化：事物の道徳性を理解し設計する』鈴木俊洋訳，法政

大学出版局，2015 年（Verbeek, P.-P. *Moralizing Technolosy: Understanding and Designing the Morality of Things*, University of Chicago Press, 2011）

クーケルバーク，M.『技術哲学講義』直江清隆・久木田水生監訳，丸善出版，2023 年（Coeckelbergh, M. *Introduction to Philosophy of Technology*, Oxford University Press, 2019）

水上拓哉「なぜファッション研究において技術哲学が重要なのか」『Vanitas』8，2023 年：60–77

Allouche, S. & Guillermin, M. "Technology and Philosophy of the Metaverse: Prospective Views." In DiMatteo, L.A. & Cannarsa, M. (eds.) *Research Handbook on the Metaverse and Law*, Edward Elgar Publishing, 2024: 9–25

Chen, M. "The Philosophy of the Metaverse." *Ethics and Information Technology*, 25(3), 2023: 41

Gray, H.M., Gray, K. & Wegner, D.M. "Dimensions of Mind Perception," *Science*, 315(5812), 2007: 619

Huang, X. "The Technological Essence and Philosophical Significance of the Metaverse." *Metaverse*, 2(2), 2021: 10

Ihde, D. *Technology and the Lifeworld: From Garden to Earth*, Indiana University Press, 1990

Mori, M., MacDorman, K.F. & Kageki, N. "The Uncanny Valley [from the Field]." *IEEE Robotics & Automation Magazine*, 19(2), 2012: 98–100

Nomura, T., Uratani, T., Kanda, T., Matsumoto, K., Kidokoro, H., Suehiro, Y. & Yamada, S. "Why Do Children Abuse Robots?" *Proceedings of the Tenth Annual ACM/IEEE International Conference on Human-Robot Interaction Extended Abstracts*, 2015: 63–64

Smart, P. "Minds in the Metaverse: Extended Cognition Meets Mixed Reality." *Philosophy & Technology*, 35(4), 2022: 87

Spence, E.H. "Meta Ethics for the Metaverse: The Ethics of Virtual Worlds." *Current Issues in Computing and Philosophy*, 175(3), 2008: 3–12

第 13 章

石田柊・標葉隆馬「「脳神経関連権」再考：先端的脳神経科学の ELSI をいかに論じるべきか」『科学技術社会論研究』22，2024 年：82–100

NTT データ経営研究所・応用脳科学コンソーシアム『応用脳科学リサーチプロジェクト 2021：医療・ヘルスケア分野へのニューロテクノロジー 調査報告書』2021 年

科学技術・学術審議会 研究計画・評価分科会 ライフサイエンス委員会 幹細胞・再生医学戦略作業部会「今後の幹細胞・再生医学研究の在り方について（第 3 版）」2017 年，https://warp.da.ndl.go.jp/info:ndljp/pid/13199467/www.lifescience.mext.go.jp/files/pdf/n2199_s0-1.pdf（アクセス日 2024 年 10 月 7 日）

科学技術・学術審議会 研究計画・評価分科会 ライフサイエンス委員会 脳科学作業部会「今後の脳科学研究の方向性について：中間とりまとめ」2023 年，https://warp.da.ndl.go.jp/info:ndljp/pid/13199467/www.lifescience.mext.go.jp/files/pdf/n2391_03.pdf（アクセス日 2024 年 10 月 7 日）

小久保智淳「「認知過程の自由」研究序説：神経科学と憲法学」『法學政治學論究』126，2020 年：375–409

小久保智淳「神経法学の体系：神経科学技術の憲法的統制に向けて」『法學政治學論究』139，2023 年：133–176

JST-CRDS（国立研究開発法人 科学技術振興機構 研究開発戦略センター）『ニューロテクノロジーの健全な社会実装に向けたELSI/RRI実践』2022年，https://www.jst.go.jp/crds/report/CRDS-FY2022-WR-06.html（アクセス日2024年10月7日）

標葉隆馬『責任ある科学技術ガバナンス概論』ナカニシヤ出版，2020年

Bioethics Commission（Presidential Commission for the Study of Bioethical Issues）. *Gray Matters*, 2 vols. Presidential Commission for the Study of Bioethical Issues, 2014–2015

Bublitz, J.C. "Novel Neurorights: From Nonsense to Substance." *Neuroethics*, 15(1), 2022: 7

Council of Europe. *Common Human Rights Challenges Raised by Different Applications of Neurotechnologies in the Biomedical Fields*, 2021, https://rm.coe.int/report-final-en/1680a429f3（アクセス日2024年10月7日）

Greely, H.T. "The Dilemma of Human Brain Surrogates: Scientific Opportunities, Ethical Concerns." In D'Aloia, A. & Errigo, M.C.（eds.）, *Neuroscience and Law: Complicated Crossings and New Perspectives*, Springer, 2020: 371–399

Hartung, T., Morales Pantoja, I.E. & Smirnova, L. "Brain Organoids and Organoid Intelligence from Ethical, Legal, and Social Points of View." *Frontiers in Artificial Intelligence*, 6, 2024

Herrera-Ferrá, K., Muñoz, J.M., Nicolini, H., Saruwatarì Zavala, G. & Martínez Bullé Goyri, V.M. "Contextual and Cultural Perspectives on Neurorights: Reflections Toward an International Consensus." *AJOB Neuroscience*, 14(4), 2023: 360–368

Hyun, I., Scharf-Deering, J.C. & Lunshof, J.E. "Ethical Issues Related to Brain Organoid Research." *Brain Research*, 2020, 1732: 146653

Ienca, M. "On Neurorights." *Frontiers in Human Neuroscience*, 15, 2021: 701258

Ishida, S., Nishitsutsumi, Y., Kashioka, H., Taguchi, T. & Shineha, R. "A Comparative Review on Neuroethical Issues in Neuroscientific and Neuroethical Journals." *Frontiers in Neuroscience*, 17, 2023: 1160611

ISSCR（International Society for Stem Cell Research）. *Guidelines for Stem Cell Research and Clinical Translation. International Society for Stem Cell Research*, 2021, https://www.isscr.org/guidelines/（アクセス日2024年10月8日）（『国際幹細胞学会 幹細胞研究・臨床応用に関するガイドライン』日本再生医療学会訳，2023年）

Jones, O.D., Schall, J.D. & Shen, F.X. *Law and Neuroscience, Second Edition*. Aspen Publishing, 2020

Juengst, E. & Moseley, D. "Human Enhancement." In Zalta, E.N. & Nodelman, V.（ed.）, *The Stanford Encyclopedia of Philosophy*, 2019. https://plato.stanford.edu/entries/enhancement/（アクセス日2024年10月7日）

Kagan, B.J., Kitchen, A.C., Tran, N.T., et al. "*In Vitro* Neurons Learn and Exhibit Sentience when Embodied in a Simulated Game-world." *Neuron*, 110, 2022: 3952–3969.e8

Kataoka, M., Gyngell, C., Savulescu, J. & Sawai, T. "The Importance of Accurate Representation of Human Brain Organoid Research." *Trends in Biotechnology, 41*(8), 2023: 985–987

Kataoka, M., Gyngell, C., Savulescu, J. & Sawai, T. "The Ethics of Human Brain Organoid Transplantation in Animals." *Neuroethics*, 16(3), 2023: 27

Koplin, J., Carter, O. & Savulescu, J. "Moral Status of Brain Organoids." In Clarke, S., Zohny, H. & Savulescu, J.（eds.）*Rethinking Moral Status*. Oxford University Press, 2021: 250–268

Koplin, J. & Savulescu, J. "Moral Limits of Brain Organoid Research." *Journal of Law, Medicine & Ethics*, 47(4), 2019: 760–767

Ligthart, S., Bublitz, C. & Alegre, S. "Neurotechnology: We Need New Laws, Not New Rights." *Nature*, 620 (7976), 2023: 950

Ligthart, S., Ienca, M., Meynen, G., et al. "Minding Rights: Mapping Ethical and Legal Foundations of 'Neurorights'." *Cambridge Quarterly of Healthcare Ethics*, 32(4), 2023: 461–481

NASEM (National Academies of Sciences, Engineering, and Medicine) *The Emerging Field of Human Neural Organoids, Transplants, and Chimeras: Science, Ethics, and Governance*, National Academies Press, 2021

OECD (Organization for Economic Cooperation and Development) *Recommendation of the Council on Responsible Innovation in Neurotechnology*, 2019

Pugh, J., Pycroft, L., Maslen, H., Aziz, T. & Savulescu, J. "Evidence-Based Neuroethics, Deep Brain Stimulation and Personality-Deflating, but not Bursting, the Bubble." *Neuroethics*, 14(1), 2021: 27–38

Qian, X., Nguyen, H.N., Song, M.M., et al. "Brain-Region-Specific Organoids Using Mini-bioreactors for Modeling ZIKV Exposure." *Cell*, 165(5), 2016: 1238–1254

Revah, O., Gore, F., Kelley, K.W., et al. "Maturation & Circuit Integration of Transplanted Human Cortical organoids." *Nature*, 610, 2022: 319–326

Roskies, A. "Neuroethics." In Zalta, E.N. & Nodelman, U. (eds.) *The Stanford Encyclopedia of Philosophy*, 2024, https://plato.stanford.edu/entries/neuroethics/（アクセス日 2024 年 10 月 7 日）

Salles, A., Stahl, B., Bjaalie, J., Domingo-Ferrer, J., Rose, N., Rainey, S. & Spranger, T. *Opinion and Action Plan on Data Protection and Privacy*, Human Brain Project, 2018, https://zenodo.org/record/4588467/（アクセス日 2024 年 10 月 8 日）

Salles, A., Bjaalie, J. G., Evers, K., et al. "The Human Brain Project: Responsible Brain Research for the Benefit of Society." *Neuron*, 101(3), 2019: 380–384

Sawai, T., Hayashi, Y., Niikawa, T., et al. "Mapping the Ethical Issues of Brain Organoid Research and Application." *AJOB Neuroscience*, 13(2), 2022: 81–94

Smirnova, L., Caffo, B.S., Gracias, D.H., et al. "Organoid Intelligence (OI): The New Frontier in Biocomputing and Intelligence-in-a-dish." *Frontiers in Science*, 1, 2023: 1017235

Stilgoe, J., Owen, R. & Macnaghten, P. "Developing a Framework for Responsible Innovation." *Research Policy*, 42(9), 2013: 1568–1580

UNESCO (United Nations Educational, Scientific and Cultural Organization). *Unveiling the Neurotechnology Landscape: Scientific Advancements Innovations and Major Trends*, United Nations Educational, Scientific and Cultural Organization, 2023

UNESCO (United Nations Educational, Scientific and Cultural Organization). *First Draft of a Recommendation on the Ethics of Neurotechnology* (Revised Version). United Nations Educational, Scientific and Cultural Organization, 2024, https://unesdoc.unesco.org/ark:/48223/pf0000391074/（アクセス日 2024 年 10 月 8 日）

UNICEF (United Nations International Children's Emergency Fund). "Neurotechnology and Children." UNICEF Innocenti - Global Office of Research and Foresight, 2024, https://www.unicef.org/innocenti/reports/neurotechnology-and-children/（アクセス日 2024 年 11 月 14 日）

UN（United Nations）General Assembly. *Resolution adopted by the Human Rights Council on 6 October 2022: Neurotechnology and Human Rights*. Fifty-first session. A/HRC/RES/51/3, 2022, https://undocs.org/A/HRC/RES/51/3/（アクセス日 2024 年 10 月 9 日）

UN（United Nations）General Assembly. *Impact, Opportunities and Challenges of Neurotechnology with Regard to the Promotion and Protection of All Human Rights: Report of the Human Rights Council Advisory Committee*. Fifty-seventh session. A/HRC/57/61, 2024, https://undocs.org/A/HRC/57/61/（アクセス日 2024 年 10 月 9 日）

Wang, Z., Wang, S.-N., Xu, T.-Y., Hong, C., Cheng, M.-H., Zhu, P.-X., Lin, J.-S., Su, D.-F. & Miao, C.-Y. "Cerebral Organoids Transplantation Improves Neurological Motor Function in Rat Brain Injury." *CNS Neuroscience & Therapeutics*, 26(7), 2020: 682–697

Zilio, F. & Lavazza, A. "Consciousness in a Rotor? Science and Ethics of Potentially Conscious Human Cerebral Organoids." *AJOB Neuroscience*, 14(2), 2023: 178–196

第 14 章

IPCC 第 3 作業部会（WG3）報告書　政策決定者向け要約　経産省暫定訳第 3 版，2023 年

マックグリービー，S.R.・田村典江・ルプレヒト，C.D.D.・太田和彦・小林舞・スピーゲルバーグ，M.「未来を知り，遊び，実験する：ソフトシナリオ手法を通じたフードポリシーの共創」『環境科学会誌』34(2)，2021 年：46–65

村上正隆「人工降雨とは」『エアロゾル研究』30(1)，2015 年：5–13

横山草介『ブルーナーの方法』溪水社，2019 年：280

Babiker, M., Berndes, G., Blok, K., et al. "Cross-sectoral perspectives." In Shukla, P.R., Skea, J., Slade, R. et al.（eds.）*Climate Change 2022: Mitigation of Climate Change. Contribution of Working Group III to the Sixth Assessment Report of the Intergovernmental Panel on Climate Change*, Cambridge University Press, 2022: 1245–1354

de Coninck, H., Revi, A., Babiker, M., et al. "Strengthening and Implementing the Global Response." In Masson-Delmotte, V., Zhai, P., Pörtner, H.-O., et al.（eds.）*Global Warming of 1.5°C. An IPCC Special Report on the impacts of global warming of 1.5°C above pre-industrial levels and related global greenhouse gas emission pathways, in the context of strengthening the global response to the threat of climate change, sustainable development, and efforts to eradicate poverty*, Cambridge University Press, 2018: 313–444

Mangnus, A.C., Oomen, J. Vervoort, J.M. & Hajer, M.A. "Futures Literacy and the Diversity of the Future." *Futures*, 132, 2021: 1–9

Morrow, D., Kopp, R.E. & Oppenheimer, M. "Toward Ethical Norms and Institutions for Climate Engineering Research." *Environment Research Letters*, 4, 2009: 1–8

Nabuurs, G.-J., Mrabet, R., Abu Hatab, A., et al. "Agriculture, Forestry and Other Land Uses（AFOLU）." In Shukla, P.R., Skea, J., Slade, R., et al.（eds.）: *Climate Change 2022: Mitigation of Climate Change. Contribution of Working Group III to the Sixth Assessment Report of the Intergovernmental Panel on Climate Change*, Cambridge University Press, Cambridge, 2022: 747–860

Preston, C.J. "Ethics and Geoengineering: Reviewing the Moral Issues Raised by Solar Radiation Management and Carbon Dioxide Removal." *WIREs Climate Change*, 4, 2013: 23–37

Sato, M. & Kitamura, Y. "Current Status of Climate Change Education and Suggestions for

Its Integrative Development in Japan." *IATSS Research*, 47(2), 2023: 263–269
Tang, K. "Assessing Conceptions of Climate Change: An Exploratory Study Among Japanese Early Adolescents." *International Research in Geographical and Environmental Education*, 2024: 1–20
UNEP *The Climate Technology Progress Report 2023*, 2023

第 15 章

一方井祐子ほか「第Ⅴ部 宇宙開発の科学技術コミュニケーション：現状・課題・ヒント」呉羽真・伊勢田哲治編『宇宙開発をみんなで議論しよう』名古屋大学出版会，2022 年
稲葉振一郎『宇宙倫理学入門：人工知能はスペース・コロニーの夢を見るか？』ナカニシヤ出版，2016 年
新谷美保子・小林佳奈子「第 3 章第 1 節 衛星コンステレーション時代の到来と衛星国際周波数」小塚荘一郎・笹岡愛美編著『世界の宇宙ビジネス法』商事法務，2021 年
伊勢田哲治「第 7 章 宇宙に拡大する環境問題：環境倫理問題としてのスペースデブリ」伊勢田哲治・神崎宣次・呉羽真編『宇宙倫理学』昭和堂，2018 年
伊藤徳子「GPS 捜査とプライヴァシー概念」『大学院研究年報 法学研究科篇』(47)，2018 年
伊藤徳子「犯罪捜査のための基地局情報の取得」『大学院研究年報 法学研究科篇』(48)，2019 年
大庭弘継「第 10 章 宇宙における安全保障：宇宙の武装化は阻止できるか」伊勢田哲治・神崎宣次・呉羽真編『宇宙倫理学』昭和堂，2018 年
大庭弘継・神崎宣次「第Ⅱ部議論その 3 宇宙技術のデュアルユース」呉羽真・伊勢田哲治編『宇宙開発をみんなで議論しよう』名古屋大学出版会，2022 年
岡本慎平「第 8 章 惑星改造の許容可能性：火星のテラフォーミングを推進すべきか」伊勢田哲治・神崎宣次・呉羽真編『宇宙倫理学』昭和堂，2018 年
菊地耕一・寺山のり子「第Ⅲ部 宇宙開発の歴史と展望」呉羽真・伊勢田哲治編『宇宙開発をみんなで議論しよう』名古屋大学出版会，2022 年
倉澤治雅『宇宙の地政学』ちくま新書，2024 年
呉羽真ほか「将来の宇宙探査・開発・利用がもつ倫理的・法的・社会的含意に関する研究調査報告書」2018 年，https://www.usss.kyoto-u.ac.jp/news/elsiproject/（アクセス日 2025 年 2 月 4 日）
呉羽真「第六章　人が宇宙へ行く意味」京都大学宇宙総合学研究ユニット編『人類はなぜ宇宙へ行くのか』朝倉書店，2019 年
小塚荘一郎・佐藤雅彦編著『宇宙ビジネスのための宇宙法入門 第 3 版』有斐閣，2024 年
小塚荘一郎・笹岡愛美「第 2 章第 1 節 宇宙活動に関する米国の連邦法」小塚荘一郎・笹岡愛美編著『世界の宇宙ビジネス法』商事法務，2021 年
小林知恵「デュアルユース」標葉隆馬・見上公一編『入門 科学技術と社会』ナカニシヤ出版，2024 年：92–103
清水雄也「宇宙開発」標葉隆馬・見上公一編『入門 科学技術と社会』ナカニシヤ出版，2024 年
城山英明『科学技術と政治』ミネルヴァ書房，2018 年
杉谷和哉・呉羽真「第Ⅰ部　なぜ宇宙開発をみんなで議論しなくてはいけないのか」呉羽真・伊勢田哲治編『宇宙開発をみんなで議論しよう』名古屋大学出版会，2022 年

杉本俊介「第 9 章 宇宙ビジネスにおける社会的責任：社会貢献と営利活動をどう両立させるか」伊勢田哲治・神崎宣次・呉羽真編『宇宙倫理学』昭和堂，2018 年
総務省『令和 4 年度版 情報通信白書』2022 年
出口康夫「序論 デュアルユースと ELSI に取り組む総合知にむけて」出口康夫・大庭弘継編『軍事研究を哲学する：科学技術とデュアルユース』昭和堂，2022 年
橋本博文「火星テラフォーミングと宇宙農業」宇宙環境利用シンポジウム第 38 回，2024 年
橋本靖明「第 4 章 宇宙開発・利用とデュアルユース」出口康夫・大庭弘継編『軍事研究を哲学する：科学技術とデュアルユース』昭和堂，2022 年
松掛暢「宇宙基本法と日本の宇宙開発利用：宇宙条約の視点とともに」『阪南論集 社会科学編』45(1)，2009 年：115-129
渡邉浩崇「第 1 章 日本の宇宙政策の歴史と現状：自主路線と国際協力」渡邉浩崇編著『宇宙の研究開発利用の歴史：日本はいかに取り組んできたか』大阪大学出版会，2022 年
Pražák, J. “Dual-Use Conundrum: Towards the Weaponization of Outer Space?” *Acta Astronautica* (187), 2021: 397-405
Szocik, K., Rappaport, M.B. & Corbally, C. “Genetics, Ethics, and Mars Colonization: A Special Case of Gene Editing and Population Forces in Space Settlement.” In Chon Torres, O.A., Peters, T., Seckbach, J. & Gordon, R. (eds.) *Astrobiology: Science, Ethics, and Public Policy*, Willey, 2021: 157-176

第 16 章

榎本啄杜・長門裕介・岸本充生「RRI を量子技術領域へ適用する：政策レビュー」『ELSI NOTE』38，2024 年 a：1-25
榎本啄杜・長門裕介・岸本充生「量子技術の ELSI を探る：文献レビュー」『ELSI NOTE』41，2024 年 b：1-40
岸本充生・長門裕介「量子技術の ELSI（倫理的・法的・社会的課題）に関する文献紹介：2021〜2022 年を中心に」『ELSI NOTE』24，2022 年：1-21
肥後楽・長門裕介・鹿野祐介「大学生を対象とした量子技術に関する印象の聞き取り調査」『ELSI NOTE』18，2022 年：1-50
森下翔・肥後楽・永山翔太・寺元健太郎・久保健治・長門裕介・鹿野祐介・小林茉莉子・岸本充生「「量子の未来」をめぐる 23 の話題：株式会社メルカリ mercari R4D 量子情報技術チームへの重点的グループインタビュー」『ELSI NOTE』29，2023 年：1-135
ARCS 北極域研究推進プロジェクト「北極ボードゲーム『The Arctic』」2023 年 https://www.nipr.ac.jp/arcs/boardgame/（アクセス日 2024 年 9 月 30 日）
cosaic「TATEWARI | GAMES | cosaic」2018 年 http://www.cosaic.co.jp/games/tatewari.html（アクセス日 2024 年 9 月 30 日）
CRDS「量子 2.0：量子科学技術が切り拓く新たな地平」2019 年 https://www.jst.go.jp/crds/pdf/2019/SP/CRDS-FY2019-SP-03.pdf（アクセス日 2024 年 9 月 30 日）
EC “European Declaration on Quantum Technologies.” 2023, https://digital-strategy.ec.europa.eu/en/library/european-declaration-quantum-technologies（アクセス日：2024 年 9 月 30 日）
Hacking, I. *The Taming of Chance*, Cambridge University Press, 1990（ハッキング，I.『偶

然を飼いならす：統計学と第二次科学革命』石原英樹・重田園江訳，木鐸社，1999年）

Kop, M., Aboy, M., de Jong, E., et al. "10 Principles for Responsible Quantum Innovation." *Quantum Science and Technology*, 9(3), 2024: 035013

Networked Quantum Information Technologies "Quantum Technologies Public Dialogue Report." 2022, https://nqit.ox.ac.uk/content/quantum-technologies-public-dialogue-report.html（アクセス日 2024 年 9 月 30 日）

OECD "OECD Science, Technology and Innovation Outlook 2023: Enabling Transitions in Times of Disruption." 2023, https://www.oecd.org/sti/oecd-science-technology-and-innovation-outlook-25186167.htm（アクセス日 2024 年 9 月 30 日）

RHC "RHC Report on the Regulation of Quantum Technology Applications." 2024, https://www.gov.uk/government/publications/regulatory-horizons-council-regulating-quantum-technology-applications（アクセス日 2024 年 9 月 30 日）（榎本啄杜訳「イギリス規制ホライズン委員会：量子技術応用を規制する（日本語訳）」『ELSI NOTE』48，2024 年：1-90）

Stilgoe, J., Owen, R. & Macnaghten, P. "Developing a Framework for Responsible Innovation." *Research Policy*, 42(9), 2013: 1568-1580

Tennant, N. *The Taming of the True*, Oxford University Press, 1997

WEF "Quantum Computing Governance Principles." 2022, https://www.weforum.org/publications/quantum-computing-governance-principles/（アクセス日 2024 年 9 月 30 日）

●編者・執筆者一覧●

※［ ］内は執筆担当章

【編者】（五十音順）

カテライ アメリア（Amelia Katirai）［第 2 章］
筑波大学人文社会系・助教
人間科学，社会学

鹿野祐介（しかの・ゆうすけ）［第 4 章］
大阪大学 CO デザインセンター・特任講師
哲学，倫理学，概念工学

標葉隆馬（しねは・りゅうま）［第 1 章・第 3 章］
慶應義塾大学大学院メディアデザイン研究科・准教授
科学技術社会論，科学技術政策論

【執筆者】（執筆順）

肥後 楽（ひご・このみ）［第 5 章］
大阪大学社会技術共創研究センター・特任助教
音楽学，文化政策学，協働形成

長門裕介（ながと・ゆうすけ）［第 6 章］
大阪大学社会技術共創研究センター・特任助教
哲学，倫理学

小林知恵（こばやし・ちえ）［第 7 章］
広島大学大学院人間社会科学研究科・寄附講座助教
哲学，倫理学

磯野萌子（いその・もえこ）［第 8 章］
大阪大学大学院医学系研究科 医の倫理と公共政策学・助教
ELSI，患者・市民参画（PPI），障害学

古結敦士（こげつ・あつし）［第 8 章］
大阪大学大学院医学系研究科 医の倫理と公共政策学・助教
ELSI，患者・市民参画（PPI），臨床倫理

工藤郁子（くどう・ふみこ）［第 9 章］
大阪大学社会技術共創研究センター・特任准教授
情報法，公共政策，法哲学

竹下昌志（たけした・まさし）［第 10 章］
名古屋大学・日本学術振興会特別研究員 PD
人工知能，倫理学

若林魁人（わかばやし・かいと）［第 11 章］
大阪大学社会技術共創研究センター・特任研究員
科学コミュニケーション，システム工学

水上拓哉（みずかみ・たくや）［第 12 章］
新潟大学創生学部・助教，理化学研究所革新知能統合研究センター・客員研究員
技術哲学，技術倫理

石田 柊（いしだ・しゅう）［第 13 章］
広島大学大学院人間社会科学研究科・寄附講座助教
規範倫理学，応用倫理学

ルプレヒト・クリストフ（Christoph Rupprecht）［第 14 章］
愛媛大学社会共創学部・准教授
持続可能性科学
岩堀卓弥（いわほり・たくや）［第 14 章］
愛媛大学社会共創学部・研究員
防災教育，科学コミュニケーション
羽鳥剛史（はとり・つよし）［第 14 章］
愛媛大学社会共創学部・教授
合意形成論
ばーてるせん・くりす（Chris Berthelsen）［第 14 章］
愛媛大学社会共創学部・特定研究員
当事者研究，気象コモニング，イノベーション学
吉田 葵（よしだ・あおい）［第 14 章］
アオイランドスケープデザイン合同会社・代表社員
ランドスケープデザイン
杉谷和哉（すぎたに・かずや）［第 15 章］
岩手県立大学総合政策学部・准教授
公共政策学
榎本啄杜（えのもと・たくと）［第 16 章］
大阪大学社会技術共創研究センター・特任研究員
情報の哲学，科学哲学
森下 翔（もりした・しょう）［第 16 章］
山梨県立大学地域人材養成センター・特任助教，大阪大学社会技術共創研究センター・招へい教員
文化人類学，科学論

索　引

■さ行

■た行

■わ行

編者
カテライ　アメリア（Amelia Katirai）
　筑波大学人文社会系・助教
鹿野祐介（しかの・ゆうすけ）
　大阪大学COデザインセンター・特任講師
標葉隆馬（しねは・りゅうま）
　慶應義塾大学大学院メディアデザイン研究科・准教授

ELSI入門
先端科学技術と社会の諸相

令和 7 年 4 月 30 日　発　行

編　者　カテライ　アメリア
　　　　鹿　野　祐　介
　　　　標　葉　隆　馬

発行者　池　田　和　博

発行所　丸善出版株式会社
〒101-0051 東京都千代田区神田神保町二丁目17番
編集：電話（03）3512-3264／FAX（03）3512-3272
営業：電話（03）3512-3256／FAX（03）3512-3270
https://www.maruzen-publishing.co.jp

組版印刷・製本／藤原印刷株式会社

ISBN 978-4-621-31124-0 C 1036　　Printed in Japan